U0880370

权威·前沿·原创

皮书系列为
“十二五”“十三五”国家重点图书出版规划项目

北京国际城市发展研究院社会建设研究重点项目
北京市社会发展研究中心西城区街道发展研究重点项目
北京国际城市文化交流基金会智库工程出版基金资助项目

街道蓝皮书
BLUE BOOK OF SUB-DISTRICT OFFICE

北京街道发展报告 No.1
新街口篇

THE DEVELOPMENT OF BEIJING'S SUB-DISTRICT OFFICES No.1:
XINJIEKOU CHAPTER

主　　编／连玉明
执行主编／朱颖慧

社会科学文献出版社
SOCIAL SCIENCES ACADEMIC PRESS (CHINA)

图书在版编目(CIP)数据

北京街道发展报告. No. 1. 新街口篇 / 连玉明主编
. -- 北京：社会科学文献出版社，2016. 8
（街道蓝皮书）
ISBN 978 - 7 - 5097 - 9275 - 9

Ⅰ. ①北… Ⅱ. ①连… Ⅲ. ①城市道路 - 城市建设 - 研究报告 - 西城区 Ⅳ. ①D669. 3

中国版本图书馆 CIP 数据核字（2016）第 125105 号

街道蓝皮书
北京街道发展报告 No. 1 新街口篇

主　　编 / 连玉明
执行主编 / 朱颖慧

出 版 人 / 谢寿光
项目统筹 / 邓泳红　郑庆寰
责任编辑 / 宋　静

出　　版 / 社会科学文献出版社 · 皮书出版分社（010）59367127
　　　　地址：北京市北三环中路甲 29 号院华龙大厦　邮编：100029
　　　　网址：www. ssap. com. cn
发　　行 / 市场营销中心（010）59367081　59367018
印　　装 / 三河市东方印刷有限公司

规　　格 / 开 本：787mm × 1092mm　1/16
　　　　印 张：17. 25　字 数：231 千字
版　　次 / 2016 年 8 月第 1 版　2016 年 8 月第 1 次印刷
书　　号 / ISBN 978 - 7 - 5097 - 9275 - 9
定　　价 / 98. 00 元

皮书序列号 / B - 2016 - 504

街道蓝皮书编委会

《北京街道发展报告 No.1 新街口篇》
编　写　组

总　策　划　艾　丽　连玉明　朱颖慧

主　　　编　连玉明

执 行 主 编　朱颖慧

副　主　编　焦　扬　朱永明　张　涛　陈　慧

核心研究人员　连玉明　朱颖慧　焦　扬　张　涛　陈　慧
朱永明　李明环　陈惠阳　赵　昆　李　雪
文　颖　朱盼盼　陈盈瑾　龙荣远　高继龙
吴　佳　孟芳芳　姜思宇

主编简介

连玉明 著名城市专家，教授、博士，北京国际城市发展研究院院长，北京市人民政府专家咨询委员会委员，北京市社会科学界联合会副主席，北京市哲学社会科学京津冀协同发展研究基地理事长、首席专家，基于大数据的城市科学研究北京市重点实验室主任，大数据战略重点实验室主任，北京市社会发展研究中心理事长。

研究领域为城市学、决策学和社会学。近年来致力于大数据战略和生态文明理论及实践研究。主编《社会管理蓝皮书：中国社会管理创新报告》(2012/2013/2014)、《贵阳蓝皮书：贵阳城市创新发展报告》等专著60余部。主持编制了北京市西城区、朝阳区、门头沟区和贵州省贵阳市“十三五”社会治理专项规划。

摘　要

基层治则国家治。街道在城市和国家治理体系中处于基础性的地位。在北京市落实首都新定位、建设国际一流和谐宜居之都的历史进程中，西城区任务艰巨，使命光荣。近年来，西城区围绕做好“四个服务”，坚持“抓街道、街道抓”，深入推进区域发展转型和管理转型，不断深化街道社区管理体制改革，落实街道加强区域党建、统筹辖区治理、组织综合执法、指导社区建设等职能；15 个街道立足自身优势，融入发展大局，积极探索首都基层治理体系和治理能力现代化之路，其丰富实践为首都城市治理创新提供了鲜活的经验，具有重要的借鉴意义和理论价值。

《北京街道发展报告 No. 1 新街口篇》以“共同需求、共同利益、共同目标”为基本理念，对新街口街道统筹推进文保区与和谐宜居街区建设进行了深入探讨。在全面客观分析新街口地区发展和治理成就的基础上，对推进社区资源共享、社区共同体构建、平房区准物业管理、老旧小区自治管理、百姓生活服务中心建设、垃圾分类减量化处理、项目化社区党建等方面进行了综合分析；总结了“1 +5”社区为老服务平台、综合包户志愿服务、基层党组织质量管理体系认证、社会综合救助“一口上下”工作机制等典型经验。

在此基础上，本书认为，作为文保区与功能区的集合之地，新街口地区治理要按照非首都功能疏解背景下和谐宜居街区建设的思路，明确和谐宜居街区的基本定位，深化全响应网格体系建设，推动人口与功能疏解，强化文保区保护工作，真正构建起与首都城市战略定位要求相适应的基层治理体系，推动治理体系与治理能力代化。

Abstract

Well-governed localities give rise to a well-governed country Sub-district holds a foundational position in a city and country's governance system. In the historical process of implementing Beijing's new positioning as the nation's capital and building a world-class harmonious and livable city, Xicheng District takes on monumental tasks and glorious mission. In recent years, Xicheng District centering on the principles of " Four Services" and "Governing street, self-governance," has pressed ahead with regional development and management transformation, deepened reform on sub-district community management system, implemented Party construction and coordinated governance at the sub-district level, organized comprehensive law enforcement, and provided guidance to community construction. 15 sub-districts based on their own advantages have integrated into the grand development framework, proactively exploring the path of achieving the modernization of grassroots governance system and governance capacity, as its rich practice has provided fresh experience in urban governance innovation for Beijing. These experiences carry great value of reference and theoretic significance.

Based on the ideas of "shared demands, interests and objectives", *The Development of Beijing's Sub-district Offices No. 1: Xinjiekou Chapter* elaborates the development of cultural protection district and liveable district in Xinjiekou district. Based on comprehensive and objective analysis of the development and governance achievement of Xinjiekou district, this Chapter comprehensively analyzes community resource sharing, community building, quasi-property management in cottage zones, self-governance of old residence communities, service center construction, waste classification and minimisation and project-based party construction. The typical experience are summarized, such as "1 +5" community senior care service platform, "Comprehensive Package Families" as a volunteer service, the quality and management certification for grassroots party organizations, and consistent social relief system.

Based on these, this publication states that, as a district combining cultural protection district and functional district, the governance of Xinjiekou district shall confirm its basic positioning as a harmoniously livable district, respond to gridded system development, promote population and functional dispersion, strengthen the development of cultural protection district, build grassroots governance system in line with capital city's strategic positioning, and modernize governance system and capacity, to disperse non-capital functions and develop a harmoniously liveable district.

目　录

Ⅲ 理论报告

Ⅳ 调研报告

Ⅴ 案例报告

皮书数据库阅读**使用指南**

CONTENTS

Ⅲ Theory Reports

Ⅳ Survey Reports

V Case Reports

代前言
党组织要做好引领、统筹辖区发展的“发动机”

陈振海*

一　“组织全覆盖”是“发动机”的动力基础

党的十八大以来，中央就基层党建工作做出了重要部署，2014年中共中央下发了《关于加强基层服务型党组织建设的意见》[①]，明确提出要扩大组织覆盖，推行区域化党建，做到有群众的地方就有党组织提供服务。按照上级部署，西城区要求街道社区的基层党组织要以实现党的组织和党的工作全覆盖为目标，加强基层党组织建设。

对于这个问题，首先是要正确地理解和认识党组织的功能，尤其是新时期的党组织。很多人认为，党组织是政治组织。真正的革命年代，就是党组织、党员干部冲锋陷阵，其实到今天也是这样。党的基层组织是党贯彻落实大政方针、重要任务的前沿阵地，是党团结带领群众、联系群众、服务群众的重要纽带与基础。在新的历史时期，基层党组织更应该充分发挥贯彻落实党的群众路线、夯实党的执政基础的战斗堡垒作用。中央《关于加强基层服务型党组织建设的意见》中明确指出，城市在依托街道、社区设置党组织的同时，在片区、楼

* 陈振海，中共北京市西城区委新街口街道工作委员会书记。

① 中共中央办公厅：《关于加强基层服务型党组织建设的意见》，新华网，2014年5月28日。

宇和流动党员集中点建立党组织，在社区居民中按照志向相投、兴趣相近、活动相似的不同群体建立党组织，加快推进党的组织和工作覆盖。[①] 这是中央层面关于加快基层党组织覆盖的要求，是我们开展基层党建工作遵循的基本原则。

西城区就加强西城区基层服务型党组织建设工作提出要构建基层党建服务格局，以实现党的组织和党的工作全覆盖为目标，加强基层党组织建设。现在区里根据新形势下城市、社区党建工作的发展方向——区域化党建，以组织全覆盖、服务全满意为目标，提出构建一个区域全覆盖、开放的城市社区新格局。具体的做法是要强化街道部委的核心作用和社区的领导核心作用，推动全区各街道成立区域化党建的领导机构，社区成立大党委，加强非公有制企业和社会组织党建，加快推进党的组织和工作覆盖。目前，已经有些街道在试验，80% ~90% 的社区着手成立社区大党委。

近年来，我们街道坚持以共同需求、共同利益、共同目标为纽带，积极发挥统筹协调、整合资源、搭建平台的作用，建立健全了街道工作机构，完善了社区“大党委”组织架构，搭建了党建协调委员会（分会）、席位制委员和在职党员到社区报到三大平台，形成了“七联七共、多维互动”区域化党建工作机制，区域内资源共享、共驻共建有了良性互动，互利共赢、共助发展得到了较好的体现，这也是我们党建工作的一大亮点。我们在街道层面上开展的“七联七共、多维互动”的大党建工作格局，主要就是指：政治思想工作联做，共保先进；党员教育联抓，共享资源；区域先进联创，共赢佳绩；文体活动联搞，共筑合力；社区服务联守，共惠民生；弱势群体联帮，共解难题；社区环境联建，共促和谐。应该说，这也是新街口街道加强基层服务型党组织建设、有效发挥基层党组织服务功能的重要

---

① 中共中央办公厅：《关于加强基层服务型党组织建设的意见》，新华网，2014 年 5 月 28 日。

抓手。

为把区域化党建工作落到实处，我们按照区域化党建的工作要求，进一步建好平台、用好载体，在探索创新中形成区域化党建工作格局和机制。积极借助“三大平台”，充分依托“七联七共”工作机制，加强沟通，主动联系，及时总结工作，交流经验，实现资源共享、优势互补、互利共赢、共助发展，形成加强区域化党建工作的合力。根据街道的具体情况，我们通过街道、社区、辖区单位共建，居民区、商务区、开发区共建等多种方式，建立区域性党组织，实现基层党组织的全覆盖，构建区域化党建格局；通过划分服务网格，组建网格服务团队，实现基层党组织服务的全覆盖。共驻共建机制的建立，有效地促进了基层党组织为地区企业、居民服务，街道工委和团委通过双轮互动，即团委抓共青团、工委抓党员，实现了区域化党建工作的互联互通，有效地促进了工作的开展。

我们街道的另一个工作亮点就是在楼宇党建方面取得了很大的进展，这也是贯彻落实《关于加强基层服务型党组织建设的意见》要求的重要举措。我们街道现在共有 7 个商务楼宇，都建立了楼宇党建工作站，因为我们的地区不太大，这 7 个楼相隔也不是很远，我们 7 个楼都配备了楼宇党务专干，就是我们的指导员，每个人负责一个楼宇，平时到楼宇里开展一些党建活动，了解一些楼里的信息，比如企业的数据，同时进行一些资料和台账的整理。

按照中央提出的建立网络党组织的要求，我们街道注重通过借助 QQ 群、微信等新媒体建立公众平台，利用新媒体拓展党建活动的方式，拓宽党建工作网络阵地。我们还在网上开通了楼宇网络党校，建立了一个楼宇党建博客，通过多种途径增强街道党建工作的凝聚力和感召力。另外，我们也注重成果转化与宣传，自己编制了《新街口党建社会领域》季刊。总的来说，我们街道凝心聚力，实现了区域化党建工作新的提升，充分发挥好地区党建协调委员会的作用，以及居委会党建分会的作用，积极推动党组织全覆盖，效果明显，为街道发展提供了重要动力与保障。

二 “社会全参与”是“发动机”的基本格局

就现阶段来看，随着经济社会的不断发展与改革的不断深入，区域内的组织类型、党员构成、服务主体均呈现复杂化、多元化的特征，对区域党建工作提出了更高要求，迫切需要街道、社区和驻区各单位共同携起手来，牢固树立党建工作区域化的理念，营造共同参与区域化党建的良好氛围。

深化拓展区域化党建工作，需要进一步统一思想，凝聚共识，在实践中不断深化对区域化党建重要意义的认识。要积极参与，主动作为，充分调动各级党组织、广大党员和全社会共同参与区域化党建的积极性和创造性，凝聚共同做好服务发展、服务民生、服务群众工作的共识和力量，不断增强区域化党建工作的渗透力和影响力。

具体来说，就是在街道构建以街道党工委为核心、以社区党组织为基础、辖区单位党组织参与的区域化组织架构，形成街道大党建格局。将街道辖区范围内的非公企业、事业单位等的党组织纳入街道党工委统一管理，这是积极开展动员社会全参与的一种模式。就楼宇党建来说，近几年我们探索了通过购买社会组织服务，借社会工作来助力楼宇党建的模式。从最初委托社会组织开展一些小组活动，到后来承接了一些党建项目，在商务楼宇里面组织这些企业的员工开展一些活动，取得了一些比较好的成效，有效地把企业员工吸引到我们楼宇党建工作中来，让他们了解我们的楼宇党建工作。2016 年，我们在商务楼宇里面建立了一个 328 平方米的党群服务中心，这个中心可以承接综合性的政务服务，同时能组织更多的公益活动，比如，中午的时间企业员工能到我们的中心来看看书、聊聊天、看看电影等，这样就增强了群众参与的积极性。

从区域党建来看，我们通过项目化的运作、组团式的服务、开放式的活动、区域化的党组织，调动整个辖区的中央、市属、区属单位以及群众组织、自治组织、社会组织等各级各类的服务资源和服务力量，形成区域化党建服务合力，打造以街道党工委为核心、以社区党组织为基础、社会领域党组织协同参与的区域化党建服务格局。换言之，通过这个形式，把驻区单位的自管党组织、党员充分组织起来、调动起来，推动区域化党建的发展。通过整合组织资源，深入开展党群共建活动，整合业主委员会、物业管理公司、志愿者协会等各类组织的服务资源，形成密切联系群众、服务群众的组织优势。建设街道全响应指挥中心协同平台，吸纳不同层次人员参与分批培训，有序推进，打造西四北三条社会组织共同体；设立老年阳光房下午茶、少年儿童阅读吧与功课室等项目，建设新街口“新乐园”，开展常青藤青少年服务，有效满足了地区居民个性化、多样化的需求；积极探索居民自我服务管理的新路径，不断加大对社会组织的培训力度，有效提升社会组织服务社区的能力。

除此之外，我们积极建立健全各级党代会代表联系党员、服务群众制度，以党员为核心组织开展志愿服务，统筹协调区域内专业人才参与志愿服务，积极培养群众服务骨干，促进群众在身为主要服务对象的同时成为重要服务提供者，并引导党员、群众、企业员工共同打造志愿服务队伍，比如说国祥服务队，在我们区域内形成了一定的影响力，这个服务队规模为 20 人左右，主要为地区群众开展一些便民低偿的服务。我们利用社区中央单位、市属单位、区属单位多的特点，引导这些单位的党员主动到咱们社区来报到，对社区的服务岗位进行认领。目前报到的党员达5000 名。

作为基层党组织，我们也在不断探索服务提供新模式，通过党组织购买服务的方式，将群众需求的一些公共服务项目，委托给有资质、有能力的社会组织实施，提高党员的服务水平。一方面，有效解决了党组织自身力量有限的问题，有效提升了党组织服务水平；另一方面，有效发挥了市场作用，实现了社会组织等多元主体共同参与基层党组织服务。

通过一年的工作，我们初步建立起一个“七联七共”的互动机制，打造了“三个平台”，把一些比较积极主动的单位列入协调委员会当中，共同研讨一些促进区域化党建的工作，这样我们就借助在职党员到社区报到工作，推进整个区域化党建协调委员会工作的机制。从各个方面调动街道党员、群众、各类党组织、社会组织的积极性，使其共同参与街道发展，打造街道发展的新格局。

三 “服务全满意”是“发动机”的核心能量

关于服务型党组织工作，这是十八大提出的一个新课题，再加上最近习近平总书记提出的党要管党、从严治党的要求，中央、北京市委都出台了具体意见。西城区在党建会议上也提出：全面实施服务先锋的工程，即紧紧围绕中央提出的 5 个服务，即服务改革、发展、民生、群众、党员，通过实施构建服务格局、完善服务机制、创新服务载体、打造服务品牌、健全服务队伍、强化服务保障六大举措，立足首都功能核心区的战略定位，以服务为抓手，加快推进基层服务型党组织建设，充分发挥党组织的指导性作用与服务功能，为西城区的发展提供坚强的指导。

可以这么说，如果要做服务型基层党组织，一是要明确服务的标准是什么；二是要明确怎么去做。根据中央、市委和区委的精神，我们街道认为建设基层服务型党组织，要结合党的群众路线，以提升群众满意度为目标，通过服务、团结群众，凝聚党员，改善民生来推动改革、引领发展。从工作思路上看，作为街道我们积极落实中央的“六有”目标，践行区里的“六大举措”，主要从下面几个方面来开展工作。

一是坚强有力的领导班子。提高干部的执行力，巩固教育实践活动成果，认真落实党风廉政建设主体责任和纪委监督责任，引导和激励机关干部加强党员修养，坚定理想信念，树立正确的政治观。坚持街道工委对党风廉政建设工作的领导，严格落实工委在党风廉政建设工作中的主体责任，严格执行中央八项规定，经常进行自查自纠。

二是加强党员教育管理。我们严把党员发展入口关和质量关。着力打造西四北三条社区，基层服务型党组织牵头组织安民巷社区安贫乐道活动，这也是我们社区自主和社会组织开展的为老服务活动，用公积金购买社会组织的相关服务。还有志愿者的四管小组，老旧楼房准物业的管理工作，打造集党员服务和社会服务管理于一体的党群综合服务中心。以在职党员到社区报到为契机，严抓驻区单位的党员教育，并在党建资源共享、服务活动共开展等方面开展共驻共建。

三是通过项目化的运行机制，助推党建工作创新。借鉴项目化管理运作机制，创新基层党建公益服务在社会管理领域的工作，推动项目申报、评审、立项、指导、实施、检查、评定流程，引导社区党组织在整合党建资源、改进党组织工作方式、提高党组织凝聚力等方面创造性地开展基层党建工作。每年年初由各个社区党组织向我们申报创新项目，中期组织评估，到年底进行评审，由 21 个社区推荐的社区党组织书记，加上科里的干部，和主管领导组成一个评审小组，对 21 个项目进行评审，评选出优秀的和基本合格的项目，对优秀的项目我们给予一些经费支持，鼓励推动他们下一年的项目实施。通过项目化管理的运作方式，我们这几年从社区党组织中推出了国祥服务队，党员承诺、亮诺，党员走千家，党建对话民需，党建智库等主题比较鲜明、特色比较突出、具有比较强的操作性和实效性、社区党员比较认可的项目。

四是推动基层党建的规范化建设和精细化管理水平。2011年，我们尝试性地把ISO9000标准化体系引入我们社区和非公党组织建设中，并用一个社区和非公党组织进行试点。在此基础上，逐步形成了PDCA党建认证模式，这是针对基层党建面临的一些新要求，结合实际，以破解难题为突破口，在求精上推进基层党建的精细化管理，在求细上推进基层党建工作的规范化管理。PDCA是一个闭式循环的模式，PDCA就是计划、执行、检查、总结这么一个循环的机制。通过做质量管理体系党建认证工作，最终实现了这样的一个效果，就是让党务工作者对做什么、为什么做、谁来做、何时做、怎么做、做到什么程度一目了然，克服了党建工作盲目性、随意性的弊端，使党建工作、党务工作的思路更加清晰，也极大地促进了基层党建的规范化建设，提升了精细化管理水平。

五是创新服务载体，打造群众满意的服务品牌。我们委托一家科技公司建立了一个非公党建服务管理平台，这个平台实现了对非公党员的管理，非公党员可以通过这个平台了解自己的学习情况和缴纳党费的情况，及时收到下发的通知，有利于非公党组织之间实现有效互动。另外这个网站作为一个服务和管理相结合的平台，是展示我们新街口地区非公党建工作的重要窗口。

党的十八大报告提出：“以服务群众、做群众工作为主要任务，加强基层服务型党组织建设。”[①] 对于我们街道来说，加强区域化党建工作，需要进一步聚焦需求、聚焦为民服务，创新载体，整合好资源，把区域化党建转化为为民实践的重要平台。

---

① 雷厚礼：《始终把服务群众做群众工作作为核心任务》，《贵州日报》2012年12月6日。

总 报 告

General Report

B.1

新街口地区：非首都功能疏解背景下打造和谐宜居街区的思考

摘　要： 新街口街道是北京城内的有名街道，居住人口密集、商业氛围浓郁、文化底蕴深厚、社会资源丰富、公共服务便捷。近年来，新街口街道结合地区实际，充分发挥资源优势，在城市管理、社会治理、公共服务、基层党建、社区工作中取得了重要成果，但是仍然存在发展定位不清晰、发展特点不突出、基础设施不完善、文化保护区工作成效不明显等问题。本文就新街口地区存在的问题进行了思考，提出了相关建议；并以新街口街道的文化保护区工作为研究基础，对北京市非首都功能疏解背景下历史文化名城保护工作进行了深入思考，提出了建议。

关键词： 新街口街道　非首都功能疏解　和谐宜居街区

一　新街口街道的历史沿革

（一）始于明朝，发展于新中国成立后

新街口街道由来已久，与北新桥、东四、西四、东单、西单等街道都是京城内有名的街道。而且，同北京故宫的对称结构相同，北新桥、东四、东单与新街口、西四、西单东西对称，排列整齐。

新街口街道形成于明朝时期，比东四、西四、东单、西单等街道的形成要晚。但新街口地处元大都城龙脉水路交通的咽喉处，优越的地理位置是其形成后快速发展的先天优势。根据明《宛署杂记》[①] 记载，新街口北大街北端在元朝时期为积水潭水域，随着水域的不断缩小与变迁，在明朝时形成了陆地，并修建了道路，当时称新开街道，与已有街巷进行区分，南端的新街口也由此形成。新街口北大街作为京城内的重要街道，其名称也经过了多次变更，在清朝被称为新街口北街，民国时期被改为新街口北大街，沿用至今，在“文化大革命”时曾被改为红旗路，后被更名。

新街口北大街紧挨着北京故宫，其北端原为北京内城北城墙。新中国成立后，为方便交通，于城墙辟豁口，时称 4 号豁口（现称“新街口豁口”），向北筑路（即现在的新街口外大街）。作为南北交通要道，新街口外大街经过多次翻修与拓宽，从最初的简易路变成宽 24 米的城市重要干道。[②]

（二）新街口的五大特点

新街口街道是西城区的 15 个街道之一，2004 年经原西城区区划

① （明）沈榜：《宛署杂记》，北京古籍出版社，1980。

② 《新街口北大街、新街口外大街与新街口豁口》，http：//www. 360doc. cn/article/16588383_379479623. html。

调整，由原来的新街口的一部分和原福绥境街道全部合并成，调整后的新街口街道位于西城区的中部偏北，东起新街口的南北大街、西四北大街，西至西直门南北大街、阜成门北大街，南起阜内大街，北到德胜门西大街，紧邻二环路，与什刹海、展览路、金融街等街道接壤。街道总面积 3.7 平方公里，有 21 个社区居委会，户籍总数是 39190 户，户籍人口 102182 人，流动人口 25451 人。从街道现状与发展来看，主要呈现五大特点。

一是居住人口密集。新街口地处老北京内城西北角，自元代、明代、清代以来，主要为内城的平民居住区。辖区北部居民区以楼房为主，南侧以平房四合院为主，主要是西四北头条到北八条，这是北京市最早设立的老区。随着城市建设规模的不断扩大，新街口常住人口及流动人口相对增多，居住特点日益突出，平房区的居民较为密集，是西城区人口密度较大的街道之一。

二是商业氛围浓郁。新街口地区商业服务业有着悠久的历史，南北大街商店众多，以日用百货、服装、综合商业为主，重点有乐器、珠宝等各类专业商店。按照规划，分别建设综合商务、大型零售、文化娱乐等集购物、娱乐、餐饮于一体的综合商业服务区，逐步建成繁华的新街市，即新街口北大街延伸到西四北大街这一条线。

三是文化底蕴深厚。辖区内的文物古迹众多，有国家级重点文物保护单位 4 处，市级文物保护单位 7 处，区级文物保护单位 8 处。其中，最著名的为历代帝王庙、妙应寺白塔、广济寺等。历代帝王庙，俗称帝王庙，是我国现存唯一的祭祀中华三皇五帝、历代帝王和文臣武将的明清皇家庙宇。妙应寺白塔，俗称白塔寺，是元大都遗址的重要象征，也是我国现存最早最大的藏式佛塔。广济寺，是中国佛教协会所在地，寺内珍藏着众多佛教经典，在我国佛教界具有重要地位。辖区内还有北京市确定的随着元大都兴建而逐渐形成的从西四北头条至北八条传统的四合院保护区，北京鲁迅旧居及博物馆。辖区名人故居较多，很多胡同有着几百年的历史。

四是社会资源丰富。辖区内有中纪委、中央国家机关工委、中材集团、北京市司法局、城区供电局、西城区检察院、西城区法院、中国少年儿童活动中心等中央、市、区属单位，这些单位与街道、社区共驻共建，为辖区可持续发展创造了有利条件。

五是公共服务便捷。区域内有北京大学人民医院眼科中心、北京市按摩医院等专业医疗机构十余家。1 个新街口社区卫生中心和 6 个社区卫生站，基本解决了居民就近就医的问题。街道以社区服务中心为依托，以温馨家园公共服务大厅、福寿轩敬老院、社区数字家园等为载体，配合商业服务，形成了完善的社会公共服务网络，促进了社会的和谐发展。此外，西城区社保大厦、行政服务中心、西城区第一图书馆、西城公共文化中心等区级为民服务场所均在街道辖区内，为居民就近办理各种事项提供了便利。

二 新街口街道地区治理新进展

近年来，新街口街道深入开展党的群众路线教育实践活动，紧紧围绕街区重点工作，努力在城市管理、社会治理、为民服务、社区建设、基层党建上下功夫，不断提升地区社会治理能力与城市管理水平。

（一）完善城市管理

1. 以整治市容市貌为重点改善街区面貌

做好地区环境整治工作既是上级要求，也是百姓需求。近年来，新街口街道加大市容市貌整治力度，使街区面貌得到有效改善。

一是消除城市管理“顽疾”。新街口街道坚持以人为本、群众满意的原则，重点整治了区域内的露天烧烤大排档、店外经营、地桩地锁等 40 个城市管理“顽疾”。联合执法与日常检查监督相结合，每天安排人员对环境进行检查，发现问题及时处理，有效地改善了辖区环境面貌。同时，实施胡同改造整治工程，做好重点民生工程。

二是应急处置反应迅速。防汛应急是其中的一项重点工作。新街口街道成立了8支防汛应急队，共计210人，将北京市三中和西四北四条小学设为应急避难场所。发放便民服务卡6200份，“致居民一封信”3500封，进行应急宣传普及。防汛物资采取定点存放、专人专管，做好应急物资保障。

三是攻克重点难点问题。比如，拆违工作，新街口街道坚持“减库存、零增长”的工作目标，确保辖区新增违建零增长。2014年累计拆除违建230处6680平方米，拆除西直门内大街293号历史遗留违法建设，解决区行政综合服务大厅前环境问题。再比如，人口调控工作，通过“桃园C拆迁项目”“白塔寺周边人口疏解项目”等重点项目，共疏解地区户籍人口457人，流动人口55人。此外，对重点地块采取以用代管的方式，进行环境改造与整治。回收东冠英胡同西口北侧失管绿地，施工整治后安放健身器材，将其改造成为居民健身娱乐场所；整合多方力量，整治车公庄地铁B口北侧拆违后脏乱地，安装围栏，按照居民意愿将其改造成为小公园，方便居民生活；清理永祥胡同长期无照占道经营摊点，就地安装志愿者文明岗亭；对北京市三中门前地块进行整治，铺设绿植，搭建自行车棚。

2. 以多方参与为抓手完善城市管理机制

新街口街道在城市管理方面进行了多方面的城市管理机制的创新，重点是引入多方参与，实现共建共享。

一是创新城市管理环境志愿者服务机制。在原有的文明养犬劝导队、小广告清理队、卫生死角清理队3支特色城市管理志愿者队伍的基础上，将其余社区的城市管理志愿者组织起来，统一进行实名制注册，现共有登记人员600余名，全部实行网络化管理，2014年共集中开展城市清洁日活动10次，并于2014年11月组织开展了“环境

建设齐参与 扮靓西城我的家”大型志愿服务暨志愿者招募活动，地区志愿者共计200余人参加活动，同时现场招募志愿者约50名。

二是建立垃圾分类指导员奖惩机制。2014年地区新增垃圾分类达标小区3个，建设垃圾分类精品小区2个，垃圾分类达标小区共计24个；在六条、七条试行垃圾减量化，安装垃圾桶条码识别装置，居民分类投放并识别垃圾来源，定期对垃圾袋使用情况、垃圾投放数量进行分类分析，逐步推进垃圾减量进程，发放分类垃圾袋30万个；按照垃圾分类市、区、街三级检查结果，对地区151名垃圾分类指导员进行奖惩，确保垃圾分类工作落到实处。

三是完善联合执法督查督办机制。2014年，市区市政管委、环境办等各业务部门督办考核力度较大，处理市区执法办督办单79份，处理首环办脏乱点50余单。根据督办单中的问题性质，下发科队站所督办单216份。

四是完善平房区立体化准物业管理机制。在西四北头条至八条平房居民区“四位一体”精细化管理模式的基础上，引进第三方物业服务管理，继续采取“社区服务 + 保安管理 + 居民自治”的模式，全面发动地区社会单位、居民群众、楼门院长、新市民（流动人口）参与，充分调动社区志愿者及社会公益组织的积极性，逐步建立起平房保护区居民自治服务组织，对平房区进行全方位管理。

（二）提升服务水平

新街口街道以提高群众满意度为宗旨，以完善公共服务体系为目标，以行政服务标准化为抓手，以办公信息化为手段，规范街道公共服务、提高行政效率、延伸行政服务的深度和广度。

1. 积极推行服务标准化

一是梳理街道对外公共服务事项，事项规范包括事项名称、法律依据、工作流程、申报途径、申报资料、审核期限、联系方式、监督方式等内容。在街道各部门的有力配合下，共梳理出街道对外公共服务事项89项，涉及14个相关科室，经反复核对、确认无误后上报西城区编办及综合行政服务中心。

二是进一步规范街道公共服务大厅管理服务制度，将区服务中心梳理的44项管理标准转化为具有新街口特色的服务管理制度和规范。历经几次调研，目前已编写完毕。

三是加强标准化工作的组织实施，组织窗口工作人员采取集中培训和自我学习相结合的方式进行落实，使相关人员能够及时准确掌握标准体系，逐步形成标准化意识，更好地服务群众。

四是为深入推进行政服务体系建设、增强行政服务的透明度、提高机关依法行政能力，联系购买政务事项自助查询服务触摸机，拓宽街道大厅政务信息公开渠道，扩大政策法规宣传覆盖，方便办事群众自助查询所需要的业务。电子触摸查询机计划设计几个模块——街道简介、窗口布局、工作制度、政务动态、办事指南等，并随着工作变化进行增减，目前安装准备工作基本就绪。

五是依照上级标准全面规范大厅内各类标牌。针对大厅各工位各种标牌规格不一、大小不等等问题，统一配发标牌，并配备新街口公共服务大厅的统一标识，展现街道办事大厅的良好形象。

2. 积极推进服务信息化

依托街道“全响应”服务管理平台，配合相关科室积极推进“一站、一网、一号”建设。“一站、一网、一号”一体化行政服务体系建设，是西城区提出的重要任务，是指实体服务大厅、网上服务大厅、12341服务热线等平台的建设。新街口街道按照工作任务，一方面，积极推进行政服务大厅与网上服务大厅的建设，以信息化建设加快实现一站式办公，通过最大限度地整合街道现有行政服务资源，实现服务平台一站式运行模式，新增食药许可工位一个；另一方面，加快落实一号通咨询，建立12341分平台，实现与西城区12341行政服务平台的对接，承接群众对服务项目的咨询、投诉。同时，街道注重加大对服务人员的信息化培训，制作新街口街道街情简介及服务事项目录，培训 12341 平台服务人员。

（三）做实社区建设

1. 规范作风，夯实基础队伍建设

进一步加强社区服务中心的规范化建设。通过人员定岗定责、例会制度、民主管理监督等手段，构建规范高效的工作管理体系。2014年，新街口街道服务中心被正式认定为西城区外事接待单位，并接待日本友好访问团、中国台湾考察团、中国国家机关工委、中国大兴安岭教育局等的参观。

2. 优化工程，推进居家养老服务

加强居家养老（助残）协管员队伍建设，根据人员变动，妥善安排工作。加强对社区空巢、独居、孤寡老人的日常巡视工作。加强养老照料中心建设工作。2014 年，根据市、区为老服务工作要求，依托新街口街道福寿轩敬老院，建立街道养老照料中心。确立了街道“集中—分散”的建设模式，实施“一址多点”设置。扎实推进为老服务审批结算工作，使老人享受到便利服务。坚持开展特色为老服务。与中谷粮油集团合作开展老年餐桌送餐服务，由街道出资开展特色送餐送奶工作等。

3. 搭建网络，细化公益便民服务

按照市、区大力发展生活性服务业的要求，新街口街道率先完成百姓生活服务中心建设。规范服务商的开发和管理工作，加强对慈善超市和“三小”摊位的管理，对“三小”服务网点进行规范整治。

4. 强化品牌，提升特色文化服务

社区服务中心依托新街口艺术团资源，广泛开展富有新街口特色的地区文化活动。加快新街口艺术团建设发展，艺术团采取选聘制加强人才储备。通过引进爱乐交响乐团、召开评剧研讨会、招募团队新成员、评选精品节目等方式激发艺术团活力、扩大艺术团宣传范围。社区服务中心组织各文化团队积极参与区街各类公益演出，每月举行一场百姓公益大舞台演出活动，展示新街口文化团队的艺术水平，推动了街区文化建设。

5. 落实政策，普及科普教育服务

一是提高居民科学文化素质，举办各种科普知识讲座。与各友好单位加强合作，常年举办以老年人为对象的健康常识、法律知识、金融知识等科普讲座，受到社区老年人欢迎。

二是发挥志愿者作用，开办各类培训。内容包括电脑、摄影、民间手工艺、英语、乐器、交谊舞、合唱、跆拳道、京剧、健身操等，使公益免费教学得到全面发展。

三是推进公共阅读。新街口图书馆新增电子阅览室、电子读报机，并成功举办“数字文化进社区”启动仪式，为读者获取信息资源提供便利。福绥境图书馆提供盲文书籍、弱视文字放大器、阳光语音软件等，为地区弱视人群提供特色服务。

（四）加强基层党建工作

近年来，新街口街道结合实际，以深入开展党的群众路线教育实践活动等重点活动为契机，不断加强街道党建工作，夯实党建基础，成效比较显著。

一是积极完善党建制度，提高党建队伍领导能力。随着领导班子和干部队伍的凝聚力和战斗力的不断提高，修订了工委议事规则，建立了周四调研日制度，提出街道一个长期的发展目标，即构建活力党建、服务区域发展、建设和谐宜居新街口的长期发展目标。同时根据街道整体安排，对 16 名科级领导干部进行了轮岗交流，选拔任用了 15 位科级领导干部，干部队伍建设的水平明显提高。

二是围绕加强服务型党组织建设，努力构建区域大党建格局。着力打造西四北三条社区基层服务型党组织创建示范社区，通过国祥党员服务队、党员示范岗、安平巷社区安贫乐道活动等形式，引导社区居民与社会组织共同参与社区建设，提高基层党组织的服务能力。通过志愿者自管小组，加强老旧楼房准物业的管理工作；以在职党员到社区报到为契机，与驻区单位在党员教育、党建资源共享等方面开展共驻共建；积极打造集党员服务和社会服务管理于一体的党群综合服务中心，进一步提高基层党组织的服务与团结群众的作用。

三是认真落实主体责任，扎实推进党风廉政建设。坚持街道工委对党风廉政建设工作的领导，严格落实工委在党风廉政建设工作中的主体责任，严格执行中央八项规定，经常进行自查自纠，分三个阶段开展作风制度建设，认真梳理街道的相关制度，保留了原有制度 13 项，同时废止原有制度 6 项，修订完善了原有制度 23 项，新建立制度 13 项，形成了街道相关的制度汇编，进一步落实“三严三实”的执政要求。

三　新街口地区发展亟待关注的重点问题

作为北京城的老街道，新街口地区的发展经历了漫长的过程。在这个过程中，新街口经历了老城区变革与新城区发展的交融、交替。因此，新街口的发展面临着一系列新老交替的问题，尤其是在非首都功能疏解的背景下，新街口面临着经济功能、服务功能、文化功能等一系列功能的重新定位，这也是新街口地区发展当前面临的重要问题。

（一）街道经济功能逐渐弱化

经济指标一直是衡量地区社会经济发展状况的重要指标。但是，随着非首都功能疏解的不断推进，经济功能不再是北京市、西城区的核心功能，而新街口作为西城区的人口密集区，无论是从街道权限还是从街道功能来看，经济功能对街道的影响都在逐渐变小。从新街口街道与地区单位情况来看，街道与地区单位的直接关联度较低，其主要为完成区级要求，加强协税护税、走访税源和服务单位等要求，对地区单位不存在直接管理的权限与责任；从街道财政收支情况来看，街道主要依靠财政补助，与地区单位纳税的关联度较低；从街道自身功能来看，作为人口聚集地区，民生服务、社会发展则是当前应关注的重点。因此，加快街道减负，减少经济功能对街道工作的影响，是当前新街口街道的迫切要求。

（二）基础设施建设存在差距

完善的基础设施是地区实现可持续发展的重要基石。新街口地区作为老城区，基础设施建设比较薄弱。从地区房屋结构来看，平房区占地区总面积的一半，平房区的基础设施条件很差；楼房区中，大多为回迁楼、老旧楼房，建成时间较早，基础设施、保温功能等方面较为薄弱。基础设施薄弱的平房区、老旧小区对地区发展，尤其是对非首都功能疏解造成了严重阻碍。因此，加快地区整体规划与基础设施完善，是当前新街口地区的一大重要课题。

（三）街道优势与定位不突出

新街口地区作为老城区，人口、商业、驻区单位聚集。随着城市的发展与变迁，地区也面临着新老更替的问题，地区融合了居住区、商业区，但是特征又不突出，主要存在以下问题。

一是驻区单位多而杂。地区有 2686 家驻区单位，包括国家的、市属的、区级的。但是这些单位的行业不聚集，发展特征不明显，呈现多而乱的特征，地区缺乏高质量的行业聚集，难以形成真正的行业聚集效应，难以带动地区发展。

二是文化单位多而优势不突出。新街口地区有历代帝王庙、白塔寺、广济寺、梅兰芳大剧院等文化资源，但这些资源始终没有成为地区的一个特色，这与地区基础设施落后、缺乏全局性规划有关。

三是人口相对聚集而和谐宜居难。目前，地区有11万户籍人口和3万流动人口，人口密度在西城区15个街道里是比较大的。从人口结构来看，由于地区内平房区、老旧小区、回迁楼较多，人口结构以原有住户、老年人和流动人口为主，人口层级相对较低。人口层级不高、基础设施薄弱则对地区打造和谐宜居现代城市造成了重要影响，因此和谐宜居的发展特点也难以形成。

（四）文化保护区保护方式待完善

目前，新街口地区的文化保护区（简称“文保区”）面积比较大，平安大街以南、白塔寺周边都是文保区。由于经济成本高与环保等问题，新街口的文保区一直处于“不动”的“保护”中，出租给流动人口。这种保护方式是对文保区的文化践踏。文保区的保护要与其他工作进行区分，要有文保特色，不以经济方式为首要选择。因此，要加强文保区的整体性规划，发挥文保区自身特色，在人口疏解、腾退、房屋重新建设和规划之后，充分保护文保区文化特色与文化面貌，再以文化为导向进一步挖掘与发挥其经济价值。

四　提升新街口地区治理水平的若干建议

（一）明确和谐宜居街区的定位

随着经济社会的不断发展，街道的发展更趋向国际化，更像是一个大社区。街道的发展要按照大社区的概念，独立性更强、自选性更高，在街道层面体现居民自治理念，实现居民有组织地自己决定自己的事务，街道自己组织社区居委会，形成街道自身特色。从区级考核来看，除了一些基本指标，应更多地增加自选指标，如文化、金融、和谐宜居等方面的指标，体现地区特色，不再千篇一律。就新街口地区来说，要充分体现和谐宜居街区的定位，不断完善基础设施建设，不断推行现代生活方式，加快打造和谐宜居现代地区。

（二）深化全响应网格体系建设

《中华人民共和国城市居民委员会组织法》[①] 明确了居民委员会的任务与职能。网格是在社区的基础上进一步细分的，比居委会的范围更小、更细。网格化管理的目标就是将管辖地域划分成若干网格状的单元，并对每一个网格实施动态、全方位的数字化管理。在西城区提出“一格五员”的要求下，街道层面已经实现了人员配置，但在实际工作中面临着人员与工作不对接、人员不了解情况的问题。因此，在推进全响应网格体系建设的过程中，首先要解决好人员与管辖范围匹配的问题。要创新理念，结合街道的面积与人口，合理确定居委会数量，形成“一站多居”等模式，促进人员与管辖范围的匹配。同时，要以数字化、网格化建设为契机，推进服务管理的全覆盖，满足居民的服务管理需求。

（三）大力推动人口与功能疏解

人口疏解是需要多方位统筹的，街道层面要进行人口疏解，则需要区级层面进行统筹安排，由街道进行具体落实。因此，从分工上来

① 全国人民代表大会常务委员会：《中华人民共和国城市居民委员会组织法》，http://www.npc.gov.cn/wxzl/gongbao/1989-12/26/content_1481131.htm。

说，区级安排是决定性的，街道落实是辅助性的。新街口街道要进行人口疏解，把人口疏解与功能疏解结合起来，具体需要从两个方面着手。一方面，要以产业升级为重要手段，加快人口疏解。产业与人口密切相关，人口密集型产业会进一步聚集人口。因此，要加快珠宝批发市场等的疏解与升级，实现“以产控人”。另一方面，要加快基础设施的完善，加强城市管理，减少“违建”、低成本住房对人口的吸引力，实现人口发展与城市环境的良性循环发展。

（四）继续加强文保区保护工作

文保区的保护工作不仅与文化保护相关，而且与居民生活、地区发展密切相关。因此，在开展文保区保护工作的过程中，要从以下三方面同时考虑。

一是引导树立保护理念，扩大居民的参与程度。通过听证会等形式，让居民、文化人士、相关部门与管理人员共同参与，加快保护理念的传播，不断提升居民的文物保护意识，配合保护工作。

二是制定文保区保护方案，有效保护旧城风貌。在文保区改造过程中，通过小规模、滚动式改造等形式，逐步完善文保区基础设施，并根据不同改造规模，限定改造范围与改造强度，防止在改造过程中对文物造成破坏，把改造规模限制在不对旧城肌理造成严重影响的范围内。

三是合理利用文保区土地，合力打造和谐宜居城市。对于改造过程中富余的土地，要在综合考虑文物、企业、价值等多方因素的情况下，合理确定其供应方式，促进土地开发利用与和谐宜居发展目标相一致。要注重以和谐宜居为导向，充分运用市场力量与社会力量，将土地利用与基础设施完善、打造现代生活方式相结合，服务于首都功能定位，促进文保区保护与非首都功能疏解、打造和谐宜居城市工作有效结合。

五　从新街口看非首都功能疏解背景下历史文化名城保护

（一）北京市历史文化名城保护背景分析

北京的文物资源丰富、古都风貌特色鲜明。北京在1982年由国务院核定为第一批国家级历史文化名城，以明清时期北京护城河及其遗址在内的旧城则是重点保护地区。1993年以来，北京先后公布了三批历史文化保护区（历史文化街区），其中旧城内33片，总占地面积约1940公顷，占旧城总用地的31%，保护区和文物保护范围及建控地带的总占地面积约2736公顷，占旧城总用地的44%。①

“十二五”时期，历史文化名城保护工作成为北京全局工作中的重中之重。为加快打造“文化之都”，提升城市文化软实力，北京市在“十一五”历史文化名城保护工作的基础上，制定了《北京市“十二五”时期历史文化名城保护建设规划》②，该规划明确了历史文化名城保护的目标、思路与主要任务，并具体提出了保护方法与途径、实施重点、名城保护项目库。

“十三五”时期，非首都功能疏解与京津冀协同发展成为北京市工作的纲领，这对历史文化名城保护工作提出了新要求与新挑战。一方面，历史文化名城保护要与人口疏解紧密结合。对于北京市，尤其是东城、西城等首都核心功能区来说，疏解规模庞大的流动人口，历

① 东城区历史文化保护办公室：《以“人口疏解”为切入点——探索历史文化名城保护与发展新模式》，http：//wenku. baidu. com/link？url = mVZf2VNEVTd3zn3A9eto - nAYOQsyKnqyS8SVnMo4zTn _ keq7GG8TaNqSPMLVUROtA1NlIrSX _ sFNJ8Os - crXX - vP _ x _ IwN6mpaz_ MUrZtE7。

② 北京市政府：《北京市“十二五”时期历史文化名城保护建设规划》，http：//zhengwu. beijing. gov. cn/ghxx/sewgh/t1206698. htm。

史文化名城保护与改造是重要抓手。当前，文保区“保”而“不动”，导致区域内聚集了大量的流动人口，加快文保区的改造，则能有效推动人口疏解。另一方面，非首都功能疏解与京津冀协同发展，需要北京进一步明确全国政治中心、文化中心、国际交往中心、科技创新中心的核心功能，这就要求历史文化名城保护要与“四个中心”定位紧密结合，文保区要按照各自的功能定位进行改造与保护，使历史文化名城保护与京津冀协同发展目标相协调。

（二）北京市历史文化名城保护应注意的问题

新街口街道的文保区保护工作有北京市、西城区关于历史文化保护区的相关规划，同时也有《白塔寺周边地区保护修缮试点规划》等专项规划，但是文保区仍然面临着“保”而“不动”的问题，这与保护制度不创新、保护模式不创新、参与主体不充分等密切相关。因此，北京市在历史文化名城保护中应注重以下几个问题。

一是协调好政府与市场的关系，分类推进文保区的保护工作。北京市作为全国政治中心，其历史文化名城保护工作与其他地方相比具有自身特殊性，计划体制与市场体制的碰撞更为突出，其涉及的人口、土地、产业、功能等方面的内容更为复杂。因此，要有效发挥政府手段与市场作用各自的优势，根据不同地区的特点，有效地将两种方式相结合，妥善制定各地区的改造与保护方案。

二是创新历史文化名城保护模式，促进区域发展与首都功能定位相协调。首都功能定位是“十三五”时期北京市工作的重要纲领，因此，历史文化名城保护工作要以首都功能定位为基本导向，对符合功能定位的区域，要尽量减少对旧城的影响，以“微循环”保护的方式进行小规模改造，完善文保区基本公共服务功能，满足居民生活需求；对不符合功能定位的区域，可采取“申请式疏解”的方式，对地区人口、土地、房屋进行合理改造，使其符合首都功能定位和区域发展需求。

三是注重保持历史文化街区的发展活力，促进人口与街区的协调发展。一味地人口疏解将会导致中心城区的人口外流与地区衰败。解决人口问题的本质是使人口与经济、社会、文化、环境、资源协调发展。有创造价值的人与活动的活跃，能使历史文化街区具有吸引力，让历史文化街区具有生机与活力，实现自身保护与发展的协调，使历史文化街区具有承载城市历史文化功能的能力，充分展示历史文化风貌。

（三）北京市加强历史文化名城保护的建议

新街口的文保区保护有政策支持却未得到有效落实，街区的发展特色不突出。其主要原因就是缺乏有效的保障机制，缺乏有效的主体参与，缺乏应有的街区特色。在非首都功能疏解的背景下，北京市要加强历史文化名城的保护，应将两个工作有机结合，从落实机制、参与主体、发展活力等几个方面着手，实现北京市历史文化名城保护与首都功能定位的有效衔接。

1. 加强体制机制保障

一是制订详细的保护规划与方案。要以首都功能定位为基本导向，确定各街区发展特色与功能。在改造过程中，要支持小规模、滚动式的改造，加快资金周转，降低风险；要逐步完善制度，减少自由裁量的成分。根据房屋保护价值的大小分类对改造强度加以适当限制。创新途径，改造滞后的市政基础设施，为旧城复兴提供基础条件。

二是建立文保区改造资金可持续投入机制。文保区改造工作是一个系统工程，其涉及的资金管理也是一个复杂工程，需要募集、投资、管理，为改造工作提供保障。因此，需要成立相应的资金管理委员会，对改造资金进行管理，实现资金的有效运转与保值增值，保证资金安全。

三是建立合理有效的土地出让制度。对于文保区改造整理出来的土地，可以通过市场化的方式进行出让，合理利用。在具体出让过程中，应综合考虑文保区的需求、企业的能力、土地价格等多方面因素，在保障文保区保护工作不受影响的同时，有效地利用土地资源，最大限度地挖掘土地资源的经济价值，为文保区工作提供相应的支持。

四是建立名城保护补偿机制。中心城区可以因为北京名城保护而牺牲的利益而得到郊区相应的补偿。将这种补偿权利转移到整个市域范围内的另一个地区，在不违反城市规划的前提下实现这一补偿，也可以将补偿权利通过市场交易即时实现套现。

2. 促进多元主体参与

一是建立听证会等社会参与机制。通过扩大听证范围的方式，对保护理念进行广泛的讨论，形成社会较为统一的保护理念，指导保护工作。参加听证人士至少应包括街道管理人员和文化界、文物界、建筑界、规划部门、当地或旧城内其他地区的普通居民以及有关企业和非政府组织等。

二是政府在保障民生的同时，应发挥多元投资与民间参与的积极作用，重视引入市场的力量解决市场领域的问题。帮助、引导居民建立民间组织，更有效地激发居民参与的积极性，通过居民自身的努力来改变其处境，实现当地街区的复兴。

3. 保持街区发展活力

一是政府要有效发挥政策引导作用，鼓励与传统风貌保护相适应、对区域发展有贡献的企业进入，保证发展方向，规范区域管理，在产业置换中完成人口置换，使街区发展与首都功能定位相适应。

二是要借鉴国内外历史城市保护经验，用旧城文化土壤培养旧城改造专家。争取保持专家队伍长期稳定地工作、生活在旧城内。通过人与环境的亲密接触，不断强化他们的文化意识，建立具有传统建筑工艺又掌握现代建筑技术的施工力量，让历史文化街区的改造与历史文化一脉相承，让历史文化街区在传承中不断发展。

参考文献

（明）沈榜：《宛署杂记》，北京古籍出版社，1980。

《新街口北大街、新街口外大街与新街口豁口》，http：//www. 360doc. cn/article/16588383_ 379479623. html。

全国人民代表大会常务委员会：《中华人民共和国城市居民委员会组织法》，http：//www. npc. gov. cn。

东城区历史文化保护办公室：《以“人口疏解”为切入点——探索历史文化名城保护与发展新模式》，http：//wenku. baidu. com。

北京市政府：《北京市“十二五”时期历史文化名城保护建设规划》，http：//zhengwu. beijing. gov. cn。

新街口街道：《新街口街道 2014 年工作总结》，http：//xjk. bjxch. gov. cn。

民进东城区委：《文保区的旧城人口疏解难题》，《北京观察》2010 年第 7 期。

数据报告

Data Reports

B.2
新街口街道基于工作人口的地区公共服务问卷调查报告

摘　要：在社会经济转型和城市大规模建设的过程中，街道的管理服务任务越来越繁杂。街道公共服务是街道管理的落脚点及外在体现，加强街道建设、改进街道公共服务，是完善社会保障体系的重要环节，有利于提高人民生活质量、化解社会矛盾、促进社会和谐。为全面真实了解街道公共服务的现状，课题组对新街口街道辖区的驻区单位工作人员进行了街道公共服务需求随机问卷调查，主要从社区服务机构认知度、社区服务参与度、地区生活便利度、社区公共服务满意度和社区公共服务需求度五方面着手调查，通过对反馈问卷的数据进行统计分析，以此为依据提出关于整体优化新街口街道公共服务体系的对策与建议。

关键词： 公共服务 工作人口 需求满意度 新街口街道

近年来，街道公共服务在我国城市经济社会发展中的重要性日益突出，党和国家对街道公共服务高度重视。对街道公共服务的供给与需求现状及存在的问题进行全面分析对于提高街道公共服务水平具有重要意义。本报告所涉及的调查对象是新街口街道驻区单位的工作人员。调查时间为2015年1月。本次调查共发放问卷420份，回收416份，其中有效问卷414份，有效回收率为98.6%。

一 调查样本情况

在调查对象中，男女比例约为1∶1.35。年龄为26～35岁以及36～45岁的所占比重最大，分别占到总调查人数的36.0%和25.4%。职业分布以机关事业单位职工为主，占36.5%。户籍以本市户籍为主，占56.3%，其中本区户籍比例达到27.3%。受教育程度为大专或本科的人群所占比例最高，为62.9%。家庭组成结构方面，48.1%的家庭是三口之家，所占比例最高。从家庭收入来看，26人家庭人均月收入低于1560元，占被调查对象总数的6.3%；家庭人均月收入为1560～3400元的被调查对象数量最多，占36.8%（见表1）。

表1 调查样本基本情况统计

单位：份

性别	男			女		
	176			238		
年龄	25岁以下	26~35岁	36~45岁	46~55岁	56~65岁	65岁以上
	39	149	105	82	27	12
户籍	本市户籍	本区户籍	居住证	暂住证	居住半年以上但未办理居住证	
	233	113	4	63	1	
职业	公司白领	机关事业单位职工	公务员	其他		
	92	151	17	154		
学历	硕士及以上	大专或本科	高中或中专			
	48	259	105			
家庭人数	四口以上	四口	三口	二口	一口	
	44	73	198	58	39	
家庭人均月收入	1560元以下	1560~3400元	3400~5000元	5000~10000元	10000~20000元	20000元以上
	26	152	117	99	18	1
本社区居住时间	三年以上		一年到三年		一年以下	
	245		108		60	

注：回收问卷中，全部题目漏答率在15%及以下，判定为有效问卷。由于题目漏答，表中对各属性的汇总统计数存在不一致并且小于有效问卷数的情况。

二 社区服务机构认知度

（一）街道办事处认知度：63.3%的人表示“知道”

对于新街口街道办事处的地址，被调查者的认知度有待提高，63.3%的受访者表示“知道”，18.7%的受访者表示“知道大体位置，但没去过”，还有18.0%的受访者表示“不知道”（见图1）。

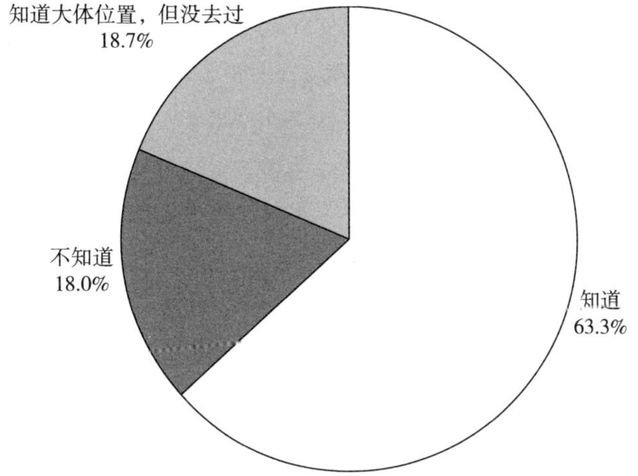

图1　新街口街道办事处认知度

（二）社区居委会认知度：70.3%的人表示“知道办公地点”

调查显示，社区居委会的认知度略高于街道办事处的认知度，表示“知道办公地点”的受访者占比为70.3%。对于居委会较详细的内容认知度有所下降。其中，表示“了解服务项目”的受访者占比为55.9%，表示“知道领导姓名”的受访者占比为50.6%，表示“参加过活动”的受访者占比为50.4%。此外，有10.8%的受访者表示“以上都不知道”。

（三）社区认同度：67.1%的人表示会以社区为荣

调查问卷以“您会以您单位所在的这个社区为荣并经常向朋友或亲人提起和夸耀吗?”这一问题来了解被访者对社区的认同度。结果显示，21.6%的受访者表示“会”，45.5%的受访者表示“有时候会”，32.9%的受访者表示“不会”。

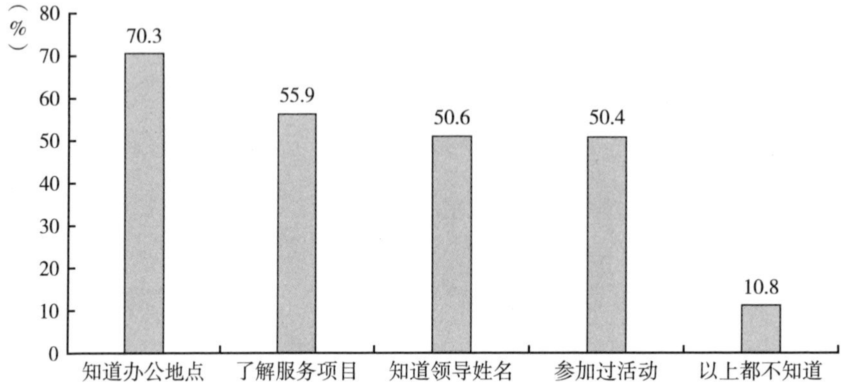

图 2　新街口街道社区居委会认知度

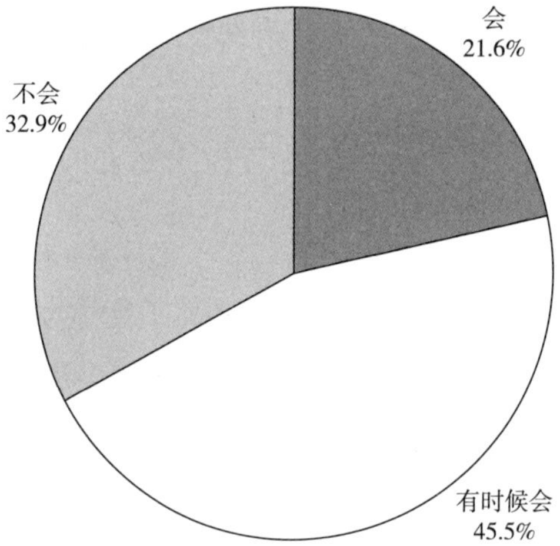

图 3　新街口街道社区认同度

三　社区服务参与度

（一）社区服务项目参与度："法律服务"参与度最高

社区服务项目参与度是衡量社区服务项目水平的重要内容之一。调查显示，对于社区服务项目参与度，参与"法律服务"的受访者达37.3%，所占比例最高。其次是参与“图书阅览”及“棋牌娱乐”的，受访者分别占33.2%和23.2%。需要注意的是，表示“都未参与”的受访者仍占11.0%。由此可见，社区服务项目的提供仍需进一步扩大服务范围。

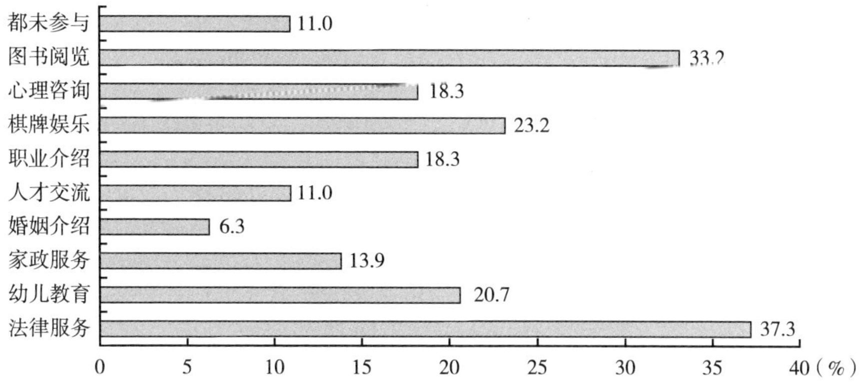

图4 新街口街道社区服务项目参与度

（二）社区文化活动参与度：曾参与的占比高达78.1%

对于新街口街道社区文化活动参与度，30.4%的受访者表示“经常参加”，47.7%的受访者表示“偶尔参加”，但是仍有21.9%的受访者表示“从来没有”。其中，冠英园社区、安平巷社区表示“经常参加”的比例最多，受访者占比分别达到75.0%和74.0%；而玉桃园社区的参与程度最低，其中从来没有参加过社区文化活动的比例高达85.0%。

（三）社区公益事业参与度：“文艺演出”“公益培训”“绿化”居前三位

对于社区公益事业参与度，参与“文艺演出”的受访者所占比例最高，达41.4%。其次，参与“公益培训”和“绿化”的比例

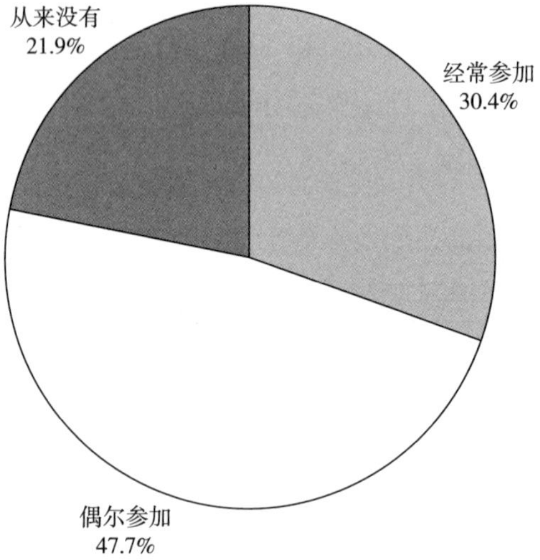

图5　新街口街道社区文化活动参与度

表2　新街口各社区文化活动参与度

单位：%

社区	经常参加	偶尔参加	从来没有
西里三区	20	65	15
新街口南小街	30	50	20
西里四区	20	65	15
西四北六条	15	65	20
北草厂	40	50	10
冠英园	75	15	10
富国里	21	68	11
西里一区	42	53	5
北顺	35	60	5
西四北三条	21	58	21
大觉	15	60	25
官园	5	11	84
半壁街	32	47	21
中直	40	50	10
玉桃园	5	10	85
前公用	22	56	22

续表

社区	经常参加	偶尔参加	从来没有
西四北头条	20	60	20
育德	32	47	21
安平巷	74	11	16
宫门口	55	40	5
西里二区	20	60	20

相当，受访者占比分别达35.2%和29.8%。除“APEC会议志愿者”（受访者占比达17.7%）外，其他社会公益事业的参与水平均超过25%。

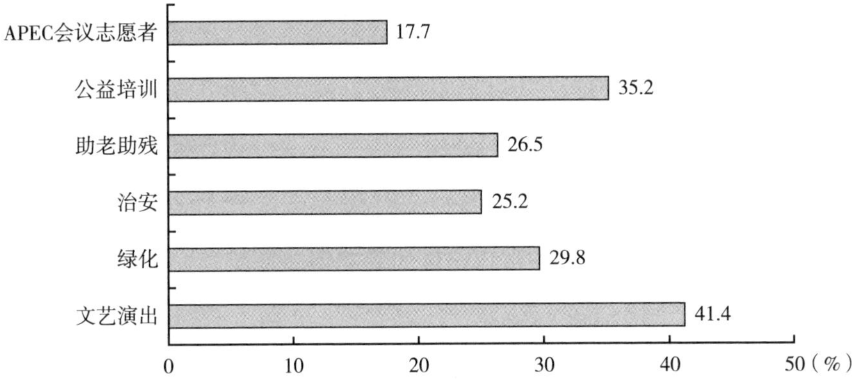

图6　新街口街道社区公益事业参与度

四　地区生活便利度

（一）停车资源情况：32.6%的受访者认为停车条件“很不好，严重影响工作”

目前，随着汽车的不断普及，我国各城市居住区的停车问题日益突出。根据新街口街道停车资源的调查结果，15.5%的受访者表示“很好，没有影响工作”，32.6%的受访者表示“很不好，严重影响工作”。其中，大觉社区反映的问题最为突出，认为停车条件很不好的比例达到8.1%。

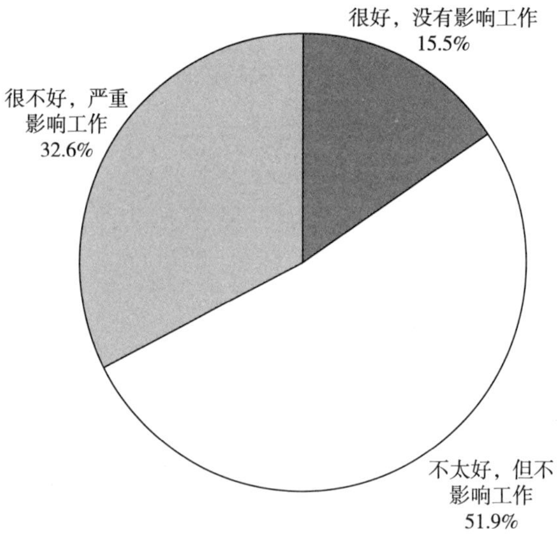

图7　新街口街道的周围停车条件

（二）交通便利度：56.5%的受访者从公交车或地铁下车后走到单位时间不超过10分钟

交通便利是城市宜居的重要指标，调查问卷对“最后一公里”换乘情况做了了解。其中，37.7%的受访者表示可以在步行“5～10分钟”到达，只有14.0%的受访者表示需要步行“15分钟以上”才能到达单位。

（三）早餐便利度：60.4%的受访者能较方便地找到正规早餐点

对于新街口街道早餐便利度，60.4%的受访者表示“稍有不便，

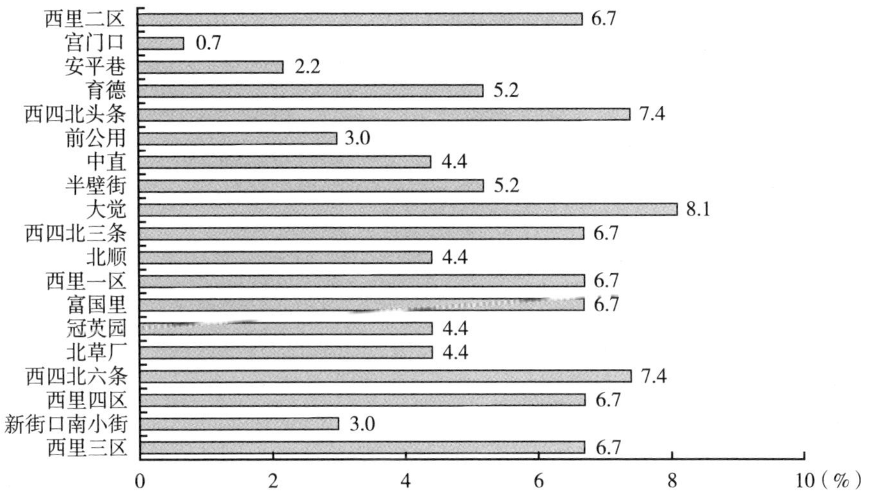

图 8　新街口街道反映停车条件不好的样本社区分布情况

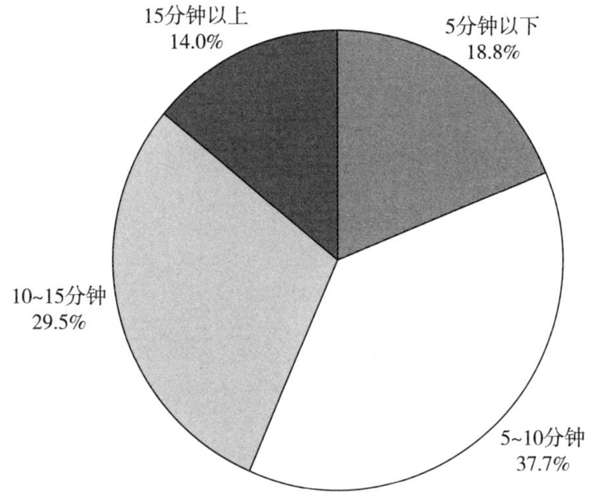

图 9　新街口街道的交通便利度

多走几步能找到”，28.5%的受访者表示“有流动的摊点，卫生难以保障”，8%的受访者表示“很不方便”，此外，还有3.1%的受访者认为“基本没有”相对正规的早餐点。

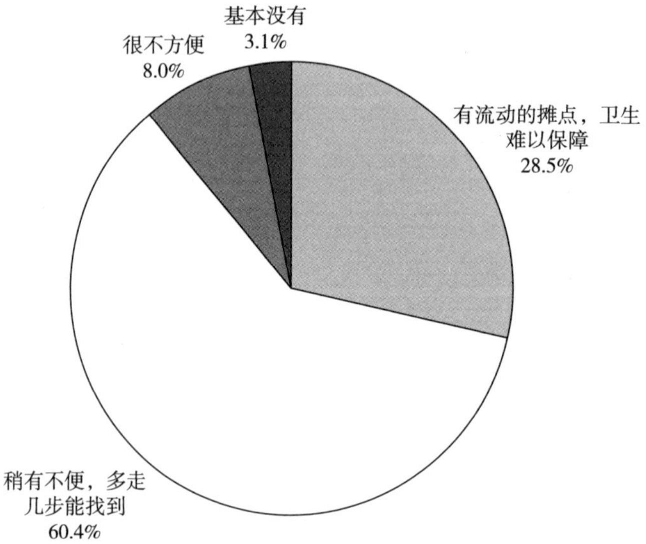

图 10　新街口街道的早餐便利度

五　社区公共服务满意度

（一）社会保障服务：“就业服务”和“医疗保险”满意度最高

对于社会保障服务项目，调查结果显示，“就业服务”和“医疗保险”的满意度较高，受访者占比分别达到 38.1% 和 34.7%。紧随其后的是“养老服务”和“社会福利”，受访者认为满意的占比分别为 33.9% 和 25.0%。此外，仅 2.2% 的受访者选择了“都不满意”。

（二）医疗卫生服务：60.1% 的受访者表示“就医方便”

在关于医疗卫生服务的调查中，受访者最为认可的是“就医方便”。数据显示，60.1% 的人认为新街口街道的医疗卫生服务优势是“就医方便”，其次是“价格合理”，选择比例高达 41.7%。此外，1.5% 的人表示“都不满意”。

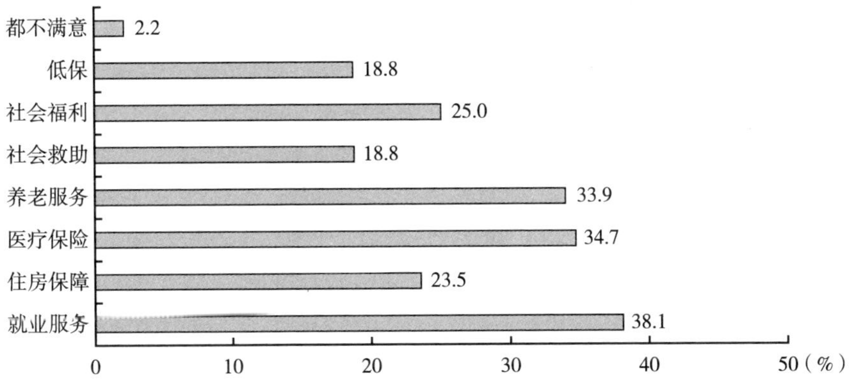

图 11　新街口街道社会保障服务情况

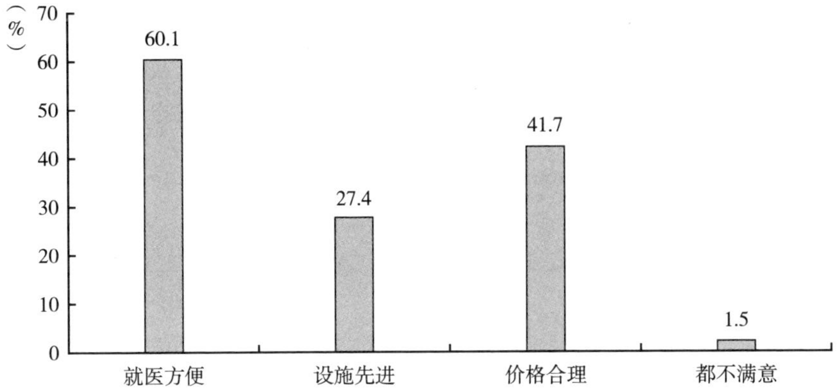

图 12　新街口街道医疗卫生服务满意度

（三）公共安全：60.6%的受访者对社会治安表示满意

在公共安全方面，60.6%的受访者表示对“社会治安”服务情况比较满意。除此之外，30.8%的人表示对“突发事件处理”满意，38.4%的人表示对“流动人口管理”服务满意。此外，4.7%的人选择对“以上都不满意”。

（四）城市管理：53.6%的受访者认为城市管理存在的主要问题是“违章停车”

在城市管理方面，调查结果显示，53.6%的受访者认为城市管理存

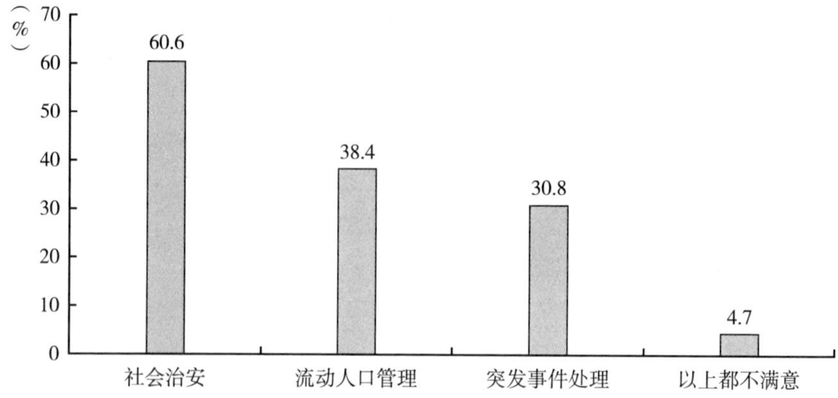

图 13　新街口街道公共安全情况满意度

在的主要问题是“违章停车”，43.0%的受访者选择“绿化不够”，认为是“街巷保洁”以及“私搭乱建”的人数占比分别为37.4%、37.1%。

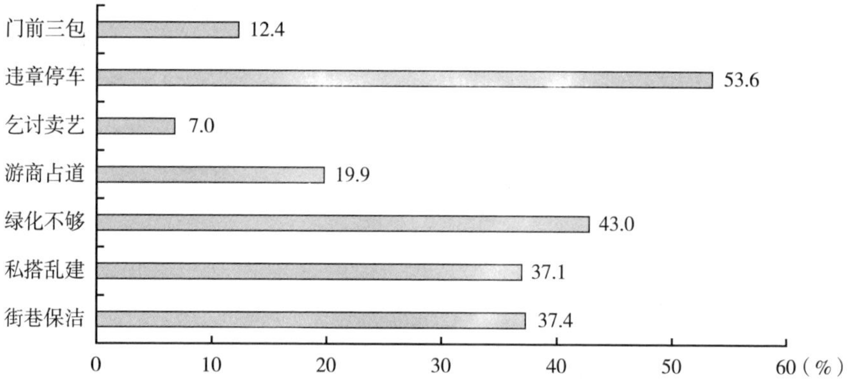

图 14　新街口街道城市管理情况

（五）市政公用事业：仅14.8%的受访者对城市“规划布局”满意

在市政公用事业方面，受访者对于“供水”“供电”等项目的满意度较高。其中，对“供水”和“供电”满意的比例分别达到59.3%、65.1%。而满意度最低的是城市“规划布局”，仅为14.8%。

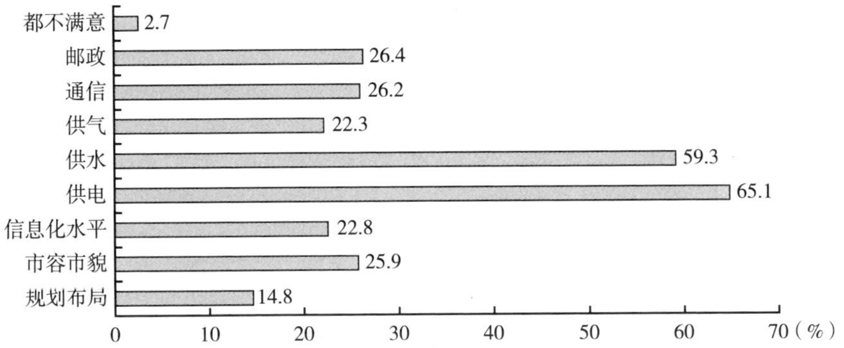

图 15　新街口街道市政公用事业情况满意度

（六）消防安全情况：36.8%的受访者认为“防火设施很好，会安全逃生”

在消防安全方面，调查显示，36.8%的人表示“防火设施很好，会安全逃生”，59.8%的人表示“防火设施一般，火势不太大的情况下可以逃生”。仅3.4%的人表示“防火设施不好，逃生机会不多”。

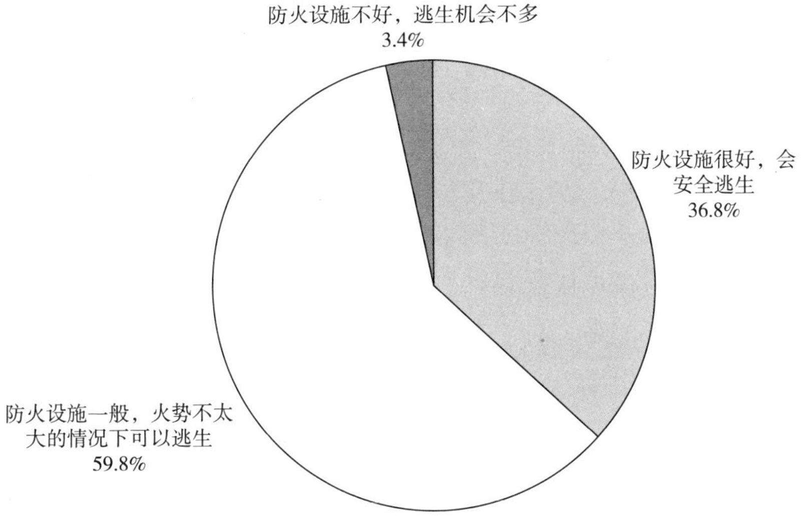

图 16　新街口街道消防安全情况满意度

进一步从社区分布来看，被访问者认为“防火设施很好，会安全逃生”比例排名最靠前的社区是玉桃园社区。

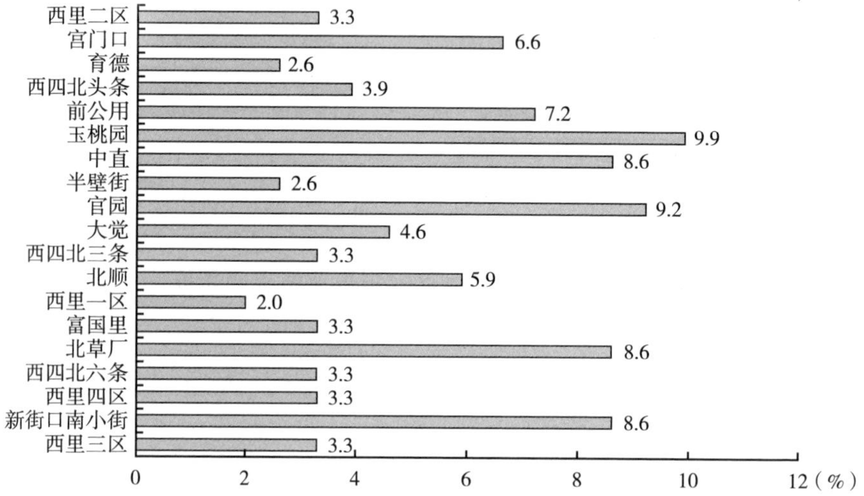

图17　新街口街道反映防火条件的样本社区分布情况

六　社区公共服务需求度

（一）硬件设施需求：63.6%的受访者需要“体育健身点”

街道居民公共服务需求随着经济社会的发展而不断增长。调查结果显示，新街口街道居民在社区硬件设施需求方面，63.6%的受访者表示社区最缺乏的是“体育健身点”，35.1%的受访者表示社区最缺乏的是“文化活动室”，26.7%的人表示缺乏“图书室”。

（二）服务项目需求：“文化娱乐”、“老年服务”和“便民利民服”务位列前三

在服务项目需求方面，调查显示，48.1%的受访者表示最需要的

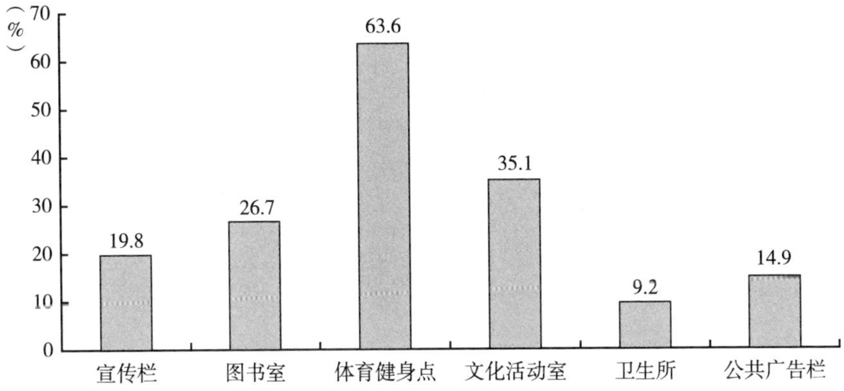

图 18　新街口街道硬件设施需求情况

是“文化娱乐”，其次是“老年服务”和“便民利民服务”，需求比例分别为47.3%和40.3%。

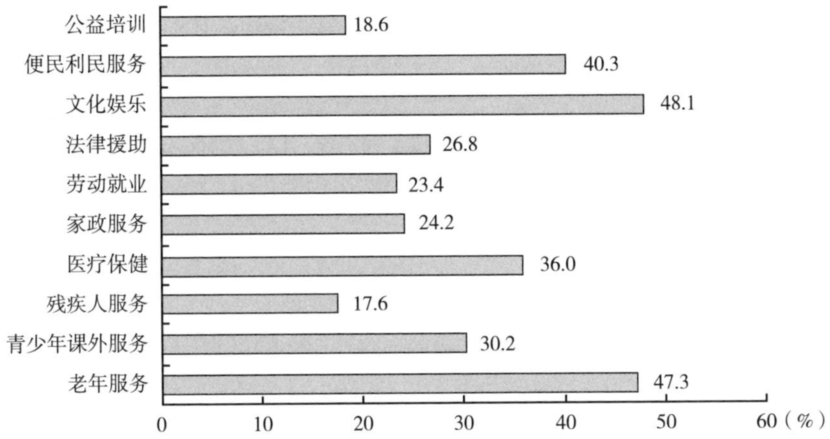

图 19　新街口街道服务项目需求情况

（三）服务缺口情况：停车难、缺少健身场所及街道卫生环境差是存在的最大问题

在新街口街道居民服务项目需求方面，除了上述的社区服务项目

外，还有很多问题影响居民的日常生活。根据对受访者意见的归纳，停车难、缺少健身场所以及街道卫生环境差等问题成为公共服务中存在的其他最受关注的问题。其中，对街道卫生环境差的问题反映最为强烈的是西里三区社区。

七 基本数据结论

基于对新街口街道驻区单位工作人员的调查，围绕社区服务机构认知度、社区服务参与度、地区生活便利度、社区公共服务满意度和社区公共服务需求度五大方面进行公共服务的供需现状分析，得出以下数据结论。

（1）63.3%的受访者表示知道街道办事处地址；70.3%的受访者知道居委会的办公地点。

（2）社区服务项目中，参与法律服务的受访者达37.3%，所占比例最高，11.0%的受访者从未参与过社区服务项目。

（3）对于社区文化活动参与度，曾参与过社区文化活动的受访者占比达78.1%。

（4）驻区单位对于社区公益事业的平均参与率在30.0%左右，比例不高。

（5）对于停车资源情况的调查，32.6%的受访者表示已经严重影响工作。与停车难问题相对应的，53.6%的受访者认为城市管理存在的主要问题是违章停车。

（6）公共交通系统布局较为合理，56.5%的受访者“最后一公里”换乘步行时间不超过10分钟。同时，关于城市市政公用事业的调查显示，仅14.8%的受访者对城市规划布局满意。

（7）正规早餐点设置有待加强，60.4%的受访者表示稍有不便，多走几步能找到。

（8）社会保障服务项目方面，受访者对就业服务和医疗保险的满意度较高。

（9）驻区医疗资源方面，60.1%的受访者表示新街口街道的医疗卫生服务优势是就医方便；公共安全方面，60.6%的人表示对社会治安情况比较满意。

（10）36.8%的受访者表示防火设施很好，会安全逃生。其中，玉桃园社区的消防设施最能得到受访者的认可。

（11）硬件设施需求方面，受访者对体育健身设施需求较高，63.6%的人表示社区最缺乏的是体育健身点；服务项目需求方面最需要的是文化娱乐。

八　数据分析反映的突出问题及对策建议——构建多元主体协同互动的街道公共服务格局

从数据分析结果可以看出，新街口街道在公共服务供给与需求中还存在较多问题，居民对社区认同度不够，社区硬件设施建设不足。因此，要开辟街道服务宣传新途径，培养居民的社区观念，调动社区居民积极参与社区公共服务建设，引入市场机制以补充街道供给不足，促进供给与需求的均衡。

（一）构建多元的街道公共服务供给主体网络

随着经济社会的发展与生活水平的不断提升，公民对公共服务的需求也日益多元化。街道作为公共服务功能的重要载体，需要加快转变传统的政府“大包大揽”的服务模式，引导社会力量、居民等多元主体的参与，壮大公共服务力量，满足新形势下的公共服务需求。首先，要明确政府、市场、社会的各自分工与定位，充分发挥各个主体在街道层面公共服务中的作用。其次，要通过政府购买服务、引导驻区单位参与等多种方式，加大市场、社会力量参与街道公共服务的力度，特别是在为老服务、特困帮扶等方面。最后，要加强同驻区单位、社区居民的联系，通过多种活动方式，促进共驻共建共享，共同构建多元的街道公共服务供给主体网络，提升街道公共服务水平。

（二）推进社区自治建设，引导公民有序参与社会公共服务建设

社区自治是当前政府治理模式转型的必然趋势。街道公共服务体系建设也应顺应这个趋势，让社区公民、社区组织参与公共服务供给。对于社区组织来说，一方面，要加大对社区组织的扶持力度，大力培育和发展社团、志愿者协会等社区组织；另一方面，要引导社区自治组织参与社区公共服务。对于社区居民来说，一方面，要加大教育宣传力度，引导公民积极参与；另一方面，要建立公众参与机制，促进公民的有效参与。各个街道要结合自身特点，有效发挥社区组织、社区公民的主体作用，推进社区自治建设，加快形成以政府为主导、多元主体共同参与的街道公共服务供给体系。

参考文献

周望：《天津市滨海新区公共服务体系建设的策略性思考》，《未来与发展》2010 年第 4 期。

牟红：《我国城乡基本公共服务均等化的现状及实现途径》，《泸州职业技术学院学报》2012 年第 4 期。

陈瑞雪：《公共服务市场化及其工具选择》，《中国市场》2010 年第 40 期。

B.3
新街口街道基于社区居民的地区公共服务问卷调查报告

摘　要：　社区公共服务对于提高居民生活质量、扩大就业、化解社会矛盾、促进和谐社会建设具有重要意义。本报告通过问卷调查的方法，对西城区新街口街道的21个社区居民开展社区公共服务需求的问卷调查，通过实证数据分析了解到新街口街道社区的公共服务现状及存在的困难，进而提出具体对策建议，促进新街口公共服务水平的提高。

关键词：　新街口街道　公共服务　社区居民　需求满意度

社区是城市的细胞，也是社区居民获得公共服务的重要场所。随着经济结构的转变和社会利益的分化，社会和公众对公共服务的需求日益多样化、复杂化，城市社区的公共服务职能凸显。本报告所涉及的调查对象是北京市西城区新街口街道所辖21个社区的辖区居民，每个社区随机抽取20位居民进行调查，调查共发放问卷420份，回收417份，其中有效问卷409份，有效回收率为97.4%。

一　调查样本情况

（一）调查样本基本情况

在调查对象中，男女比例约为1∶1.34。年龄为26～35岁以及36～45岁的所占比重最大，分别占到总调研人数的21.6%和22.1%。调查对象以在职职工为主（46.1%）。户籍以本市户籍为主（54.2%），本区户籍的人达40.1%。教育程度为大专或本科的人群所占比例最高，为53.3%。家庭组成结构方面，49.9%的家庭是三口之家，所占比例最高。从家庭收入来看，43个家庭人均月收入低于1560元，占调查居民总数的10.8%；家庭人均月收入为1560～3400元的被调查居民数量最多，比例为50.3%；其次是人均月收入为3400～5000元的被调查居民，比例为21.0%。被调查对象居住在新街口街道辖区的时间为三年以上的比例为86.2%。

表1　调查样本基本情况

单位：份

性别	男			女		
	174			233		
年龄	25岁及以下	26～35岁	36～45岁	46～55岁	56～65岁	65岁以上
	7	88	90	72	76	74
户籍	本市户籍	本区户籍	暂住证	居住证		
	220	163	16	7		
职业	在职职工	个体工商户	公司白领	机关事业单位职工	商业服务业员工	自由职业者
	187	10	1	13	2	12
	下岗失业人员	私营企业主	专业技术人员	离退休人员	其他	
	7	3	4	156	11	
学历	硕士及以上	大专或本科	高中或中专	初中	小学及以下	
	5	213	118	60	4	
家庭人数	四口以上	四口	三口	二口	一口	
	68	56	199	66	10	
家庭人均月收入	650元以下	650～1560元	1560～3400元	3400～5000元	5000～10000元	10000元以上
	4	39	201	84	62	10
本社区居住时间	三年以上		一年到三年		一年以下	
	299		36		12	

注：回收问卷中，全部题目漏答率在15%及以下，判定为有效问卷。由于题目漏答，表中对各属性的汇总统计数存在不一致并且小于有效问卷数的情况。

（二）特定群体分析

1. 空巢或独居老人：人均月收入为1560 ~3400元的比例较高

近年来，我国人口老龄化问题凸显，空巢老人的比例逐年迅速上升。我们试图在此次调查中对这一人群进行分析，将年龄大于55岁并且家庭人口数小于等于2的受访者单独抽出来，共计47人（户），其基本特征如下。

性别构成中，女性所占比例为53.2%，男性所占比例为46.8%。46.8%的为北京市户籍，其中本区户籍占比为46.8%。41.3%的受访者受教育程度是高中或中专。需要注意的是，在家庭人均月收入方面，59.6%的空巢或独居老人家庭人均月收入为1560~3400元，这一比例略高于调查总样本受访人群（50.3%）。

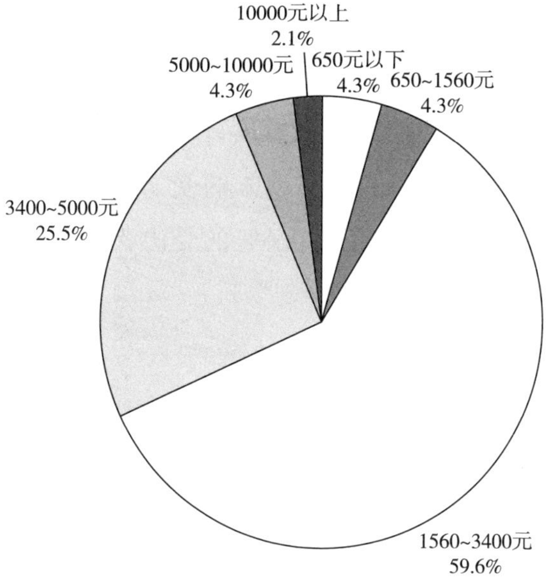

图1　空巢或独居老人家庭人均月收入情况

2. 流动人口群体的构成特征：以私营企业主和个体工商户为主

随着经济的发展，城市街道流动人口逐年增加，既给城市管理注入了新的活力，同时也带来了一系列的新问题。为客观地反映新街口街道流动人口的现状，我们将户籍选项中标明“暂住证”和“居住半年以上，但未办理任何居住证件”的两类人作为研究对象。共涉及调查对象16人，其基本特征如下。

居住时间方面，选择“一年至三年”的人数最多，占比为43.8%，低于全部样本水平（86.2%）。职业构成中，个体工商户（18.8%）的占比明显高于全部样本水平（2.5%）。教育程度方面，大专或本科的比例达50.0%，高中或中专以及初中文化所占比例分别为25.0%。

二 社区服务满意度：总体满意度达55.6%

（一）社区服务的总体满意度：55.6%的社区居民表示满意

对于社区公共服务的总体满意度，55.6%的受访者选择“好”，40.4%的受访者认为“一般”，2.2%的受访者认为“不好”，1.2%的受访者认为“不清楚”，还有0.6%的受访者认为“与我无关”。

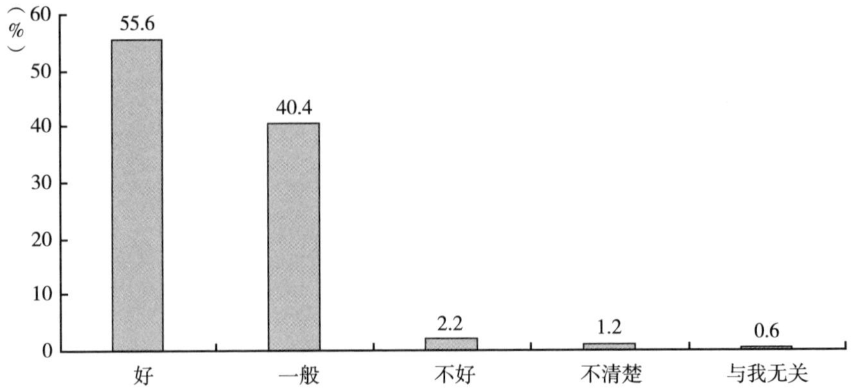

图2　新街口街道社区公共服务总体满意度构成

（二）分社区服务满意度：中直社区、安平巷社区、西四北六条社区满意度最高

在新街口街道 21 个社区中，满意度比例位居前四的是中直社区、西里三区社区、西四北头条社区和安平巷社区，其居民认为社区服务好的比例分别为 95%、88%、84%、84%。

进一步分析 13 项细分服务内容的满意度评价，加权汇总之后的社区排序，排名前三的是中直社区、安平巷社区、西四北六条社区，得分均超过 4.2。

汇总以上两项可以看出，中直社区、安平巷社区、西四北六条社区同时进入前三，是 21 个社区中居民满意度最好的三个社区。而北草厂社区和大觉社区在两项排位中均靠后。

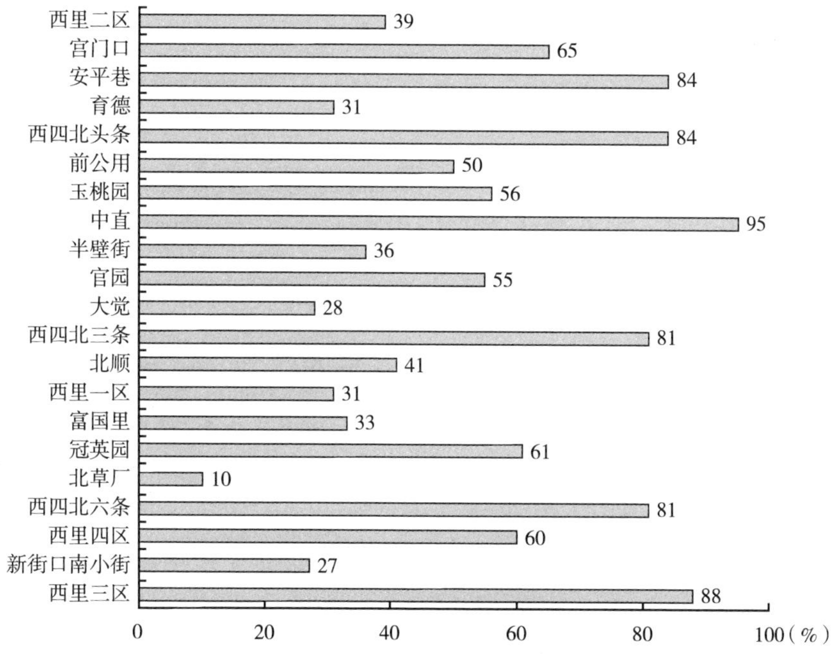

图 3　新街口街道 21 个社区的公共服务满意度排名

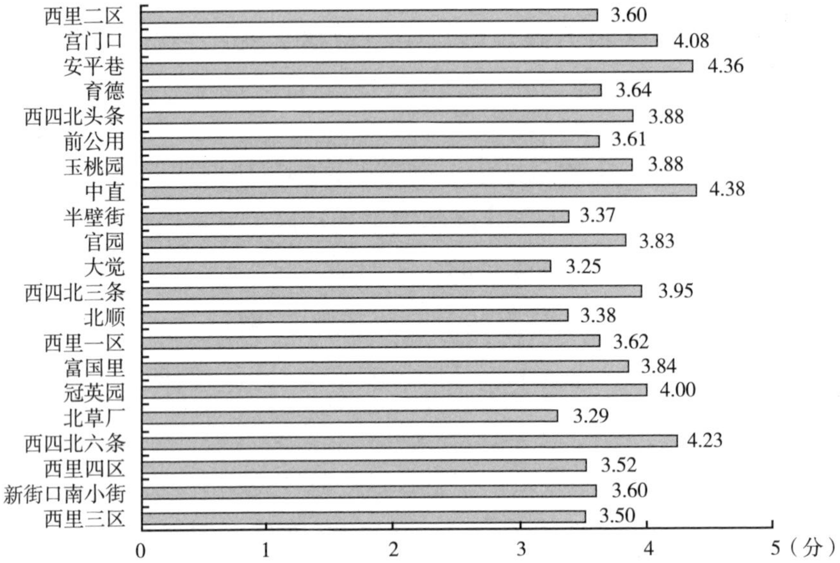

图4　新街口街道21个社区细分项目评价得分

（三）社区居民对居委会服务最满意

调查显示，在新街口街道21个社区公共服务内容评价中，受访者对社区的居委会服务最满意，均值为4.52分。对停车条件评价最低，均值为2.73分。

三　社区存在的问题：停车不方便、健身活动场所和设施不足、公共文化场所缺乏位列前三

在社区存在问题的20个选项中，94.3%的居民认为新街口街道的社区应在“居民停车不方便”的问题上加强工作力度。紧随其后的问题依次是“健身活动场所和设施不足”（61.7%）、“公共文化场所缺乏”（54.0%）、“托儿所、入学难”（45.0%）、“社区环境脏乱差”（36.5%）。

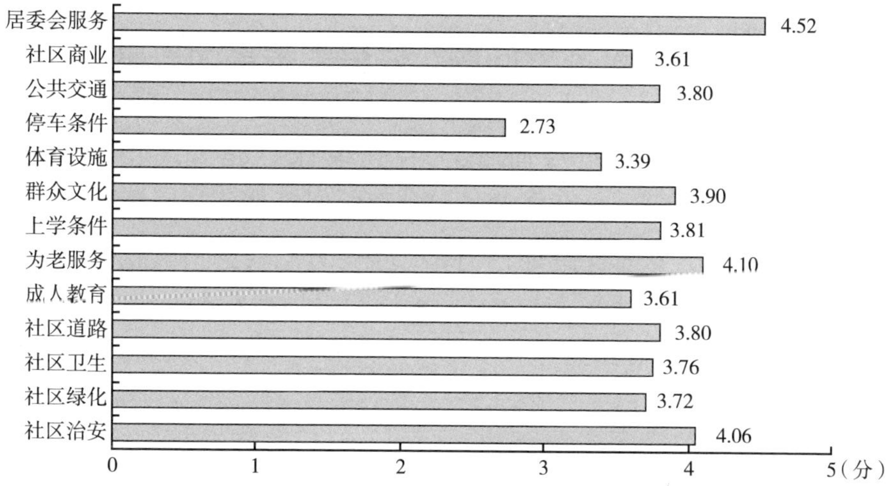

图 5　新街口街道社区公共服务内容评价情况

此外，统计每个社区排名前三的问题分布，总结得出，在新街口街道 21 个社区中，20 个社区均将“停车不方便”列为社区问题的首位。其中，富国里社区认为停车条件很不好的比例最高。

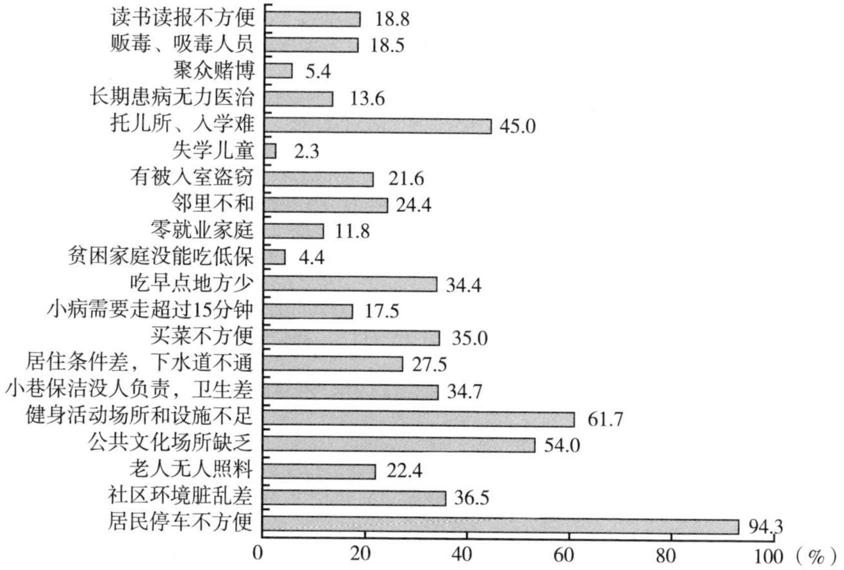

图 6　新街口街道社区居民反映的主要问题

四　受访者家庭问题：住房紧张最为严重

对于受访者家庭自身而言，“住房紧张”是最突出的问题。45.8%的受访者认为“住房紧张”，所占比例最高。其他最受关注的问题分别是“缺少健身锻炼”（37.5%）、“缺乏公共活动场所”（30.6%）、“收入太低”（25.7%）和“就学不便”（23.6%）。

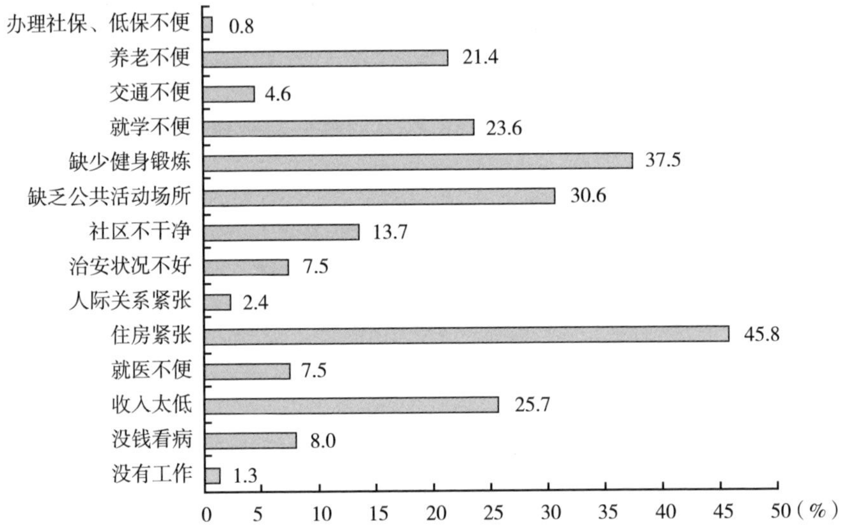

图7　新街口街道社区受访者家庭问题调查情况

五　社区服务匹配度分析：孩子放学接送托管和病人看护服务缺口最大

在问及被调查者最重要的社区服务需求时，“养老服务”（62.1%）、“物业”（40.9%）、“幼儿园”（38.7%）、“社区医疗”（39.0%）、“法律咨询”（34.7%）五项是被选数量最多的项目。

在社区可以提供的服务项目中，选择比例最高的是“法律咨询”和“就业指导”，被选比例分别是72.8%以及60.8%。其他排在前五位的还有“养老服务”（54.7%）、“社区医疗”（53.4%）和“物业”（33.6%）。

而关于服务项目的供需配比方面，“孩子放学接送托管”、“病人看护”、“托儿所”和“幼儿看护”等呈现供小于需，处于缺口状态。进一步从供需缺口的比重来看，“孩子放学接送托管”和“病人看护”缺口较大，缺口均达18%。

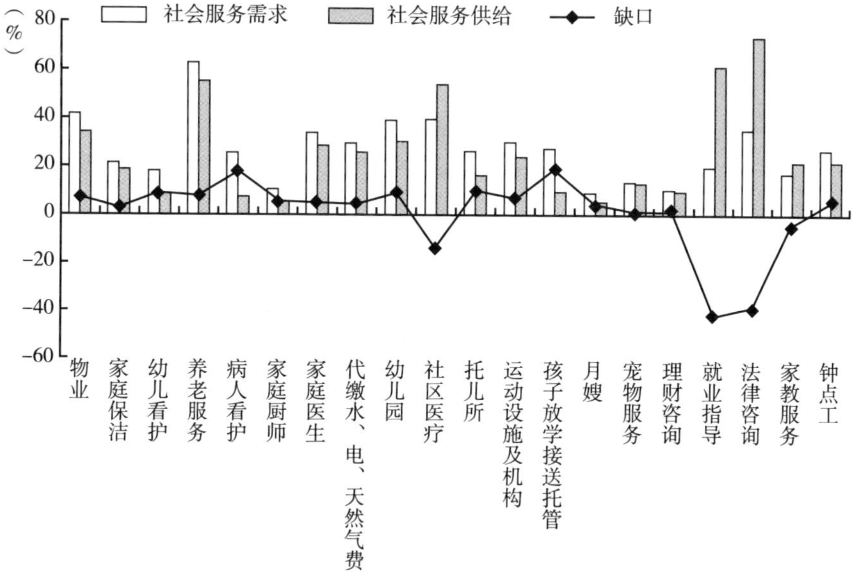

图8　新街口街道社区公共服务项目供需对比

六　社区养老：紧急救护呼叫系统需求高

（一）居家养老仍是社区养老模式的主导

中国素有居家养老的传统，但是，在现代化的背景下，居家养老功能的弱化已是一个不争的事实。调查结果显示，受访者选择“居家养老”的比例是60.8%，其次还有36.3%的受访者选择“老年公寓养老”，12.8%的受访者选择“敬老院养老”。

（二）养老服务项目需求最多的是家庭医生

调查显示，新街口街道社区受访者对养老项目需求最多的是“家庭医生”，需求比例为66.8%。其次是“紧急救助呼叫系统”和“老年食堂”，需求比例分别是65.3%和57.4%。其他的依次是“专人指导”（48.8%）、“基本体检”（48.6%）和“家庭保姆”（33.9%）。

（三）重点群体养老项目需求分布

社区养老直接对象是年龄大于55岁的人群，他们对养老项目的关注度较高。以下对这一群体的养老项目模式和养老项目需求进行分析。

调查显示，这个年龄段的重点群体对养老模式的需求依然是“居家养老”，比例占到66.7%。在与全体样本相比较而言，选择“居家养老”和“敬老院养老”的比例都要更高一些，而对于“老年公寓养老”则要低一些。

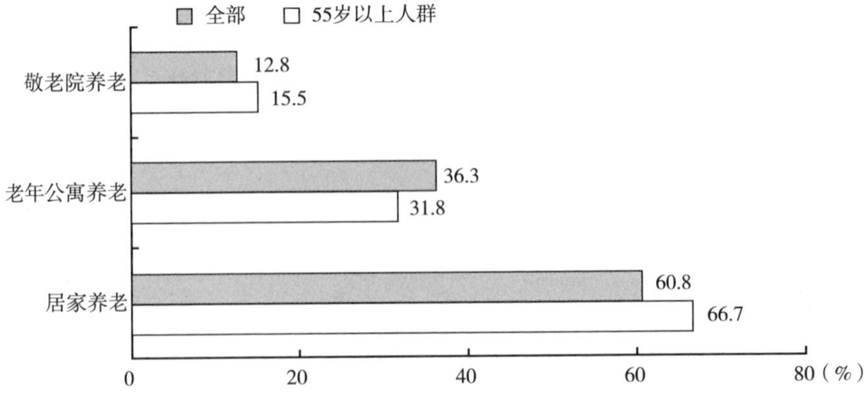

图9　新街口街道养老模式需求情况

重点群体对养老项目需求在“家庭医生”“基本体检”“专人指导”“家庭保姆”等方面低于全部样本；此外，在6个养老项目需求中，重点群体与全部样本群体对“紧急救助呼叫系统”和“家庭医生”的关注程度最高。

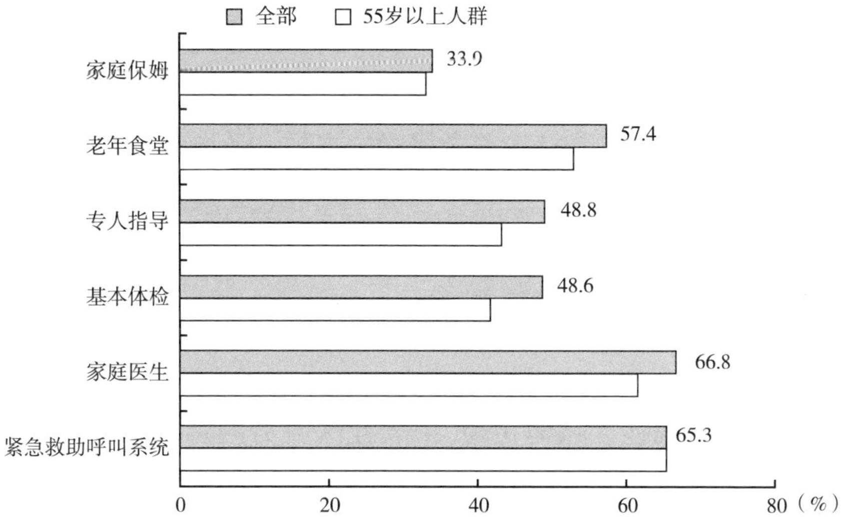

图10　新街口街道养老项目需求分布

七　基本数据结论

（1）对于新街口街道社区公共服务的总体满意度，55.6%的被调查对象认为满意。

（2）21个社区中，中直社区、安平巷社区、西四北六条社区是居民满意度最好的三个社区。而北草厂社区和大觉社区在两项排位中均靠后。

（3）分方面满意度调查中，居委会服务和为老服务满意度最高。

（4）在社区存在的主要问题方面，停车不方便、健身活动场所和设施不足、公共文化场所缺乏位列前三，其中94.3%的居民关注停车不便的问题。在新街口街道21个社区中，20个社区均将停车不方便列在社区问题的首位。其中，富国里社区居民认为停车条件很不好的比例最高。

（5）对受访者家庭自身而言，住房紧张是最为突出的问题。

（6）从供需缺口的比重来看，孩子放学接送托管和病人看护服务缺口最大。

（7）居家养老仍是社区养老模式的主导，受访者对养老项目需求最多的是家庭医生。

八　政策建议

（一）明确社区服务定位，拓展社区服务内容

社区居民的服务需求日趋多元化、个性化，要满足居民多层次的服务需求，首先必须要明确社区的服务定位，有序开展公共服务，实现服务供给的效益最大化。同时，面对多元化的基本公共服务需求，社区要注重服务创新，以需求为导向，合理拓展服务内容，不断提升社区公共服务能力。针对多样化的公共服务需求，社区要引入市场化供给机制，有序发展社区商业便民服务，大力发展社区公益志愿服务，逐步扩大社区公共服务的覆盖面。

（二）培育社区社会组织，促进社会组织参与社区公共服务

现阶段，社区社会组织还处在初步发展阶段，存在水平不高、生存能力低等问题。从欧美、韩国等国家和地区的经验来看，社区社会组织是社区公共服务的重要提供者。社区作为一个自治组织，社会组织介入社区公共服务，更符合其发展定位。因此，政府应加大对社区

社会组织的培育与支持，要引导和鼓励其参与社区公共服务，推进社区公共服务的社会化发展。

（三）加强人才队伍建设，确保社区公共服务的人才支撑

人才的匮乏是当前社区公共服务体系建设的重要制约因素。加强社区公共服务人才队伍建设，应重点从三个方面着手：一是优化社区工作岗位设置，加强专业性人才引进；二是加强人才培训，通过与高校合作、形成社区人才委培机制等方式，定期进行人才培训，为社区公共服务提供专业化人才；三是建立人才激励机制，解决社区“留人难”的问题，促进社会工作人才队伍的相对稳定并使其逐步壮大，不断提升社区公共服务的专业化水平。

参考文献

杨贵华：《社区共同体的资源整合及其能力建设——社区自组织能力建设路径研究》，《社会科学》2010 年第 1 期。

蔡惠卿：《广州新型城市社区服务体系建设研究》，华南理工大学硕士学位论文，2013。

理论报告

Theory Reports

B.4
“单位－社区”视角的地区资源共享研究

摘　要：社区共享资源是与社区内业主、居民生活息息相关的公共资源。加强社区共享资源的管理，充分发挥资源的价值，实现资源功能与效益的最大化，一方面有利于提高社区公民的生活品质，另一方面也有利于促进社区的和谐与稳定。本报告在梳理国内外相关研究的基础上，结合我国城市社区共享资源治理的现实状况，分析城市社区共享资源存在的问题及其原因，并提出相应的改进建议。

关键词：社区资源　共享机制　新街口街道

一　社区资源共享理论探究

早在1887年，滕尼斯就在《社区与社会》中提出了社区一词，他认为社区是按照一定的制度和规范将具有相同的价值取向、相似的文化背景和共同的心理认知的个人和群体聚集起来的社会共同体，由于受传统血缘、地缘和文化的影响，这个共同体内的人形成了一种亲密互助且有共同信仰和共同风俗习惯的社会关系。

资源是社区得以生存和发展的基础和重要支撑，社区资源主要包括人力、物资、组织等资源。社区资源共享，主要是指社区居民对社区资源有充分的参与管理权、使用权和提供权等，通过社区资源共享，满足居民需求，提高居民生活品质，促进社区和谐。

（一）社区资源的内涵

社区资源是一个宽泛的概念，广义上的社区资源是社区赖以生存和发展的一切资源的统称，狭义上的社区资源是指社区能够掌握、支配和动员的现实资源。本报告认为，凡是能为人们生产和生活提供便利的资源均可称为社区资源，社区资源既有现实的、当下的，也有潜在的、长远的，充分利用现实资源、善于开发潜在资源正是社区探索资源共享的路径之一。合理开发与利用社区资源的前提是科学认识不同的社区资源类型，充分发挥各类资源的作用。具体来看，社区资源内容丰富，不同的划分方式有不同类型，按照资源使用类型来划分，社区资源包括物质资源、组织资源、人才资源、文化教育资源、社会资本等。①

① 罗学莉、朱媛媛：《社区资源整合策略案例分析——以F社区为例》，《人民论坛》2015年第36期。

1. 物质资源

物质资源是开展社区建设的根本前提，主要包括资金与设施等。设施是满足社区居民生产和生活需要的必备物质基础，包括住房及各类配套设施。在市场经济时代，货币资本在市场运行中发挥着中心连接轴的作用，在社区建设中，资金也是各项工作有序开展的推动剂，没有资金，工作就难以开展。

2. 人力资源

人口是构成社区的第一要素，社区是人群生活共同体，人不仅是社区的建设者、挖掘者，而且是社区资源的消费者、享用者，社区居民是社区资源中最宝贵的资源，社区既是人力资源的会集地，也是人才资源的栖息地。

3. 组织资源

组织在于规范管理，通过一系列的维持和执行措施保障社区生活有秩序地进行。在不同的发展时期，社区组织的范畴是不同的，其与居民生活的密切程度也有所不同。在现代社会中，由于社区居民人口异质化、居民生活多样化的发展，社区组织不仅包括与居民生活息息相关的学校、医院、商店等，也包括驻区的党政事业机关，以及各类自治组织，如社区居民委员会、业主委员会和社区民间组织等。

4. 文化教育资源

社区文化是社区在发展过程中形成的自身特色，是社区的特有符号。随着经济社会的发展，文化成为衡量一个地区发展的重要指标，社区文化在社区建设中的地位日益凸显。与社区文化密切相关的就是社区的文化资源与教育资源。社区的文化资源主要包括居民风俗习惯、生产生活方式、价值观念、行为规范等。社区的教育资源主要是指与开展社区教育相关的社区资源，社区教育的目的在于提高社区居民的基本素质与生活品质。

5. 社区社会资本

社区社会资本主要是指社区居民、社区组织在协作、互动中形成的社会关系及网络，是促进社区建设和社区发展的重要资源。

（二）整合社区资源的必要性及意义

在计划经济体制下，“单位办社会”和资源的单位分割，导致资源无法实现有效整合，无法发挥作用。自社区建设开展以来，各地积极整合社区资源，有效发挥资源在社区治理与服务中的作用，取得了一定成效，但受体制机制和一些落后的固有观念的影响，社区资源整合和共享机制还未完全定型成熟，实现社区资源的优化配置、促进社区建设可持续发展仍任重而道远。

1. 整合资源是构建和谐社区的重要前提

从“单位办社会”到社区治理是经济社会发展的必然转型和选择。和谐社区的创建，首先就要对社区资源进行有效的整合与利用，这是基本前提。从国内外的实践来看，社区照顾模式是整合社区资源的典型经验，这一模式主要是指针对辖区内的老弱病残者实施正式或非正式社区照顾和服务，它的优点在于生活环境和方式的熟悉性、社区网络的广泛性、社会资本的参与性等，独特就在于通过整合区内的各种资源尤其是人力资源，在社区居民间形成互帮互助的网络关系，使社区困难家庭照顾社会化，减少家庭的负担。在我国，熟人社会的意识传承已久，在广大群众的意识中，遇到困难首先想到的是亲友熟人的支持和援助，这也属于一种社区支持网络。在我国现阶段的社区建设中，由于社区资源的相对匮乏，这种社区支持网络是推进社区建设的重要支撑。因此，整合社区资源、构建居民间互帮互助的责任意识是和谐社区创建的首要任务。

2. 整合资源是社区可持续发展的关键

社区的实质就是城市地域中重要的生活共同体，在管理和发展过程中，需要充分发挥其自我管理、教育、约束和服务等自治功能。在增强社区自治这一功能的过程中，只有整合社区资源、实现资源共享，才能促使社区在人、财、物等方面拥有和支配更多的资源，进而有效开展社区建设与社区服务，促进社区发展。

3. 提升资源整合能力是提高社区建设能力的基础

社区建设能力体现在多个方面，社区组织能力建设是衡量社区对外是否相对独立、内部是否协调的重要指标。资源整合能力作为社区组织能力建设的重要内容，其提升将有助于资源的合理利用，扩大资源的效益，有助于社区建设的稳步推进，为社区的和谐、可持续发展提供重要的基础条件。

（三）社区资源共享的前提和原则

资源共享，是社区建设之初便大力倡导的，一直以来受到城市建设者和共享者的重视，究其原因，一方面，经济社会的发展促使民主、公平、法治等理念更加深入人心，维系社区居民的平等是社区得以良好发展的前提；另一方面，过去属于社区内单位的各种资源，享用范围窄、受益人群小，加上单位间的资源丰厚程度不一，导致了同一社区内的居民享用的资源不平等，倡导社区资源共享就是要打破这一发展瓶颈，实现辖区内资源为社区人群所共享。社区资源的共享，应遵循以下前提和原则。

1. 社区资源共享的前提

从根本上来看，社区资源共享的基本前提是社区的建立与发展，这就要求必须从单位制向社区制转变。这主要体现在三个方面：单位人向社会人转变，居民权责的落实从单位向社区转变，居民生活环境从单位向社区转变。从社区层面来看，包括社区服务精细化、体系化，社区组织机制的改革化、创新化等。

2. 社区资源共享的原则

一是民主平等的原则，民主和平等既是市场经济发展的必然要求，也是社区建设的首要原则，社区资源的贡献，第一要务乃是保障居民共享的平等权利，这就需要在组织和制度上下大功夫，保障资源享用公平化、合理化。

二是共建原则，主要包括单位共建和居民共建两个方面，一般来说多指单位共建，由于关注度不同和体制改革，单位型资源逐渐转向社区型资源，驻区单位通过共建活动参与社区建设，在社区中统一发展、责任共担。

三是统筹协调的原则，由社区机构负责社区资源的组织领导与统筹协调。社区资源的统筹，需遵循以下几个原则：以社区组织为主导、以创新协商机制做保证、合理分配运用资源是基础、共享平等是保障。

四是群众参与的原则，社区领导者和决策者应该立足于居民的自我管理、监督等自治，着眼于推动居民参与社区共建，扩大社区资源总量和类别，把社区建设成真正与民共建、为民服务的城市生活共同体。

二　单位在社区资源共享中的作用

单位是社区内一种特定的重要社会资源，但不是所有的驻区单位都能成为社区建设的社会资源，只有在社区建设中充分发挥其支撑、支配或是服务等功能的单位资源才能成为社区真正的社会资源。单位资源共享是指各级各类党政机关、企事业单位、非公有制经济组织、社会组织等单位，根据社区群众需求，无偿向辖区居民开放本单位的各类资源，以此推进共驻共建、服务群众的公益行为。促进社区单位资源共享既可以拓展公共服务领域，更好地彰显政府形象和责任，又可增强企事业单位的社会责任，释放社会组织的公益活力；既可促进居民与单位间的互动交流，构建和谐社区，又可节约社区资源、促进节约型社会可持续发展。

（一）单位资源共享是社会转型发展的必然要求

随着经济进入新常态发展，新时期下社会治理过程呈现了多类问题叠加的特征，由于单位体制资源整合功能的逐渐衰微，社区的社会整合管理功能日益彰显，抢抓机遇、找准难题、精准发力、实现社会治理的转型是当前社会发展中的首要任务。社会转型要求进一步发挥城市社区的整合、管理和服务等功能，如何解决社区资源的短缺、单位资源的过剩浪费的问题，正确合理地处理好资源闲置和供不应求之间的突出矛盾，是社会转型发展中突出的问题。要解决转型发展中的这一问题，需要激活社区资源、引导和鼓励驻区单位力量参与社区建设，最大限度地实现社区资源共享，推进共驻共建，促进社会建设迈向新的发展格局。

（二）推动单位资源共享是创建和谐社区的重要路径

和谐社区是社区建设的根本目标。和谐社区建设强调的是通过资源的有效重组，在最有效的配置下促进资源流动化、最优化，以提高资源共享水平、促进社区可持续发展。通过科学合理地利用资源，不断提高社区共享水准，逐步把单位内部资源要素优势、单位社会关系优势转化为社区建设优势，促进单位和社区整体经济、社会等效益的共同发展，保证社区建设的可持续性，使社区发展更好地为民惠民。

（三）单位资源共享是彰显以人为本的价值体现

彰显以人为本的理念，是反映社区建设与时俱进、贯彻落实群众路线、维护群众利益的重要体现，也是当前社区建设必须遵守的基本原则。整合社区资源、实现社区资源共享，就是以居民需求为导向，优化社区服务，打造宜商、宜学、宜医、宜游、宜居的生活环境，真正为百姓办实事、办好事，为促进人的全面发展创造出最佳的社区环境、条件和服务。

三　有关单位－社区资源共享的经验模式

“社区是我家，建设靠大家”，通过实施资源共享、共驻共建等措施，更好地推进驻区单位关心、建设、服务社区，各地在城市社会的转型发展中均对资源共享有较高的认识，在通过多年的探索发展中，逐步形成了一些可参考、可借鉴的新经验和新模式。

（一）黄冈市黄州区打造优质社区服务平台

作为黄冈市的中心城区，黄州区以抢抓社区服务功能为重点、以创建省级示范社区为目标，通过创新争优等系列活动的开展，完善基础设施，创新发展机制，有效地促进了社区发展的提档升级。

1. 以“五个统一”为抓手，高标准、严要求、全方位推进基础设施建设

黄州区把社区基础设施建设作为城市建设的重点工作来抓，立足于高起点、高标准、高质量，坚持“五个统一”管理，即统一规划设计、统一功能布局、统一外墙色调、统一社区标识、统一补助标准，按照“办公最小化、服务最大化”的建设原则，深入基层调查研究，与驻区单位、居民共商建设方案，加快工作进程的监督和检查，注重重大问题的协商调解，采取简化手续等办法，积极推进设施建设进度，缓解和减轻社区压力。

2. 搭建平台，积极打造社区服务品牌

在抓好基础设施硬件建设的同时，黄州区从软件建设上下大功夫，积极搭建服务平台，促进社区服务质量和水平的提升。一是搭建

主题式实践服务平台，在推进建设标准化、组织扁平化、队伍职业化的同时，大力开展“区岗团队”“社区七日”“五联五帮”等主题实践活动，充分发挥党员先锋模范作用，服务居民群众；二是搭建一站式公共服务平台，设置“一厅、五中心、九室”服务平台，形成“制度上墙”机制，通过设置便民服务设施和办事窗口，推进社区服务标准化、规范化、工作效益最大化，不断提升社区居民的认同感、归属感和责任感，增强社区吸引力、凝聚力，使社区服务中心真正成为“居民之家”；三是搭建便民服务平台，通过志愿者服务网、社会救助网等系列便民利民网的创建，充分利用社区社会资源，提高社区服务功能，力求“小事不出小区、大事不出社区”。

3. 完善机制，着力提升社区保障水平

通过领导机制、建设经费保障机制、工作规范化运行机制三机制的完善，规范共驻共建制度，发挥驻区单位资源资本优势，坚持改革创新，探索服务的新路径，拓展和完善服务功能，充分发挥社区在社会治理中的基础作用。

（二）黄石市铁山区创新制度共建，打造精品魅力社区

铁山区以“共驻共建、资源共享”模式为建设主线，以构建精品魅力社区为目标，立足实际、创新制度建设，用制度共建推进和谐社区的创建。

一是建设思路清晰有序，在社区建设过程中，铁山区充分发挥“区小不自小、区小干大事”的精神，从组织机构、政策规划、经费保障等方面完善规范制度建设，从顶层设计上抓好社区建设的保障落实。

二是推行扁平化的管理方式，探索新的工作体制机制，通过理顺政、社关系，推行一站式服务，夯实基层基础，不断完善社区管理体制，保障和谐社区创建活动顺畅开展。

三是完善社区共驻共建长效机制，在坚持适应社区需求、适应单

位承受能力的两个适应原则的前提下，探索建立最适应本地社区发展的共建机制，形成了“3＋6”模式的共建机制，即3个主体（政府、企业、居民）、6大项目（大事共议、资源共享、设施开放、项目共建、活动共开、成果共享）。

（三）杭州市天成社区共建共享互动推进学习型社区建设

社区建设不仅要靠政府、社区承担，更需要辖区单位的支持、配合、参与，杭州市江干区天成社区在建设学习型社区的过程中，通过社区牵头，与辖区单位建立共建关系，探索出社区与辖区单位相互协调、共谋发展、资源共享、实现双赢的学习发展模式。

一是整合资源，保障学习基础。天成社区在充分调研、协商沟通等基础上，加大统筹挖掘力度，发挥社区党组织和企事业单位资源优势，注重从协调组织、硬件设施、人力资源三方面加大整合力度，对辖区资源进行分类、统计、建册等，并实施专人负责制，使资源发挥功能效益最大化，为共建共享的学习模式提供必要的硬件基础保障。

二是搭建展示平台，营造浓厚的共学氛围。天成社区通过搭建学习互动平台，有效地解决了学习活动中的人力、财力、物力问题，同时，加强与辖区单位的情感网络建设，增进双方沟通了解，达成共建的统一思想认识，形成共学的良好氛围。

三是完善互动机制，实现双赢互惠的局面。在学习型社区的建设过程中，天成社区认真贯彻学习“机制推动学习”的思路，逐步建立起互动的学习机制，推动学习型社区活动的开展和创建。天成社区“共建共享互助型”的学习模式充分利用了辖区资源，从源头上解决了学习活动所需的资金、人力和场地缺乏的问题，丰富学习内容，促进形式多样化，特别是积极协调社区单位大力参与，对提升学习质量和创建社区学习品牌起到了很大的推动作用。

（四）济南营市街创新资源共享模式，共建美丽家园

济南营市街街道办事处以机制为保障、品牌为引领、文化为基准，在创建和谐社区中，充分发挥辖区资源优势，加大资源潜力开发，探索出社区与单位共驻共建的发展之路。

一是建立有效的社区协调管理机制，随着经济社会的转型，以“条”为主的被动管理模式逐渐被打破，以“块”为主线的横向互动联系模式逐步建立。营市街办事处积极与社区单位协商，成立了社区协调共建委员会，同时制订工作计划、明确工作职责，积极发挥驻区单位资源优势，更好地为民服务。

二是创建社区服务品牌。社区服务是社区建设的基础，在社区建设的过程中，营市街街道办事处从辖区社区实际出发，采取政府指导和扶持、企业化管理、市场化运作的方式，遵循产权不变、人员隶属关系不变、自主经营、自负盈亏的理念，整合政府、企事业单位、社会团体及居民资源优势，有效地解决了资金、场地、人员等问题。打造了老年公寓、家政服务、卫生服务和“三小”（小托儿所、小饭桌、小辅导站）服务等品牌。

三是大力开发社区资源潜力，发展社区经济。营市街道办事处的主要做法是集中精力在环境营造、政策引导、管理服务等方面着手，为社区经济发展主体提供一流的服务，为单位排忧解难，吸引更多的企业投资驻区。同时，为了保证社区的长远发展，在资源开发上更加注重其合理性、科学性，依靠市场机制的刺激，采取灵活有效的措施盘活闲置厂房、打造特色和专业市场、壮大社区经济力量。

四是发挥资源优势，全面繁荣社区文化。针对单位文体设施资源大量闲置、社区资源供不应求的局面，整合社区单位内部资源，实现社区单位文化活动场所免费向社区居民开放，实现资源的共享，推动社区文化建设。

（五）南京市抓好社会资源共建文明社区

对社区资源的充分挖掘和利用是文明社区创建活动的重要环节，不仅有利于辖区内机关企事业单位大发展，更能改变社区人居条件和环境，提高市民生活质量。南京市在创建文明社区中，充分挖掘社会可利用资源，为探索创建文明社区新路子创造了良好的条件。一是加强横向联系，通过制定落实“党群工作进社区”方案，充分调动各方力量，群策群力为社区建设服务，为充分挖掘和利用社会资源打下坚实的基础；二是因势利导，整合资源，挖掘利用社区已有设施资源，完善社区的服务功能；三是注重挖掘，充分利用社区资源，为建设服务；四是培育社区认同感，促进可持续发展。

四　以“单位 -社区”为视角看新街口街道的地区资源共享

（一）新街口街道共享社会资源的现状分析

新街口街道辖区总面积 3.7 平方公里，辖区内社会资源较为丰富，社会单位类型多样，其中包括中共中央纪律检查委员会、国家环保局等国家机关；中国国家电网集团、中国华电集团公司等大型国有企业；新华百货、星街坊、万特珠宝、新街口百货等大型商场；妙应寺白塔、广济寺、鲁迅博物馆、徐悲鸿纪念馆等历史文化古迹；包括 1 所大专院校、11 所中小学、9 所幼儿园、1 所社区教育学校。

资源共享运行机制是指影响资源共享结果实现的各种路径、过程与策略。只有具备高效的资源共享内在运行机制，才能实现资源共享的供需对接，形成资源共享良好的外部局面。结合资源共享的过程视角，通过对居民资源共享需求评估机制、社会单位共享资源发现机制、社会单位资源共享沟通互动机制、社会单位资源共享激励机制、社会单位资源共享障碍破解机制、社会单位资源共享保障机制的调查分析，来发现目前新街口街道社会资源共享工作存在的问题和不足。

1. 居民资源共享需求评估机制分析

居民资源共享需求评估机制是指了解、评估居民资源共享需求，让共享资源真正对接居民日常生活需求，有助于畅通驻区资源与居民需求的对接渠道，有助于社会资源共享活动的全面开展。新街口街道居民资源共享需求评估机制不够完善，主要体现在以下几方面，第一，未定期评估居民需求。第二，关注群体单一。青年人、外地人的资源共享需求（如对停车场、低龄儿童托管、青少年课业辅导、网络资源等资源的共享需求）在一定程度上被忽视。第三，沟通交流形式单一。以电话联系、社区会议等传统实体形式为主，基本上没有使用信息化新媒体（如微博、微信、飞信）征求居民资源共享需求，即时发布服务信息。目前在使用中的信息沟通渠道仅有 2011 年建成的“一刻钟社区服务圈”网络平台，其在社区居民间的影响力也有待提高。

2. 社会单位共享资源发现机制分析

社会单位共享资源发现机制是指通过对社区内社会单位资源共享能力的调查和评估对社区内资源存量做出及时的判断和把握，有利于及时发现社区内新的可共享资源，有利于资源共享活动的持续有效展开。新街口街道的社会单位共享资源发现机制还未系统地建立起来，主要表现在以下几个方面：第一，对社区内社会单位可共享资源的信息收集缺乏系统性；第二，对社会单位可共享资源的信息收集效率和准确度较低，对单位共享资源信息的收集主要依赖于传统方式，没有采用资源共享地图，不利于对动态资源信息的把握；第三，与社区内大单位的合作不足，对社区以外社会单位资源的挖掘比较有限，街道整体对外部资源的发现能力还有待提高。

3. 社会单位资源共享沟通互动机制分析

社会单位资源共享沟通互动机制是指建立良性沟通网络，实现与企业的有效沟通，有助于将准确信息传递给有意愿、有能力的单位，与之进行长期紧密的资源共享合作。新街口街道沟通互动机制不够完善，主要体现在以下几方面：第一，沟通频率低，少部分受访社区与合作单位每年平均沟通 6 次以上，且多为有合作项目时与合作单位联系，并非定期沟通交流；第二，沟通渠道单一，受访社区与合作单位的沟通多以电话联系、社区会议、年末联谊会等传统渠道为主，只有少部分社区建立了多元化沟通渠道（如接待日、餐会、意见箱、专栏论坛、飞信平台等）；第三，缺乏双向沟通，受访社区中多数社区（52.9%）仅对合作单位单向传递消息，不能及时了解合作单位的工作障碍并协助解决资源共享中的问题。

4. 社会单位资源共享激励机制分析

社会单位资源共享激励机制指的是通过多种方式对单位进行物质回馈、形象宣传、义工服务，与单位共办活动等，满足单位需求，激发单位积极性，拉近与单位的距离，加强与单位的情感交流，更大限度地激发单位的共享意愿，促进共享工作可持续开展。现有社会单位资源共享激励机制存在如下问题。

第一，对社会单位的物质激励不足。单位缺少资金支持，共享工作造成的损失未得到补偿；政府缺乏对优秀资源共享单位的政策性倾斜，资源共享单位缺少优于普通单位发展的机会。

第二，对社会单位的情感激励不足。宣传渠道单一，以张贴布告栏为主，缺乏电子屏、板报的宣传；缺乏对居民的引导，导致居民要求过多、单位费力不讨好的现象普遍存在，使单位在共享过程中动力缺失，工作积极性受影响。

第三，对社会单位的服务支持不足。一是缺乏主动服务单位的意识，更多的是单方面索取资源。二是对单位形象和品牌的宣传不足。形式主要为口头表扬，没有通过社区网站、电子屏等对单位近期活动和品牌形象进行滚动播报，以提升单位良好的社会声誉。

以上物质激励、政策倾斜、情感激励、服务支持、形象宣传的缺乏，导致社会单位资源共享的积极性不高、长效性不足。

5. 社会单位资源共享障碍破解机制分析

社会单位资源共享障碍破解机制指的是通过上级单位、街道、社区和居民的共同努力，对单位在资源共享中遇到的障碍和问题进行解决。目的在于解决单位后顾之忧，推动共享工作长效开展。资源共享障碍破解机制存在如下问题。

第一，对社会单位资源共享面临的切实障碍了解不足。街道社区与单位之间缺乏有效的共享工作反馈渠道，导致社区一方需要社会单位提供更多资源，而单位一方障碍长时间积累，资源供求无法对接。

第二，对社会单位资源共享障碍解决情况欠佳。主要体现在：缺乏与上级单位的沟通，有的单位担心资源共享会受到上级行政处罚，此时街道应和上级单位和有关部门做好沟通，政策范围内允许单位将内部资源（如员工食堂）共享，更方便地对接民需；缺乏相关的条例规范和准入机制，共享资源之前，街道社区缺少与单位沟通和落实居民准入、场地损耗等问题的解决措施，导致单位单方面过多地承载居民人身安全和资源过度利用的压力；缺乏对单位人力不足障碍的解决，社区没有及时对单位因资源共享带来的人员缺口进行补充，导致单位现有人力不足，需聘请额外人员，街道社区需成立高素质义工队伍，帮助单位为居民送餐、维护活动场地秩序等，对单位资源共享工作进行人员支持。

6. 社会单位资源共享保障机制分析

社会单位资源共享保障机制是指通过提供人员支持、健全组织结构、完善规范化日常管理、引入社会资金、加强对居民的宣传教育，为资源共享活动持久发展提供保障。可以给予社会单位在资源共享过程中的有力支持，减少资源共享过程中可能出现的问题和矛盾。新街口街道社会单位资源共享保障机制仍存在一些不足，主要表现在以下几个方面，第一，资源共享活动人员支持不足。第二，组织架构不完善，工作职责不明晰。街道超过一半的社区未设立专门部门或委员会负责资源共享工作，资源共享工作缺乏一定的组织保障。第三，日常管理规范化不足。日常管理主要依赖社会单位独立完成，超过半数的社区未建立专门制度来规范居民对共享资源的使用，在居民使用准入和矛盾协调方面缺乏制度和信息的支持。第四，资源共享资金支持有限。调查发现，共享活动的支持资金来源主要为财政拨款，资金来源过于单一，筹资方式有待创新。第五，对居民的宣传教育不足。宣传频率相对偏低，宣传方式偏于传统。对居民资源共享观念与合作意识的教育工作比较有限，大多数居民仍然是传统的单方受益思想，缺乏在资源共享活动中的主人翁意识和监督管理意识。

7. 街道社会单位资源共享与其他街道相比较的短板

新街口街道资源共享活动也已取得了一定成就，特别是在满足居民基本生活需求方面得到了辖区居民的广泛好评，但与西城区其他街道资源共享先进单位相比，仍存在如下问题。

（1）供给资源层次水平不高

目前新街口资源单位与社区的合作主要集中在第三等级，缺乏定期的共享活动。共享活动主要是满足社区居民一些基础需求，集中在日常送餐、老人理发、维修电器等，对于居民更高层次需求的满足比较匮乏。精神层面需求满足较少，尽管街道会组织一些文化、医疗学习讲座，但缺乏长期性和固定性。相比而言，西城区椿树街道成立了“椿树街道老年心理关爱服务站”，通过联系辖区心理咨询师队伍，有针对性地解决了居民的心理健康问题。因此，在未来的资源共享活动中应进一步关注居民精神方面需求，提升资源共享的满足层次。

（2）信息资源供给较为有限

街道共享资源的信息和技术含量较低，与社区内文化单位的合作主要是场地的借用。西城区金融街街道通过开放图书馆和电脑技术培训，同时满足青少年、老年人等多个层次人群对知识、信息资源的需求。每天放学后向小学生开放图书馆，既为学生提供了良好的学习环境，又解决了儿童托管的问题，体现了对文化单位场地和文化资源的综合利用。因此，新街口街道未来应深入与辖区内文化单位的多层次合作，充分发挥资源单位在提供文化资源和场地、丰富居民精神生活、提供技能培训等方面的潜在力量。

（3）共享资源的综合性和系统性较弱

社区在与资源单位共享时往往是共享单一类型资源，例如，单一的医疗资源或教育资源等，缺乏对资源的整合和提升。西城区椿树街道在为老服务中就整合了老年人照料、老年人供餐、老年人娱乐、心理疏导等全方位的服务。西城区展览路街道整合社会资源，吸纳各类服务商，并计划开展社区便民服务卡项目，逐步实现各种缴费和服务功能。月坛街道自 2005 年起整合街道内 21 家服务机构，为社区老年人提供全方位上门服务。因此，新街口街道未来资源共享活动的开展应逐步整合辖区内各类资源，努力为居民提供更加丰富和便捷的综合性服务。

（4）与社区外单位的合作较少

社区附近没有农贸市场，很多居民反映买菜难，由于街道位于市中心，依靠辖区内资源单位解决有一定的局限性。西城区白纸坊街道就将视野投向社区外的蔬菜基地，与之联手开办便民菜店，切实解决了居民买菜难的问题。因此，对于街道匮乏的资源应积极寻求与外部单位的合作。

（5）人才资源共享比较有限

街道资源共享大多数为物质资源共享，主要用来满足居民基本的生活需要。对地区内现有的专家人才、高校等资源的发掘和利用程度不够。但在西城区的其他街道中，对内部人才资源的挖掘和调动已经取得了一定的成就。陶然亭街道内的中央芭蕾舞团通过免费培训社区舞蹈骨干，再以骨干教授居民的方式，极大丰富了居民的文娱生活，为居民提供了接触高端艺术的机会。德胜街道通过建立“德胜青年联谊群”社团，会聚了辖区内 40 余家单位 300 名青年才俊与社区青年交流，增进彼此的交流学习。因此，街道应在对辖区内人才、教育资源充分把握的基础上，进行深入地利用和发掘，弥补现有人才资源共享短板。

（6）与社会单位合作比较有限

通过对资源单位性质分布比例进行比较，可以发现，新街口街道和整个西城区与事业单位的资源共享活动开展得最多。但与西城区整体水平相比，新街口街道与企业单位的合作则显得不足。

（二）关于新街口街道实现共驻共建、资源共享的几点思考

新街口街道要实现资源共享，促进和谐社区创建，需要从认识、机制等层面上做起，提高共识，完善机制，健全网络平台，真正实现单位 - 社区资源共享、良性循环发展。

1. 转变观念，达成共识

随着经济社会的发展，社区在城市建设、社会治理、服务民生等方面发挥了越来越大的作用，社区成员要树立起社区自治主体的主人翁意识。积极广泛参与社区建设、治理、监督等活动，增强社区认同

感和归属感。与此同时，还要树立开放意识和服务大众的责任，充分挖掘一切可开放的社会资源，不断满足社区的建设和发展需求，加快实现单位 - 社区资源共享。

2. 坚持原则，共享互利

实现社区建设的共驻、共建、共享，要坚持三大原则。一是坚持互利互惠原则。街道和社区要充分发挥自身作用，统筹协调社区资源，实现社区与居民的互惠互利，实现配置最优化、利益最大化。二是坚持共驻共建原则。社区要通过创新治理模式、服务方式，调动社区居民与驻区单位参与社区建设的积极性，形成多元主体参与社区建设的格局，实现共驻共建。三是坚持成果共享原则。成果共享是社区资源共享的重要内容。坚持成果共享，一方面，有利于调动社区居民、驻区单位参与社区建设的积极性；另一方面，有助于整体提升社区综合水平。

3. 健全机制，明确责任

完善的机制是社区建设有序开展、规范运行的重要保障。从社区建设、资源共享的角度来看，应重点建立四大机制。一是组织协调机制。社区要结合自身实际，充分利用社区名人、驻区单位等社会资源，形成组织协调机制。一方面，建立社区协调机构，如社区协调联合会、社区党建联席会等；另一方面，建立协调会议制度，定期召开会议协商社区建设的重点问题，不定期对重大事项进行协商。二是驻区单位、社区居民、社区居委会共同参与的监督机制。三是社区建设共同参与机制。社区要充分调动驻区单位、社区居民参与社区建设的积极性，并主动联系社会力量参与社区建设，形成共建共享的良好局面。四是投入机制。资金投入是社区建设有序运行的重要保障。社区要充分发挥自身优势，拓展政府投入、社会投入、驻区单位与社区居民支持等多种集资途径，有效解决当前社区建设的资金投入问题。

参考文献

戴研：《单位型社区转型下的社区资源共享研究》，华中师范大学硕士学位论文，2008。

李立纲、谷和：《城市居民社区资源共享研究》，《云南社会科学》2001年第5期。

施蔷生：《大力推进上海社区资源共享》，《上海商业》2005年第5期。

邹宏仪：《共享社区资源　共建文明社区——南京市利用社会各方面资源创建文明社区的调查》，《群众》2000年第S1期。

孙树仁、龚晓洁、邱莉、朱军：《论社区建设中的“资源共享、共驻共建”——济南槐荫区社区个案研究》，《社会福利》2003年第7期。

杨贵华：《社区共同体的资源整合及其能力建设：社区自组织能力建设路径研究》，《社会科学》2001年第5期。

B.5
街道共同体模式的探索与实践

摘　要：　在多元治理的常态模式下，全面深化改革、创新社会治理是目前社会管理探索与实践的导向，街道社会组织共同体是政治、经济、社会和文化全面转型和深化改革的产物，是社会治理的基础和关键，按照公共性规范和民主治理要求建构起街道社会组织共同体，对推进公共行政、优化公共服务、创新社会治理等具有重要的现实意义。

关键词：　街道共同体　社会治理　新街口街道

国家治理体系和治理能力现代化的要求加速了社会治理创新的步伐，推动了管理主体从政府一家独大到市场、社会组织共同参与的多头并进，推进了管理主体多元化、资源整合利用有效化。促进社会共治，社会共同体构建是创新社会治理模式的重要方法和必要路径。

一　共同体的内涵

共同体，主要是指不同主体与一定的空间区域互动的结果，它们基于共同特征或共同利益而组成层次多样、种类繁多的各类组织、团体，既包括高层次的政治组织，也包括自发性的小规模社会组织。

（一）共同体的三要素

人口、空间、组织是构成共同体的三要素，对这些要素的不同培育和处理方式可得到不同的社会共同体，创新社会治理主要是通过干预重组这三要素，促成新生共同体的形成和发展，推动协商共融社会关系的形成。

1. 人口：社会治理的主体和客体

人是社会治理的主体和客体，创新社会治理就是要破除以控制和统治为主的传统陈旧的治理模式，以人的参与和发展为政治、经济、文化等转型发展的基础和基石，通过以生产或生活为纽带，不断促进人与各类空间的良性互动，从而推动和谐的社会关系结构的构建。加强治理能力现代化，就是充分发挥人作为社会主体的能动性，通过网络式管理的实施，将社会主体不断纳入管理主体，促进治理主体多元化，提高居民的参与自治权，使人从被动消费者转为社会治理的主要参与者，推进社会治理从统治逐步走向自治、善治、法治等。

2. 空间：人的生存场所

空间是促进共同体产生与发展的基本要素之一，空间是不同社会主体互动的目的与结果，是社会交往、互动的重要基础和城市生活方式的重要思路，它既是政治性的，又是社会性的。一般情况下，通过街道空间的布局来发展范围、实现人们交往，进而建立一个相互信任的公共监控网，助推人们达成互助、自治的社会关系，促进治理主体人本化。

3. 组织：人的生存方式

组织是人们的生存方式，是人从自然人过渡到社会人的必然渠道，也是创新社会管理的重要载体，人通过组织实现与社会的交互，在交互中与政府、社会形成契约关系，这种关系同时也是多方互惠互利的形式，从而推动合作共同体的构建。

（二）共同体形成的三个步骤

从共同体治理的视角出发，政府、社会、市场等的互动是创新社会管理机制的根本，对人口、空间、组织等要素的干预是共同体治理的基础。通过对共同体要素的干预，促使人们更好地参与社会管理，自觉参与、监督管理公共事务，共同营造和谐发展的社会氛围。促使共同体完成，必须坚持“三步走”原则。

一是在人口上，要注重公民美德的培育和塑造，促进公共参与，促进公共生活有序化、合理化，自觉担负起参与建设和管理的责任和义务。

二是在空间上，要围绕社会共同体，挖掘和扩大公共空间，有效利用公共空间加强宣传、开展公共活动，鼓励和引导居民参与社区自治。

三是在组织上，要充分发挥政府部门、市场以及社会多类组织的资源的优势，整合有效资源，提高组织能动性、自主性，为社会复合治理主体的构建做努力，促进善治、法治等有效开展。

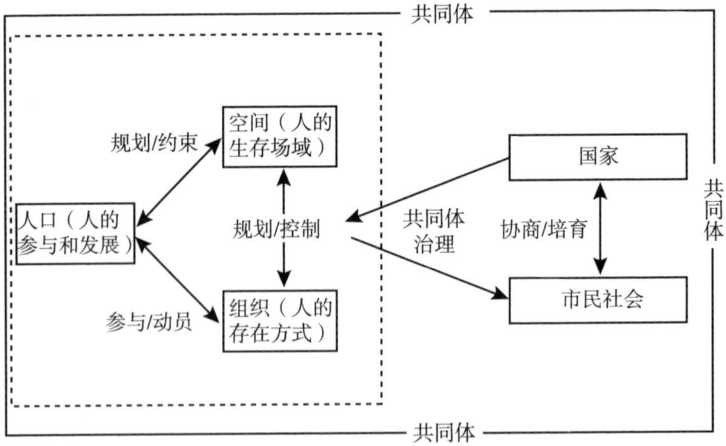

图1　共同体的治理：社会管理创新的逻辑思路

二　组建共同体的重大意义

（一）共同体建设具有时代适应性

社会治理是一种理论范式和分析工具，不管是对时代的公共事务还是对社会事务均能产生巨大的影响，如何发挥好治理理论在社会治理中的重要作用，走科学的、时代的、可借鉴的社会治理之路是不能回避的现实问题，从现代治理体系和经济社会的发展状况来看，多元化的社会治理即具有很强的时代适应性。

1. 共同体符合发展规律的要求

社会治理模式随着人类历史的改变而发展，先后经历了统治型、管理型、服务型三个发展阶段。统治型以权威、遵从为特征；管理型以控制、管理为特征；服务型则以服务、信任、合作为特征。在服务型社会治理中，要求治理方式多样化、参与主体多元化，社会治理呈现新的形态和模式，其根本是社会治理的实质发生了真正意义上的转变。共同体是由政府、社会、市场和公民等多元主体组成的，各个主体在各自的活动过程中，以协商、对话、合作等形式形成了一定的组织结构与运行机制，实现了公共服务和社会治理的目标。

2. 共同体是社会转型发展的必然结果

社会转型期，事务复杂化、主体多元化、需求多样化等问题交织，加大管理难度。以往传统的治理模式往往只注重社会公民的管理，而忽视了社会和公民的主体地位，越来越不符合时代的发展需求。随着改革开放的扩大深入，社会组织的发展和公民的参与、民主、权力等意识不断增强，行政管理体制改革的不断深化，拓展社会活动空间、优化社会治理结构的要求不断强化，社会自治、共治已成为社会发展的基本趋势。社会转型期和发展期，受强政府管理的依赖性和民主塑造待完善性、社会组织发展缺陷性等影响，建立政府主导的社会共同体是智慧和科学的选择。

（二）建设共同体具有发展迫切性

共同体是创新管理体制的基本要求。在长期的社会管理实践中，主要是以政府为中心的单一权威治理方式为主，这是政府社会生活中绝对的供给主体，忽视了社会组织与社会公众对公共事务治理的参与、制约和监督，已经不能满足社会发展的需要。因此，加快社会管理体制创新，重构政府、社会、市场、公民结构，打造共同体成为满足社会发展需求的必然选择。

尤其是当前中国社会处在转型关键期，社会需求日益多样化、复杂化，单一的政府主体社会治理模式难以满足公众需求。这就要求政府加快社会治理创新、构建社会共同体，通过社会共治、居民自治等多种形式满足多元化社会需求，减少社会矛盾，促进社会和谐。因此，构建共同体也是确保社会和谐的根本之策。

三　街道共同体的内涵与特点

街道治理是在党的领导下在一定范围内开展的政府与组织、居民的公共事务活动。与传统的基层社会治理相比，新型街道社区的城市治理中的多元治理主体是其显著特征，在繁杂的事务和多样的社会矛盾面前，多元社区治理主体能有效发挥各自资源的优势与作用，通过多种协商合作的方式促进社区和谐发展，发展出不同的社区治理模式，不同的街道共同体也应运而生。

（一）街道共同体的内涵

1. 街道社区的本质属性

一是生活共同体，人们参与社会生活的过程就是使群体价值和行为模式逐渐内化于个人的模式，街道社区是个人从“自然人”转变为“社会人”、与社会发生交互作用的最原始场所。二是以人为本是核心价值。社会生活的完整性主要体现在满足社会成员的基本生存和发展的能力。服务于民、造福群众是创建和谐社会的根本出发点和落脚点，人的发展和利益无疑是街道、社区建设的内在动力。三是实现社会公平和正义的渠道和平台，主要体现在：协调个人利益与社会整体利益的关系，促使社会的公平和正义得到实现；协调好人们相互之间的关系，达成妥协和契约，以实现社区的和谐发展。

2. 街道共同体的现代特征

街道共同体的现代特征主要是针对传统而言的，血缘共同体、地缘共同体、宗教共同体等作为传统基本形式，主要是一定地域内、一定社会制度和社会关系组织下的地域生活共同体。而现代共同体在形式和内容上都和传统的有很大差别，主要表现在：一是现代共同体的“脱域”性，即街道生活不仅仅超越了地域关系的限制，而且还打破了地方性制度的制约；二是相对于以往价值和观念的同质性，现代街道共同体主要是由不同价值取向、思想观念的人共同组成的，人们更多地依赖分工和契约联系在一起，理性胜于感性，事情大于人情，泛化信任和更广泛的参与成为重要的表现形式；三是各类机构组织的多元化，各种组织的发育和发展，使管理和服务供给方面都发生了深刻的变化，使得街道的服务种类更加多元、服务方式更加灵活、服务分工更加专业、服务对象更加具体等。

（二）街道共同体多元治理的特点分析

街道共同体的多元参与合作治理是对现有治理的反思与超越，它建立起了政府与公民的新颖关系，从根本上派生出以政府为中心的管理取向，更多地采用协商共治的方式处理公共事务和公共生活，这是一种全新的治理框架，也是政府和社会、市场、公民结合的最佳状态。

1. 丰富了社会治理的内容和方式

从单一到多元、从管理到服务、从人治到法治体现的都是社会治理内容和方法的变革，街道共同体的多元参与体现了参与的理念和合作的重要性，也是社会走向成熟的标志。

2. 发展的真正本质所在

通过政府与公民之间积极有效的合作治理，创新体制机制、完善制度建设，促使公民与社会参与社区治理，通过自我管理、自我服务，有效化解基层矛盾，达到社区治理的目标，这正体现了社会发展的真正本质。

3. 社会治理中政府的引导方向

公民社会是合作治理的现实基础，街道共同体正好体现了这一特征。政府主导的根本目的在于帮助社会提高自我管理能力，从而形成政府与社会合作治理的有效格局，街道共同体的特征与这个目的基本相符。

四　新街口共同体引领老少服务的新模式

新街口街道在探索社会治理模式创新的过程中，通过引导社会组织、公众共同参与，形成街道共同体，有效促进了地区经济社会发展，提升了公共服务水平。2014 年，新街口街道整合资源，将西四北三条 13 号、44 号两处房源租赁，在适当改造、修缮并配置家具等硬件设施后，建立了“新街口街道社会组织共同体”，初步将 13 号打造成为儿童活动中心，将 44 号打造成为老年活动中心，无偿交付给睦友社会工作事务所等四家社会组织使用，为辖区居民提供公益服务。

（一）特别“时尚”的老年活动中心

在西四北三条胡同中，落地的窗户、鲜艳的窗栏，两间装修风格很像的屋子是一个社区老年活动中心。活动中心由两家专业社会组织提供服务，场地启用后，这里将为能够自理的老人提供以兴趣小组为单位的精神慰藉和家政派送服务，可以有效解决老年人在胡同里聊天养老等问题。

（二）童乐园多彩活动扮靓童年

西四北三条社区是一个拥有西四北四条小学、西四北四条幼儿园、新街口社区教育学校以及老教育者工作协会的社区，教育资源丰富。坐落在西四北三条 13 号的童乐园就在西四北四条小学对面。童乐园由两家专业社会组织提供服务，2015 年 1 月正式投入使用，西四北三条胡同周边学校、幼儿园多，孩子们放学后的看护需求大，社会组织北京市西城区常青藤可持续发展研究所的工作人员为各年龄段青少年开展阅读故事会等创意活动。童乐园希望为正处于人格塑造期的孩子提供一个充满正能量的生长环境，为他们创造更大的成长空间。现在处于项目的起步期，常设活动是辅导孩子们写作业，在了解孩子作业量及写完作业后的精力情况后，会陆续展开兴趣小组、科学知识探索、重塑胡同文化等活动。

（三）引进四家社会组织提供专业服务

随着社会公共服务意识的提升，越来越多的社会组织走进人们的视线，这些组织服务专业性强，内容重点突出，是社会公共服务的重要提供者之一，引入这些组织并使其在社区落地，可以为社区居民提供更科学、更丰富、更有效的直接服务。2014 年新街口街道社会建设办公室对辖区居民进行了问卷调查，举办了居民代表座谈会和辖区单位接洽会，了解并掌握了社区居民最迫切的需求服务内容，有针对性地对十多家社会组织及社区服务机构进行筛查、调研、考察、核定，最终引入了睦友社会工作事务所、悦群社会工作事务所、北京市西城区常青藤可持续发展研究所、西城区百德社区发展促进中心四家专业机构，开展公益性服务活动，服务项目包含为老、助残、青少年素质拓展、学龄前儿童早期教育等内容。

长远来看，新街口街道关于共同体的探索与实践将对基层社会治理产生重要影响。一是有利于完善基层社会治理格局，形成多元主体参与的治理局面；二是有利于优化民众参与社会管理的平台和渠道；三是有利于增强社会组织的工作能力；四是有利于提升公共服务质量。

五　街道共同体在培育中存在的问题

在社会转型中，构建基层社会治理共同体还存在一些问题，这些问题是深化基层建设、完善基层管理模式的关键所在。

（一）政府中心主义仍然存在

虽然公民社会发展取得了一定成效，但全能型政府现象仍然突出，社会管理的死角、漏角重重，社会矛盾日益激化，政府面临严重信任危机。与此同时，以政府为中心的治理模式还导致了重经济、轻社会的管理的后果，从而导致行业差别、贫富差距、社会分化等社会矛盾凸显。

（二）社会组织自治能力不足

社会组织自治能力不足表现在成长空间有限、行政化倾向明显等方面，社会组织登记设立的高门槛，实施民政和业务部门对社会组织的双重管理体制，使很多非政府组织往往没有独立的法人地位，导致社会组织的大量创建是由党政机构主导的，对政府资源的依赖成为党政机关主导创办的社会组织的最大特点，从而使社会组织自治意愿不足、能力不足，制约了共同体的发展，进而影响社会事务的共同治理。

（三）公民参与不足或无序参与

从公众参与现状来看，参与基层治理的公民一般仅限为个别先进人士，大多数公民的参与程度不够，或者无序参与。一方面，公众自愿参与的主观意识不到位，导致公众参与热情不高，参与不足；另一方面，由于非理性因素、利益导向影响，公众参与社会治理较为无序，这些因素严重制约了街道共同体的健康发展。

六　从新街口实践看街道共同体的构建思路

（一）坚持街道共同体基本理念

建立街道共同体，对于各大主体来说，首先就要形成“公共性”的基本理念。要坚持社会公平与正义，要坚持依法守法，要坚持以公共利益为先，形成思想共识，为构建街道共同体奠定思想基础。

（二）形成合作治理的主体结构

各个主体是街道共同体开展治理工作的重要承载，主体之间的合作治理程度决定了社会治理共同体的成败。因此，应有效发挥各大主体的作用，形成主体之间有效的合作模式。政府应充分发挥顶层设计功能，引导和推动社会合作治理；社会组织应充分发挥主体作用，加强与政府的合作与沟通，加大社会治理的参与力度；公民应有效发挥其在基层自治中的主体作用，加强与社会力量、政府的合作，推进基层自治体系建设。

（三）建立职责明确、利益协调的规则体系

社会治理共同体的运行离不开规则的确立。主体的多元化也决定了规则确立的复杂性。一方面，要针对各个主体，确立明确的职责，

政府、社会、公民各自的功能不同，其在职责上也应有所区别。另一方面，要协调好各个主体之间的利益关系。利益协调也是社会治理共同体的重要目标。因此，要以公共利益为先，促进利益协调。

（四）明确社区与网络两大场域

社区是街道治理的基层单位，也是承载街道共同体功能的基本载体。因此，在推进街道共同体建设的过程中，要重点推进社区自治，有效发挥各大主体作用，构建社区自治体系。

网络是当前社会治理的重点内容，尤其是“互联网+”的发展，进一步加大了网络对街道治理的影响。因此，在推进街道共同体建设的过程中，要积极挖掘网络治理空间，加大网络治理参与度，使街道共同体的发展与时代发展方向相符。

参考文献

林依臻：《伸开五指四两才能拨千斤——海曙区南门街道发展社会组织分流政府职能侧记》，《宁波通讯》2013年第13期。

张垚、叶帆：《把社区建设成和谐的社会生活共同体》，《人民日报》2012年2月8日。

公维友、刘云：《当代中国政府主导下的社会治理共同体建构理路探析》，《山东大学学报哲社版》2014年第3期。

黄晓星：《共同体的治理——社会管理创新的逻辑理路》，《教学与研究》2013年第5期。

刘华：《“共同体”引领医疗卫生服务新模式——北京市西城区医疗卫生》，《中国数字医学》2008年第9期。

北京西城区：《关于街道工委统筹辖区经济社会发展的实践与思考》，http：//www.bjxchdj.gov.cn/XCDJxinxixiangqing.ycs？GUID=3992。

郭广雷：《上海市社会组织参与社区治理研究》，华东师范大学硕士学位论文，2009。

沈颖：《社会管理创新背景下社会组织参与社区管理的模式研究》，华东政法大学硕士学位论文，2013。

武倩妤：《我国城市社区共同体多元参与合作治理研究》，广西师范大学硕士学位论文，2010。

B.6
街道治理框架下的生活性服务业发展模式

摘　要：作为服务业的重要组成部分，生活性服务业已然成为国民经济的基础性支柱产业。从街道治理层面来说，生活性服务业的发展与民生密切相关，其发展水平对街道治理具有重要影响。新街口街道在加强城市街道治理的过程中，注重完善街道生活性服务业基础设施建设和服务功能，提升居民生活品质。本文以新街口的实践为研究基础，对生活性服务业发展模式进行探讨，寻找与街道治理、地区发展相匹配的行业发展思路。

关键词：生活性服务业　街道治理　新街口街道　发展模式

一　生活性服务业的内涵和特征

生活性服务业与人们的日常生活息息相关，概念广泛、行业众多，主要包括批发零售业、住宿餐饮业和家庭服务业等。近年来，生活性服务业已成为我国现代服务业中不可替代的组成部分，对地方经济与社会发展发挥着重要的作用。从行业贡献来看，生活性服务业的发展对扩大就业渠道、提升生活质量等重要民生具有积极作用。同时，生活性服务业的发达程度也是衡量地区经济社会发展水平的重要内容。

（一）生活性服务业的特征

作为服务业的重要组成部分，生活性服务业具有无形性、同时性、可变性、微利性和福利性等特征。

1. 无形性

生活性服务业以有形的设备、场所、工具、辅助材料等为载体，提供无形的服务，在服务中，如何进行监督和评价，将无形服务有形化、标准化是产业发展中必须解决的问题。

2. 同时性

生活性服务业的生产和消费几乎是同时完成的，这一特征使服务无法储存，消费者对服务的好坏很难判断和追溯，加强管理在生活性服务业的发展过程中尤为重要。

3. 可变性

生活性服务业行业是以“人”为中心的产业，由于人的个性、价值、观念、思维等的不同，针对不同的人提供的服务不同，加上人容易受情绪的波动，即使是不同时间和地点提供给同一个人的服务也不同，所以，消费者本身是影响服务产品质量和效果的重要因素。

4. 微利性

生活性服务业大多是劳动密集型产业，知识含量相对较低，产业链短，所以该行业利润微薄、税收较低，成为政府部门和企业忽视的主要对象，这也是该产业发展的短板。

5. 福利性

虽然生活性服务业利润微薄，但是主要的服务对象是居民和群众，所以其服务性质是便民利民、惠民的。

（二）生活性服务业的功能属性

满足人们生活需求是生活性服务业的产业本质，在功能上它也具有承接新型城镇化和增加就业两个属性。

1. 便民为民的民生产业

党的十八大报告将民生建设提到了前所未有的高度，指出要以保障和改善民生为重点，加强社会建设。生活性服务业则是直接为群众提供衣、食、住、行基本生活服务的行业，是群众感受地区经济社会发展水平最直接的渠道。同时，生活性服务业的发展也将提供更多的就业岗位。

2. 新型城镇化的重要产业

人是城镇化建设的核心，提高生活质量、造福百姓是城镇化的目的。城镇化的建设不仅需要大量基础设施的落地落实，更需要产业的配套和完善，在城镇化这个骨架的框架上，填充血肉，才能使城市更宜居。生活性服务业就业门槛低、可挖掘空间大，已然成为城镇化建设中重要的产业选择。

二　当前生活性服务业发展的一般模式

（一）社区商业模式

社区商业主要以满足社区居民日常生活服务需求为目的，向居民提供日常生活服务，这类模式是生活性服务业发展的主要模式，一般主要涉及餐饮、个人服务及家庭服务等领域。社区商业中心是以社区服务网点为纽带形成的生活服务综合体，以大型超市主力店或者社区型百货店等为主，以“一站式”消费与购物的新形式满足居民的衣、食、住、行消费需求，是当前社区商业发展的基本趋势。由于社区商业中心具有规模大、占地广的特征，因此需要政府在规划、政策、土地、业态等方面给予支持和指导，并严要求、高标准地对入驻企业进行把关，促进社区商业集聚发展。

（二）集聚区发展模式

服务业集聚区的概念最早于2004年在上海提出，是指在城市发展规划的基础上，依托交通、网络等实现商务楼宇的专业配套服务，促进区域的布局合理、功能协调、产业聚集。生活服务街区的发展模式，与地区发展规划的联系更紧密，服务产业聚集性更强，占地规模和服务范围更加广泛，是目前生活性服务业集聚的主要模式。由于自身发展特点，就需要在市场推动发展的同时，政府给予相应的支持并进行宏观管理，通过“政府 + 市场”双位管理的方式，推进生活服务街区与地区发展定位相协调，完善和优化地区功能结构。

（三）融合嵌入模式

与上述两类模式不同，这类模式主要是生活性服务业与生产性服务业融合发展的方式，以生产性服务业为主体、以生活性服务业为配套，完善区域服务功能，促进融合发展。这种模式的生活性服务业多为有质量保证的连锁经营企业，其主要功能为向中央商务区、总部经济区等生产性服务业提供服务支持。

（四）生活性服务网络团购模式

随着信息技术的提高与普及，网上团购已经成为一种商业浪潮。从生活性服务团购模式来看，团购网集中各种生活性服务业态，形成了“网上团购 + 实体店消费 + 点评”的模式，这不仅满足了消费者多样性的消费需求，也为入驻网络的企业和商户创造了更多的价值，实现了商家与消费者的双赢。随着“互联网 +”的不断发展，生活性服务网络团购模式将凭借成本低、覆盖广等特点，成为生活性服务业的主要模式。但作为一个新兴的服务模式，相关的法律体系尚未完善，公众的消费权益难以完全保障，这就要求政府要顺应时代发展趋势，加快生活性服务网络的法律体系建设，为居民安全消费提供保障。

三 国内外发展经验借鉴

（一）坚持规划引领

法国把发展生活性服务业作为促进就业的重要渠道，以专门规划为引领，推动生活性服务业发展。通过召开服务业发展促进大会，政府、企业、协会、个人雇主联合会、投资机构等组织和机构共同签署促进发展生活性服务业的全国性协议，最大限度地整合生活性服务业有关资源要素，培育本土品牌，广泛开展各类合作，不断满足多样性的消费需求。通过制定生活性服务业发展纲要，创造更多的就业创业机会，逐渐提高生活性服务业的发展水平。

（二）健全管理机制

法国根据产业的发展需要，成立专门的服务管理局对生活性服务业进行规范管理。该局的主要职责是领导和协调所有产业发展的行动，促进服务业协会创立，并联合银行、医疗机构等相关生活性服务业机构打造多样化服务平台，完善服务网络，扩大服务覆盖面。

（三）实施扶持政策

1. 完善财政扶持政策

新加坡实施餐饮业能力发展计划，加大对中小餐饮企业的政府资金援助力度，通过树立新理念、开发新产品，提高服务水平。

2. 实施税收减免政策

意大利通过减免美容美发消费税、减征酒店业个人所得税等举措，促进相关行业发展。韩国在观光住宿设施扩建中提出对民间事业者减免取得税和登录税，进步推进旅游基础设施的完善。

3. 信贷支持政策

韩国与信用保证财团金融机关签订《公共卫生业设施改善融资扶持MOU》[①]，加大对住宿业、美容业等服务业韩元低息贷款的力度，促进生活性服务业发展。生活性服务业的企业大多为中小企业，俄罗斯政府注重扶持小企业贷款基金，解决该类企业发展的融资难题，促进生活性服务业的健康发展。

（四）增进创业就业

新加坡推出职业促进计划，计划涉及旅馆业、保健护理业、服装业、清洁业、教育业和社会服务等12个行业。这些行业往往工资待遇低、工作条件差，通过推行职业促进计划，能有效改造和重新设计这些行业的形象，提升行业待遇，优化工作环境，进而增强这些行业工作岗位的吸引力，促进行业的平稳健康发展。

四　新街口街道成立百姓生活服务中心推动生活性服务业发展

（一）新街口百姓生活服务中心成立的背景

1. 成立百姓生活服务中心是落实西城区为民办实事计划的重要内容

西城区成立百姓生活服务中心是为了贯彻落实西城区人民政府《北京市西城区人民政府办公室关于印发北京市西城区2015年为群众拟办重要实事的通知》（西政办发〔2015〕2号）的精神，该文件明确指出2015年西城区要“实施生活性服务业三年行动计划，推进百

① 路艳红：《国外生活性服务业发展的政策措施及启示》，《北京财贸职业学院学报》2013年第6期。

姓生活服务中心建设，新建和改造10家便民蔬菜零售网点，新增早餐规范店10家"[①]。西城区已在新街口、西长街、金融街、月坛、白纸坊、天桥、椿树街等街道建成10个集聚式百姓生活服务中心。各街道结合已有资源为居民提供特色服务，服务涵盖了早餐、超市、家政、维修、理发、主食厨房等多种业态。

2. 成立百姓生活服务中心是落实基层社会服务管理创新的重要举措

北京市委、市政府高度重视社区服务体系建设，将"一刻钟社区服务圈"作为加强基层社会服务管理创新的重要举措。2009年底召开的市委十届七次全会明确提出，要"充分发挥社区服务站的平台作用，搭载更多服务，推进'一刻钟社区服务圈'建设"，并在《北京市"十二五"时期社会建设规划纲要》中提出，到2015年"一刻钟社区服务圈"建设基本实现城市社区覆盖率达60%以上。"一刻钟社区服务圈"是指社区居民步行15分钟之内，能够享受到社区就业、社会保障、社会救助、社区医疗卫生、社区养老助残、社区安全、社区文化体育教育、社区环境美化以及社区便利购物、餐饮、缴费、理发、日常修理、家政服务等方面提供的服务，使社区居民日常生活更加便利[②]。西城区为了进一步服务居民、造福居民、提升服务品质，在"一刻钟社区服务圈"的基础上成立百姓生活服务中心。百姓生活服务中心主要是通过政府提供基本公共服务，整合社会服务业资源，发挥市场机制，提供便民利民服务及特色服务等。这是一种有效发挥市场主体作用和社会力量参与的社会服务管理新举措。

3. 成立百姓生活服务中心是升级生活性服务业态的必然要求

北京市委、市政府历来十分重视服务业的发展。2015年国务院

---

① 《北京市西城区人民政府办公室关于印发北京市西城区2015年为群众拟办重要实事的通知》，http：//zhengwu. beijing. gov. cn/zwzt/2015zyss/qxss/t1385037. htm。

② 《北京市"十二五"时期社会建设规划纲要》，http：//zhengwu. beijing. gov. cn/ghxx/sewgh/t1206405. htm。

公布《关于北京市服务业扩大开放综合试点总体方案的批复》，同意在北京市开展服务业扩大开放综合试点，重点推动科学技术服务、互联网和信息服务、文化教育服务、金融服务、商务和旅游服务、健康医疗服务六大领域的对外开放①。2014 年西城区率先发布生活性服务业三年行动计划，力争在三年内使区域内规范化、连锁化、品牌化生活性服务网点占全部网点的比例由 22% 提高到 60% 以上，实现每个街道每平方公里至少形成 1 个百姓生活性服务中心，256 个社区实现商业便民服务七项基本功能全覆盖②。生活性服务业一般包括商贸流通、旅游休闲、餐饮住宿、娱乐健身、社区服务、文教卫生等行业。成立百姓生活服务中心是升级生活性服务业态的必然要求，西城区通过搭建“零距离、云服务”的服务平台体系，推进早餐、菜篮子、便利店、美发美容、再生资源回收、洗衣洗染、家政服务七类生活性服务业态的规范提升，构建现代社区生活服务新格局。

（二）新街口街道发展生活性服务业的措施

1. 以《生活性服务业三年发展计划》为引领，成立服务百姓生活服务中心，探索街道社区生活性服务业“四化”发展模式

为了提升服务民生质量、满足社区居民生活需求，2014 年新街口街道办事处制定《新街口街道生活性服务业 2014 ~ 2016 三年发展计划》，在新街口街道范围内统筹整合各类服务资源，规范提升七类业态，力争在“2014 ~ 2016 年淘汰不规范生活服务业网点 14 个，提升现有网点 50 个，新增规范化网点 7 个，到 2016 年底使区域内便利化、规范化、连锁化、品牌化生活服务网点数量达到 655 个”。新街

① 张慧：《北京成为中国首个服务业扩大开放试点城市》，http：//news. xinhuanet. com/city/2015 - 05/24/c_ 127835322. htm。

② 曹蕾、江帼涓：《西城发布生活性服务业三年行动计划》，http：//www. bjxch. gov. cn/XICxwdt/XICxcdttpxw/XICxcdttpxq. ycs? GUID = 570603。

口街道针对社区居民对便民服务要求较为集中和便民服务内容庞杂的实际情况，以三年发展计划为引领，成立服务业规划实施小组，梳理生活性服务业的结构、内容、布局、现状等，明确主责单位，加强源头监管。这样做不仅使有限的社区空间资源满足居民多样化的社区生活服务需求，又保证了提供优质生活服务的企业有充足的利润空间，实现企业健康可持续发展。新街口道逐步探索出一条生活性服务业便利化、品牌化、规范化、连锁化的发展模式。

2. 以“一刻钟社区服务圈”为基础，升级百姓生活服务中心，实现从保障居民基本生活需求向满足居民多样化需求转变

新街口街道创新社会服务管理，将“一刻钟社区服务圈”发展与生活性服务业建设相结合，发挥“一刻钟社区服务圈”的行业示范作用，在此基础上改造升级百姓生活服务中心，实现生活性服务业与城市管理、城市环境相协调。

一是加强行业指导，提升服务水平。新街口街道与安检、工商、卫生等部门合作，对“一刻钟社区服务圈”的美容美发业进行行业指导。通过规范美容美发经营行为，提升美容美发用品质量管理，从而保护消费者合法权益。同时，加大社区美容美发店为老服务力度，提升为民服务水平。

二是全力打造一刻钟社区服务圈建设，实现居民便捷服务需求。首先，新街口街道对地区 21 个社区的服务资源规划为八大类进行调查摸底，对服务资源进行统一梳理，建立准入审查制度，将服务质量达到要求标准的单位或组织纳入街道的社区服务圈。其次，新街口街道制作发放一批服务惠民卡，筛选一批居民需求大、服务质量高、经营管理规范的经营性企业，通过与街道签订协议，由政府给予适当补贴奖励的形式，要求上述企业在一定时间和范围内，给予持服务惠民卡的新街口地区居民适当的优惠折扣。再次，新街口街道召开地区“一刻钟社区服务圈”工作推进大会，为典型服务组织授牌，并在地

区主要居住区内的社区服务单位悬挂或张贴“一刻钟社区服务圈”标识，编印1万册《新街口街道一刻钟社区服务圈指南》手册，结合“走千户访千人”活动，免费发放到居民家中。该指南以满足社区居民的生活服务需求为导向设计了六类服务内容，分别是文化休闲服务圈、教育教学服务圈、医疗卫生服务圈、公共事业服务圈、便捷商业服务圈及综合便民服务圈，并配以地图和图片，方便群众查询（见表1）。“一刻钟社区服务圈”的全力打造，有利于更好地满足驻区单位和广大群众多层次、差异化的服务需求。最后，建立新街口街道一刻钟服务圈网站。该网站设有居家养老、便民商圈、社区服务及电子地图等栏目，既是新街口街道对外宣传“一刻钟社区服务圈”的窗口，又是社区居民了解社区服务的便捷指南。

表1　《新街口街道一刻钟社区服务圈指南》服务圈内容

一级类别	二级类别	一级类别	二级类别
文化休闲服务圈	影剧院场馆	便捷商业服务圈	接亲待友选住处
	文化娱乐健身场馆		民以食为天
	图书阅览		购物新天地
教育教学服务圈	大学及成人教育		利民、便民
	中学	综合便民服务圈	美容美发
	小学		便民洗衣
	幼儿园		皮具皮鞋护理
医疗卫生服务圈	医院		家电维修
	社区卫生站		汽车服务中心
	卫生保健所		汽车修理厂
公共事业服务圈	公共服务		电动车修理
	养老机构		图片社
便捷商业服务圈	您身边的银行		打字复印
	购书指南		动物医院
	您家门口的药房		燃气居

三是改造升级百姓社区服务中心，实现从保障居民基本生活需求向满足居民多样化需求转变。新街口街道将发展生活性服务业作为关注民生、保障民生的重要途径，2013 年在“一刻钟社区服务圈”的基础上将新街口通达市场改造升级为百姓社区服务中心。新街口街道本着科学发展、因地制宜、注重实际、品牌服务、多项功能、确保效果的原则来做好市场改造升级和创建百姓生活服务中心工作。服务中心项目总投资近 80 万元，通过近一个半月的升级改造，对市场房屋结构、水、电、气设备进行了改造，增设了安保监控设备、消防设备、食品安全快速检测设备、LED 电子显示屏等配套设施，对市场摊位进行了合理布局和分行化市，引进了蔬菜专业化公司营销，增添了新的服务项目。服务中心建筑面积 422.55 平方米，内设 17 个摊位，经营蔬菜、水果、粮油副食品、鲜肉、水产、冷饮、熟食、理发、家电维修、洗衣、服装加工等，市场各项证照手续齐全。百姓社区服务中心的改造升级，不仅给街道居民带来了消费能力的提升，也使居民的生活方式发生了质的转变，文化品位、群体认同、品质生活、快乐体验逐渐居于主导地位，居民的消费需求已经从保障基本生活需求逐渐向多样化需求转变，实现了百姓生活服务品质的跨越性提高。

3. 以开展活动为契机，推介百姓生活服务中心，为百姓和企业搭平台

新街口街道通过开展各种活动，搭建服务平台，以此为契机来推介百姓生活服务中心，增进百姓和企业的互动互利，实现百姓需求与市场服务的及时对接。一方面，新街口街道举办了新街口百姓生活服务中心优惠日活动，鼓励引导商户以优惠的价格在国庆节期间对地区百姓进行商品优惠促销活动。另一方面，西城区于 2014 年启动了“保障供应、稳定价格、服务民生”西城区菜篮子联合会春节送温暖活动，印制“致居民的慰问信”和“爱心菜”提货券 6200 份，分发至 15 个街道办事处，由街道办事处确定各辖区内的困难户名单并发

放“爱心菜”提货券。参加此活动的单位包括新街口社区中心通达菜市场、什刹海街道社区中心、中国农垦集团等31个网点（见表2），累计发放32吨基地新鲜蔬菜。新街口街道2014年两节期间在百姓生活服务中心开展了西城区菜篮子联合会保供稳价活动暨春节送温暖活动，发放“爱心菜”提货券600份，践行了便民利民惠民的服务宗旨。

表2 参加“保障供应、稳定价格、服务民生”西城区菜篮子联合会春节送温暖活动的网点统计情况

单位：份

序号	所属街道	名称	地址	经营单位	份数
1	陶然亭街道	南华东街便民菜店	南华东街10号	金泰	300
2	白纸坊街道	枣林便民菜店	枣林前街16号	永清	300
3		半步桥社区便民菜店	半步桥街48号	金泰	100
4		菜园街便民菜店	菜园东里3号楼对面平房	金泰	100
5		里仁街便民菜店	里仁街乙8号	金泰	100
6	展览路街道	百舸弯5号车	洪茂沟社区	百舸弯	150
7		百舸弯37号车	车公庄社区	百舸弯	150
8	大栅栏街道	樱桃斜街便民菜店	樱桃斜街	永清	200
9		铁树斜街便民菜店	铁树斜街116号	永清	100
10		前门西大街便民菜店	前门西大街社区	永清	100
11	西长安街街道	西黄城根便民菜店	西黄城根45号院14号楼	永清	300
12		太仆寺便民菜店	太仆寺街	永清	200
13	椿树街道	香炉营头条便民菜店	香炉营头条	金泰	300
14	广内街道	槐北街便民菜店	槐北小区甲2号楼东侧	金泰	200
15	广外街道	白菜湾社区便民菜店	白菜湾四巷13号对面	金泰	300
16	月坛街道	南沙沟便民菜店	南沙沟社区	永清	300
17	牛街街道	输入胡同便民菜店	牛街输入胡同	永清	300

续表

序号	所属街道	名称	地址	经营单位	份数
18	德胜街道	教场口便民菜店	德胜门外教场口 9 号院	金泰	200
19		裕中西里社区便民菜店	裕中西里 35 号楼迤北	金泰	100
20		百舸弯 1 号车	阳光丽景社区	百舸弯	80
21		百舸弯 3 号车	裕东社区	百舸弯	70
22		百舸弯 7 号车	仁定河社区	百舸弯	80
23		百舸弯 39 号车	大街西社区	百舸弯	70
24	新街口街道	育德胡同便民菜店	育德胡同 49 号	金泰	100
25		新街口通达菜市场	—	通达市场	500
26	金融街街道	金融街农垦农副产品市场	—	农垦	400
27		砖塔胡同便民菜店	砖塔胡同 56 号	农垦	200
28		西四粉子胡同便民菜店	西四粉子胡同 6 号	农垦	200
29		音乐学院便民菜店	西太平街 47 号	农垦	200
30	什刹海街道	社区中心	—	什刹海社区中心	200
31	天桥街道	香厂路菜市场	—	香厂路市场	300
合计					6200

五　生活性服务业发展中普遍存在的问题

虽然生活性服务业整体发展势头良好但其也存在不少问题，具体表现在以下几方面。

（一）社会认知偏颇，管理机制滞后

除住宿餐饮业外，像家政服务、洗染、美容美发等生活性服务业

的其他业态尚未形成独立行业意识。同时，管理观念和管理手段落后，对行业的规范管理缺乏先行的规章制度，有关文件严重滞后，不符合时代的管理需求，体制机制不健全、政策体系不完善已严重制约了生活性服务业的发展。再者，生活性服务业规划缺失也是发展中的一大障碍，虽然各地都设置了服务业的综合管理部门，但设置形式各异、管理机制不统一。长期以来形成的对生活性服务业重视不足、发展统筹缺乏使生活性服务业态空间布局不合理、比例不协调、管理机制不顺等问题成为产业发展道路上重要难题。

（二）物价上涨，经营成本增加

近年来，随着物价的不断上涨，加上城市房价的不断上升，生活性服务性的人口红利正在逐步消失。但生活性服务业不断发展，产业用工量将不断加大，招工难、用工荒等问题开始凸显。再者，税费种类繁多、保险金额的逐年提升也制约着企业的发展。多种因素导致的企业经营成本增加，对行业的健康、有序发展也造成了一定的影响。

（三）行业标准缺乏，难以规范管理

从现状来看，我国生活性服务业中很多行业的标准、法规尚未建立，缺乏统一的准入门槛、服务质量标准、评估标准机制，造成了各地服务水平的参差不齐。生活性服务业小、散、弱、乱现象非常普遍，无法可依、无规可守致使行业发展受阻，消费者权益无从保障。

（四）人才队伍弱小，人员流动性大

生活性服务业从业人员素质较低、流动性高是影响该行业发展的突出问题。由于生活水平的不断提升，公众对餐饮、美容美发等生活性服务业的需求快速增长，需求快速增长与专业人才不足的矛盾

则导致行业从业门槛的降低。从行业教育体系来看，我国生活性服务业的教育体系尚未建立，大多是“师傅带徒弟”的传统模式，或者短期培训，这也造成了从业人员素质不高的问题，进而影响了行业服务质量。另外，生活性服务业的企业大多为中小型企业，职工的发展前景难以与先进行业比较，导致行业流动性较高。同时，在我国人口老龄化的背景下，生活性服务业作为基础性服务行业，其行业吸引力较低，在劳动力减少的情况下，招工难、用工难的问题也日益凸显。

六　从新街口实践看生活性服务业的发展

新街口百姓生活服务中心是对生活性服务业发展模式的重要探索，为各地发展生活性服务业提供了有益借鉴。但行业发展不可盲目复制，要因地制宜，根据不同地区的发展现状和地域特征，加快顶层设计，制订行业发展规划，按照先行试点、搭建平台、培育主体的思路，创新产业发展模式和业态发展方式，不断衍生行业产业链，推动和促进生活性服务业发展，不断完善城市功能。

（一）试点引领，创新发展

以集聚创新示范工程为核心，试点打造生活性服务业集聚区。加大财政支持，推动生活性服务业信息平台的建设；以社区商业示范工程为抓手，推进连锁生活性服务业的企业进社区；按照不同功能，分区引导，推动生活性服务业的不同功能区发展；培育创新型生活服务企业，发挥其在生活性服务业中的引领带动作用。

（二）建平台，搭载体

一是推进社区商业示范工程建设。加快原有网点的改造升级，引导规范化经营的连锁品牌企业进社区，加大资源整合力度，着力推动嵌入式和商业街式社区商业模式发展，打造“15 分钟生活圈”，实现商业集中、商住分离，搭载便民服务功能，打造集购物、休闲、娱乐等功能于一体的新型社区。二是推动建设生活性服务业集聚区。各地区根据本地特点、居民消费习惯等，全面统筹，加强规划，建设集美食街区、庭院、美发广场等于一体的生活性服务业集聚区。三是推动生活性服务业信息平台建设。创建城市公共生活服务信息平台，充分发挥平台电子商务、电话订购、家政服务、电子政务等多种服务功能，搭载社区商业企业信息、服务信息等内容，实现一网多用，真正发挥惠民、便民、利民的作用。

（三）扶主体，助发展

一是培育创新型生活服务企业。加大对拥有核心技术、知名品牌企业的扶持力度，鼓励和引导企业引入现代经营管理方式，促进企业发展，引领行业发展。借鉴先进地区经验，成立生活性服务业育成中心，加快企业孵化与发展。二是建立职业化、专业化生活服务人才队伍。完善生活性服务行业职业资格认证制度与等级薪资制度，确保从业人员的稳定性；建立行业培训基地，联合各大高校、技校成立专业行业培训机构，提高从业人员的专业水平。

（四）加大政策支持，实施税收优惠

一是加大行业财政支持力度，通过专项资金、土地政策优惠等方式引导企业参与生活性服务业，特别是行业重点项目。二是对符合节能减排、技术创新等政策要求的生活服务企业进行税收减免，提高其生存能力与竞争力。三是鼓励银行向生活性服务业聚集区的企业提供低息贷款，政府提供贴息、免息等政策支持，鼓励行业集聚发展，完善区域服务功能。

（五）完善行业法规标准，进行规范管理

行业法规标准的确立，对行业的健康发展具有重要的指导作用。一是建立和完善生活服务行业的法律法规，确立行业准入门槛，为行业健康发展提供法制保障；二是加快行业标准体系建设，为促进行业标准化、规范化提供重要参考；三是加快行业评价指标体系建设，督促企业不断增强自身竞争力，提升行业整体服务水平。

参考文献

俞华：《高度关注采取措施加快生活性服务业发展》，《产业发展》2012 年第 5 期。

蒋丽：《广州生活性服务业空间分布、成因与城市空间结构发展》，《城市观察》2014 年第 2 期。

路红艳：《国外生活性服务业发展的政策措施及启示》，《北京财贸职业学院学报》2013 年第 6 期。

胡雪峰：《简说北京的生活性服务业》，《前线》2008 年第 1 期。

路红艳：《加快创新我国生活性服务业发展模式》，《中国经贸导刊》2013 年第 13 期。

辽宁省人民政府发展研究中心课题组：《释放生活服务业发展潜力　打造辽宁经济增长新引擎》，《辽宁经济》2013 年第 2 期。

王凤宏、洪涛：《我国城市生活服务业的发展与对策研究》，《现代服务》2013 年第 7 期。

俞华、路红艳：《我国生活性服务业政策梳理与分析》，《中国经贸导刊》2014 年第 30 期。

调研报告

Survey Reports

B.7

关于新街口街道平房区立体化准物业管理的调研报告

摘　要：近几年，为了应对老旧小区因无物业管理而造成的各种问题，不少地区都在积极尝试在老旧小区内推行准物业管理的方式。然而，从准物业管理提出到现在不过几年时间，我国对准物业管理还没有统一的认识，也不存在全国性的明文规定。近年来，西城区新街口街道在其辖区内的西四北头条至八条平房区域内推行立体化的准物业管理，将“社区服务 + 保安管理 + 居民自治”相结合，取得了一定的成果。但同时，新街口街道在推行准物业管理的过程中还存在几个问题。本报告对新街口街道在平房区推行的立体化准物业管理进行了重点分析，指出了其现存的问题并提出了相应建议。

关键词：立体化　准物业管理　平房区　居民自治　新街口街道

2009年初，杭州市率先提出“社区化准物业管理”概念。[①] 这是我国首次提出“准物业管理”这一概念。时至今日，我国对准物业管理还没有明确的定义，但是，可以明确的是，准物业管理与专业物业管理不同——准物业管理不具备专业物业管理的相关条件。[②] 2012年，北京市朝阳区发布了《朝阳区街道系统老旧小区准物业管理工作指导意见（试行）》，该意见对准物业管理进行定义。与新建小区拥有专业化、规范化、市场化的物业管理相比，老旧小区由于缺乏物业管理而造成小区保洁、保安、维修等服务不到位，区内公共设施不完善，环境差，秩序乱，私搭混建等问题。准物业管理的实质就是解决老旧小区因为无物业管理而存在的各种问题。可以说，准物业管理的概念是随着我国城市建设的发展而出现的。

一　新街口街道平房区立体化准物业管理模式

针对老旧小区管理缺位的问题，2013年，北京市出台了《关于开展老旧小区自我服务管理试点工作的意见》（京社领办发〔2013〕12号），开始在全市范围内推行老旧小区自我服务管理，逐步提升老旧小区的服务管理水平。

西城区新街口街道西四北头条至八条平房区保留了原有胡同肌理和历史风貌。但是随着外来务工人员的逐渐增多、私搭乱建增多、汽车的普及和随意停放，西四北头条至八条原本就不宽裕的空间更为拥堵，并且给该区域造成了严重的居住环境和治安问题。近年来，为解

① 余建军：《杭州市老旧小区新型物业管理模式的研究分析》，《现代物业》（上旬刊）2012年第4期。

② 何晓柯：《社区准物业管理破解城市老旧小区管理难的路径选择》，《现代营销》（学苑版）2012年第1期。

决该平房区内的这些问题，新街口街道积极探索并逐步建立起该平房区立体化的准物业管理。

新街口街道在平房区建立的立体化准物业管理，以前期精细化管理为基础，补充低碳环保和庭院文化的内容，并在西四北头条至八条平房居民区引进第三方物业服务管理，采取“社区服务＋保安管理＋居民自治”的模式，政府主导，群众参与，全面发动地区社会单位、居民群众、楼门院长、新市民（流动人口），充分发挥社区志愿者及社会公益组织积极性，将城市管理关口提前，建立以第三方保安为主体，社区居委会、居民自治领导小组共同参与的工作网络，对平房区进行全方位管理。第三方物业保安服务负责平房区的全方位日常管理工作，社区居委会作为实施社区服务的组织者，其作用主要体现在组织、协调、监督等方面，而居民自治领导小组则动员广大居民积极参与胡同的精细化管理。

（一）社区服务彰显街道主导作用

社区服务主要是指，由处级干部联系社区，机关科室与社区捆绑对接，干部按照分工不同，与社区工作者结对交友，加强联系，通过进社区、通电话、建立 qq 群等方式每周进行沟通交流，以此了解街道重点工作在社区内的落实情况，及时发现社区管理、胡同管理中存在的问题，帮助解决工作中的难点，并时时关注困难群体的生活，同时与所对接社区中的孤寡老人结对、与困难户结对、与残疾人结对、与贫困中小学生结对，定期走访，电话慰问，短信关怀，形成胡同管理的温馨氛围。在街道办事处的统筹指导下，依靠结对服务，推进胡同管理便民服务的精细化。

一是停车管理实行“一车一名一牌制”。新街口街道组织社区居民召开楼门院长会、党员会、车主会、居民代表大会，广泛征求居民意见，群策群力，征得社区居民支持；多次组织交通、公安、城管等部门召开协调会，研究在胡同内划设停车区域事宜。通过对胡同内车辆进行仔细摸底，详细了解车辆的停放时间段，建立胡同车辆现有情况台账，在西四北三条、四条、六条、七条等四条胡同内划设停车区域。对已登记车辆发放停车证，并聘用8名秩序维护员对停车情况进行巡查，实现车辆停放定车、定点、定人，秩序维护员专职负责维护胡同内的环境、交通、保洁、治安秩序。自实行"一车一名一牌制"以来，胡同内乱停乱放现象得到了极大改善，停车秩序井然，同时胡同内私装地锁、地桩问题大大好转，居民停车问题基本得到解决，这一举措得到了胡同居民的理解和支持。二是实行胡同保洁"三快一净制"。"三快一净制"具体指：快速清扫，由保洁员在早6点以前完成街巷内第一遍清扫，要求胡同洁净整洁，无污水、无污渍，清除卫生死角，还原街巷道路本色；快速收运，由环保型电瓶式收运车随时收运街巷内垃圾，做到无废弃物、无暴露垃圾；快速保洁，由环保型快速保洁车、电瓶式机扫车对街巷内进行巡回保洁，做到滞留物时间不超过10分钟；"一净"指充分利用环保型机械设备，在作业方式、作业工艺、作业形象和管理模式四个方面，达到街巷整体环境干净整洁。街道在西四北三条、四条实行平房区垃圾分类，在六条、七条实行垃圾减量，发放分类垃圾袋，垃圾桶安装条码识别装置，居民分类投放并识别垃圾来源，定期对垃圾袋使用情况、垃圾投放数量进行分类分析，逐步推进垃圾减量进程。三是大力进行低洼院改造。结合胡同工程建设，在西四北头条至八条实施低洼院落改造工程。新街口街道陆续对西四北胡同内150余个直管公房进行改造，解决了低洼院雨季积水问题。并且，改造范围从公管房扩大到居民反映强烈的公私混合院、私房院等，继续对10个院落实施了低洼院改造。四是稳步推进"煤改电"工程。新街口街道办事处在2003年在西四北头条至八条地区已经改造5900户的基础上，新增改造电表户1983户，实现该地区居民住宅“煤改电”工程全覆盖。五是实施胡同环境整治。为方便居民出行，街道配合区市政市容委，重点对西四北七条路面进行施工，路面铺设工程已经全面完成；配合区房地中心对西四北三条、四条启动胡同整治。此外，街道还对西四北六条、七条胡同内的私装地锁进行综合执法，拆除违章地锁25处。

此外，为了更好地为胡同居民提供便民服务、增添胡同居民文化生活情趣，街道一方面针对胡同内公共设施、公共空间匮乏的现实，在保留之前的居委会延时开放、租赁门脸房等措施的同时，考虑挖掘附近更多的活动空间，通过购买“固定时段”实现拓展“公共空间”的目的，借助市场化机制，在更大范围内实现地区及周边社会资源共享；另一方面，调动社会组织的积极性，带领居民参加阅读、娱乐、旅游、艺术培训等活动。为实现居民之间的互利互惠，提倡勤俭节约的生活方式，街道还发动社区志愿者在胡同内定期开展“跳蚤市场”活动，实现旧物利用，消化废旧物品，创造居民沟通交流的机会，营造良好和谐的社区氛围。

（二）保安管理引入第三方参与

保安作为平房区城市管理第一道关口，发现问题，及时解决和上报。规范化小区的物业公司通常都会配备保安，负责治安管理、停车管理等，平房区的准物业化管理则赋予了保安管理员这个岗位更多的责任。

为使胡同优良环境长期保持、形成胡同精细化管理长效机制，西四北头条至八条胡同内配备了保安31名，解决了之前胡同管理中存在的秩序管理员管理脱节、不到位、聘录难等问题。胡同内保安职位分固定和巡逻两个岗，每天早六点至晚十点不间断有保安巡逻。保安管理员的工作内容除了负责传统意义上的停车引导、治安巡防等，还扩充到绿化养护、市政巡查、渣土管理、违建发现、防汛、扫雪铲冰等多个方面。工作内容基本涵盖城市管理的各个方面，主要目的是将城市管理关口提前，对胡同内各种城市管理问题做到早发现、早制止、早上报、早解决。一旦发现问题，上报责任部门，需联合执法解决的，由街道组织联合执法。街道办事处城管科等责任科室牵头组建平房区城市管理服务网络，公安、城管、工商、卫生监督、房管所、保洁、绿化、社区等部门全部纳入，建立联动机制，并将工作联系网络上墙，确保保安发现问题后既能及时处理又能及时联系到各部门。

（三）居民自治强调居民主体作用

居民自治是社区建设的基本原则之一。居民自治是指在社区党组织领导下，社区居民充分发挥在社区建设各项工作中的主体地位。

新街口街道在推进西四北头条至八条平房区准物业管理的过程中，将居民积极参与胡同管理、居民自治视为不可或缺的法宝。社区组织成立了居民自治领导小组，充分调动楼门院长、社区党员、义工组织、热心居民等参与胡同管理的积极性和主动性，在小广告清理、公用设施维护、公共环境的管理和维护等方面做出有益的贡献。

一是群防群治确保胡同治安。充分调动社区居民参与社区建设的积极性，建立了社区安全稳定信息员队伍，形成全覆盖的信息网络；组建社区社会治安巡防志愿者队伍，负责社区治安防范与巡逻工作，配合参与重大活动、重大节日期间的治安维稳；建立楼门院长、积极分子、秩序管理员、执法人员等群防群治台账，胡同内日常综合管理机制正在初步形成。

二是全面开展胡同绿化工程。新街口街道以西四北六条、七条胡同为试点，开展“出门见绿、垂直挂绿、点缀添绿、见缝插绿、拆违增绿”“五绿”工程，注重形与意相结合，注重点、线、面相结合，形成花草相间、温馨惬意的新胡同景象。具体措施为：充分利用胡同空间，加大居民院落垂直绿化、景观绿化的力度，打造具有胡同特色的绿化景观；向社区居民免费发放绿植和种子，并传授和讲解养殖方法，积极引导居民自主绿化，形成全民参与绿化的氛围；与赵登禹路的垂直绿化改造相结合，形成协调、和谐的绿化景观。为了培养居民爱绿、护绿的意识，调动居民参与绿化美化的积极性，街道通过设立宣传站、召开认建认养动员会、入户宣传等方式，使西四北六条、七条的绿植得到居民100%认养，由居民负责日常浇水及简单养护，实现专业养护与居民认养相结合。

三是探索用科技方式治理小广告。选用北京世隆华环保科技有限公司的小广告防粘涂料、清洁剂等高科技产品进行清洁及防粘贴涂刷，喷涂高分子聚合物涂料，进行小广告综合治理，使小广告无法粘贴。涉及地区电线杆、灯箱、配电箱等城市家居共计344个，面积1343.74平方米。经过治理的路段，小广告无法在电线杆、灯箱、配电箱粘贴，喷涂墨字能够被快速清洁，效果明显。此外，西四北三条居民自治领导小组组织该社区文明养犬劝导队开展志愿活动，清理胡同内犬粪，诸如此类活动的开展，极大地增强了胡同居民的主人翁意识，推动了胡同居民更加积极地参与胡同城市管理。[①]

二　新街口街道平房区立体式准物业管理现存问题

新街口街道对西四北头条至八条平房区采取的立体式准物业管理，虽然取得了一定的成绩，但该准物业管理模式还处在试行阶段，其所提供给居民的服务在质和量的层次上仍不能完全满足居民的期望，仍需要在以下几个方面继续探索实践。

---

① 《聘请专业保安巡查，成立居民自治领导小组参与管理，新街口街道探索胡同精细化管理新模式——准物业管理入驻平房文保区》。

（一）居民自治制度建设有所欠缺

在平房区推进准物业管理的过程中，虽然街道制定了每一项工作的预期目标，但部分工作的开展不能达到制度设计的标准，在一定程度上造成了政府想管难以面面俱到、居民想管却无权管理的困境。其根本原因是在推进准物业管理的过程中，更注重居民自治的理念，而忽视了居民自治的制度化建设。居民自治理念的宣传，是为了促进小区居民对居民自治的了解，引起居民对参与居民自治的兴趣，并成功调动小区居民积极参与居民自治。居民自治观念在小区内形成普遍共识后，其成功开展、有效运行需要完善的制度作为保障。没有规矩不成方圆，没有制度不利长久。因此，新街口街道在平房区推进准物业管理的过程中，除了应注重居民自治理念的灌输，更应该注重居民自治制度的建设。

（二）准物业管理行政参与过多

北京市社会建设工作领导小组办公室出台的《关于开展老旧小区自我服务管理试点工作的意见》指出，为保障老旧小区自我服务，要求综治、发改、公安、民政、财政、住房城乡建设、市容市政、交通城市管理、园林绿化等相关部门共同指导。多部门共同指导确实可以为平房区的准物业管理提供坚实的保障，但是多个行政机关部门的过多指导容易使准物业管理成为行政机关创造政绩的面子工程，而忽视其解决老旧小区现存问题的本质。此外，多个行政机关的指导，需要行政机关之间进行协调，以对彼此之间的管理权限以及行为准则制定最合适的妥协方案。这无疑会加大准物业管理的时间成本。而平房区所面临的多种问题中，许多都是严重影响居民生活的亟须解决的问题，时间成本的增大显然与此相悖。因此，新街口街道在推进平房区的准物业管理的进程中，应该尽量减少行政参与，使准物业管理真正内化为平房区治理的有效方式。

（三）准物业管理资金渠道单一

以居民自治为主的准物业管理，如果运行过程中的费用仅仅依靠收取的低额准物业管理费用，并不能维持其正常运转。如果这两者之间的资金差额仅由政府承担，会给政府造成财政负担，势必会影响政府在其他重要方面的资金投入。但在新街口街道平房区准物业管理的实际运行过程中，恰恰是将每家每户缴纳的准物业管理费和政府资金作为准物业管理的全部资金，并且政府是主要投资方。值得注意的是，在平房区内一共有314家社会单位，如果通过动员区内这些社区单位成为准物业管理的投资方，政府给予投资的社会单位鼓励、嘉奖，或者为其提供一些优惠政策，一方面可以拓宽平房区内准物业管理的资金来源，另一方面也成为居民自治、小区自治的一种体现。

三　关于老旧小区准物业管理的思考

准物业管理是为解决老旧小区因物业管理缺位而造成的各种环境、治安等问题。说到底，准物业管理并非专业的物业管理，由于费用等问题受市场的影响较小，准物业管理运行、管理、监督等方面的机制与专业物业管理不同。由于准物业管理提出的时间短，而各地老旧小区实情各不相同，我国对准物业管理的探索实践多是建立在各地的地域特色和切实需求之上的，并且还没有形成特别成熟的准物业管理模式。通过对新街口街道立体化准物业管理的调查研究，本报告对其准物业管理提出几点建议，并对全国老旧小区准物业管理的探索提出几点思考。

（一）对新街口街道准物业管理的建议

首先，街道办事处、各行政机关部门应该行政放权。在向“小政府、大社会”转变的过程中，街道办事处要转变理念，以服务为本，做到职能从管理向服务的转变，尽量将准物业管理的裁量权交给社区的自治组织。此外，街道办事处要对参与准物业管理的各行政机关部门进行统筹，明确各机关部门的相应职责。要求职责有交叉重复或者是行为规范不统一的机关部门间进行协商，制定明确合理的解决办法。

其次，街道需要完善、明确自治领导小组的产生办法，使其更贴近基层，代表民意；进一步赋予“小组”更多的权力，使其能够代表居民对政府购买的公共服务进行有效的监督，最终使其对社会提供的部分公共服务有选择权和决定权。通过更高程度的居民自治，使社区服务得到更有力的保障：要充分依托地区共驻共建的共享机制，广泛宣传发动，提高辖区单位、社会团体和广大居民群众参与城市管理的积极性，增强社会主体责任和公民意识；完善城市管理重点问题听证制度，完善决策监督机制与渠道，增强决策的民主化和透明度，把城市管理与解决群众困难结合起来，把居民的对美好生活的期盼作为城市管理工作的目标和追求，强化对环境脏乱地区的管理，改善居民生活环境。①

然后，街道应该积极拓宽准物业管理的资金来源，并对区内为准物业管理做出贡献的志愿组织或者是公益组织给予一定的补贴。志愿组织或者公益组织以无偿或者低偿的方式为社区服务，有些组织甚至是自己贴钱为社区服务。它们的这种做法是源于其自身的奉献精神。因此，不论是为了维持它们的正常运行，还是为了鼓励它们再接再厉、继续为社区做贡献，都应该给予它们一定的补贴。同时，街道还应该定时公开财务账目，让区内居民和社区单位了解准物业管理费用的真实使用情况。

---

① 陈艳青:《城市老旧小区准物业管理实践研究》，内蒙古大学硕士学位论文，2015。

（二）对老旧小区准物业管理的建议

无物业的老旧小区在我国占有很大比例，都面临着各种各样的现实问题，其严重影响着小区内居民的正常生活。准物业管理虽然是一种解决方式，但老旧小区实施准物业管理需慎重。

首先，在无物业的老旧小区推行准物业管理不可盲目。准物业管理的实施对老旧小区有一定的硬件要求。比如照明、消防等公共设施，可以形成封闭的小区构造等。这些都对准物业管理的推行起着至关重要的作用。因此，要推行准物业管理，当地政府或者社区组织首先应该对小区的硬件条件进行整改完善。如果对本小区内的资源进行整合后发现区内资源不足以支撑准物业管理，则需要引进周边资源来支撑。

其次，任何服务的供给都要对应相应的需求，准物业管理也是如此。因此，想要推行准物业管理的老旧小区，其街道或者社区要进行充分的调查，了解小区内的各种需求，并进行类别、程度分类，将小区面临的问题分为日常生活问题、社区安全问题、环境秩序问题、公共服务问题、社区建设问题、党的建设问题等多个类别，分清哪些是重要紧急的，哪些是重要不紧急的，哪些是不重要但紧急的，哪些是既不重要也不紧急的。然后根据问题的类别、程度，拟定相应的解决方案。

再次，需要确定推行准物业管理的模式。小区可以借鉴其他地方成熟的准物业管理模式，比如，北京市朝阳区的四种准物业管理——院落自治模式、居民自管和聘请专业人员两者相结合的模式、居民互助和服务外包两者相结合的模式、成立非营利性的物业服务机构的模式，杭州市的社区化准物业管理模式。但无论是借鉴哪一种或多种模式、做法，都要结合社区实际需求，因地制宜。

最后，推行准物业管理，需要构建相应的组织体系，并且建立健全长效机制。街道或者社区的基层组织可以成为准物业管理的组织，居民自治组织也可以成为准物业管理的组织，但一切都要立足于小区实际，以构造一个整洁、安全、和谐的小区为目的。无论哪个组织对准物业管理负责，其都要全面考虑，建立健全推行准物业管理的长效机制，比如，运行机制、监督管理机制、奖励机制等。

参考文献

余建军：《杭州市老旧小区新型物业管理模式的研究分析》，《现代物业》（上旬刊）2012 年第 4 期。

何晓柯：《社区准物业管理破解城市老旧小区管理难的路径选择》，《现代营销》（学苑版）2012 年第 1 期。

赵春燕：《社区自治的语义分歧及其现实弥合之可能——基于社区准物业管理经验的考察》，《湖湘论坛》2015 年第 6 期。

《聘请专业保安巡查，成立居民自治领导小组参与管理，新街口街道探索胡同精细化管理新模式——准物业管理入驻平房文保区》，http：//www. bjxch. gov. cn/XICxwdt/XICxcdt/XICxcdtxxxq. ycs？GUID = 559717，2015 年 12 月 1 日。

陈艳青：《城市老旧小区准物业管理实践研究》，内蒙古大学硕士学位论文，2015。

B.8

关于新街口街道社区生活垃圾智能分类减量化系统应用的调研报告

摘　要：　随着城市经济、文化不断地发展，人口不断地集聚，生活垃圾如何处理的问题日益凸显。近年来，新街口街道探索建立了生活垃圾智能分类减量化模式，取得了一定成效，但仍存在一些问题，制约了垃圾的分类效果和减量效果。通过对新街口街道进行调研，我们深入了解新街口街道垃圾分类中出现的问题，分析其原因，并提出相应的对策建议，为新街口街道优化生活垃圾分类减量系统提供思路。

关键词：　社区治理　生活垃圾分类　新街口街道

随着城市经济、文化不断地发展，人口不断地集聚，生活垃圾如何处理的问题日益凸显。以北京市为例，根据北京市市政市容所发布的相关数据，2013 年北京市的生活垃圾产量为 671.69 吨，日均产量达 1.84 万吨，且以填埋为主要方式。填埋垃圾一方面对生态环境造成不利影响，另一方面也是对资源的极大浪费。实行垃圾分类投放、分类收集、分类运输、分类处理，是实现垃圾减量化、资源化、无害化的根本途径，也是城市生态环境和谐发展的必然要求。

1996 年北京市在西城区新街口街道大乘巷教师楼开展垃圾分类试点，并颁布实施《北京市生活垃圾管理条例》，以政府法规形式推动垃圾分类工作，居民生活垃圾分类意识初步形成，配套设施逐步完善并形成良性体系。

在此背景下，新街口街道的垃圾分类工作也取得长足进展。但仍存在一些问题，制约了垃圾的分类效果和减量效果。

一 “政府主导、社会协同、公众参与”，多方助推垃圾分类

目前，北京市区内已基本实现居民生活社区垃圾分类收集设备的配置，但垃圾分类减量的效果有限：一是垃圾分类设备的被动式吸储极易造成居民垃圾分类后的最终混投，影响垃圾分类工作的实际成绩；二是垃圾清运及保洁管理人员无法真正识别混投的分类垃圾，无法查证垃圾源头分类工作的实际效果，无法做到管理鼓励机制的建立；三是居民社区大面积配置常规垃圾分类设施，无法真正统计实际使用情况，经常会造成配套浪费以及资源分配不均衡的情况，政府投入成本持续增大；四是始终难以做到垃圾减量化、精细化管理，无法为政府部门进行相关的决策提供准确信息数据的支持和科学依托。

面对垃圾分类出现的以上问题，新街口街道按照“政府主导、社会协同、公众参与”的原则，以西四北六条社区为试点，由北京博媒世图科技发展有限公司开发建立生活垃圾分类物联网管理系统，探索建立生活垃圾智能分类减量化模式。简而言之，生活垃圾智能分类减量化模式就是：城市居民生活垃圾减量、分类收集、分户计量的精细化管理的物联网系统。该系统作为一套物联网智能垃圾分类收集终端，提供了一套完整的垃圾智能分类解决方案，从居民生活源头进行垃圾减量，并提供了基于二维码的可溯源分类垃圾袋，保证了居民垃圾的减量化投放，同时该平台的智能垃圾箱可以对垃圾进行称重。

该平台通过大数据处理，对收集的投放数据进行挖掘，为相关决策提供数据支撑，方便根据节假日、季度的垃圾产量和每天投放高峰科学合理调配清运车辆。

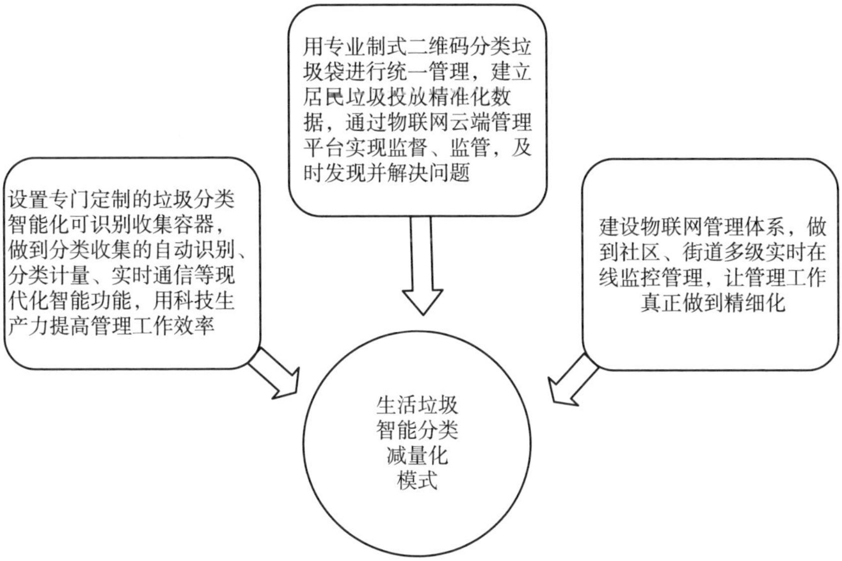

图1　生活垃圾智能分类减量化模式

在生活垃圾智能分类减量化模式中，政府发挥了主导作用。新街口街道办事处为主导部门，由街道城管科主要负责，多次组织召开企业、社区、环卫等相关人员和居民代表参加的协调会，讨论试点中设备、人员、宣传中存在的问题，并对垃圾分类、减量环节中的复杂问题进行拆分，逐一化整。社会协同方面，主要由北京博媒世图科技发展有限公司开发建立生活垃圾分类物联网管理系统，并负责系统中各个设备的维护与检修，确保设备的正常运行，负责物联网管理平台的各项数据分析，将数据分析结果形成报告。同时，发动社区环境志愿者积极参与生活垃圾分类工作，将分类效果较好的社区居民聘请为分类指导员，引导胡同居民正确分类投放。

二 垃圾分类难：居民分类难、环卫不规范、政府压力大

自试点以来，新街口街道西四北六条社区的垃圾分类工作取得了一定的进步。截至2013年12月31日，共为585户居民发放二维码分类垃圾袋，从2013年10月的288户上升到12月的456户居民使用了分类垃圾袋，使用居民已达到全部发袋居民总数的78%，使用分类垃圾袋的居民数提升，居民的生活习惯有所改变。

但在新街口街道探索垃圾分类的过程中，从居民、工作者到政府，仍存在多方面的问题亟待解决。

（一）居民方面：不会分、不想分、随便投

从居民方面来说，虽然使用分类垃圾袋的居民人数上升了，但具体的分类效果并不好，很多居民并没有进行科学合理的垃圾分类，导致不会分、不想分、随便投问题的存在。

第一，不想分。对于一般居民而言，垃圾处理的方法大都基于日常习惯。过去我国并没有注重垃圾分类方法的教导以及习惯的培养，导致居民嫌麻烦、怕麻烦的心理普遍存在，部分居民甚至不想使用分类垃圾袋，固守着过去“一把扔”的垃圾处理方法，难以改变旧习。

第二，不会分。对于愿意使用分类垃圾袋的居民而言，缺乏垃圾分类知识和分类方法，可能对生活垃圾的认识仍停留在可以变卖和不可以变卖的层面，对如何进行分类并不了解，导致了垃圾分类不正确问题的出现。

第三，随便投。在分类装袋之后，居民还要对垃圾进行分类投放。同样由于旧习难改或者缺乏分类知识，新街口街道的垃圾分类投放中仍存在随便投的问题。加上尚未实现对居民的有效监

督和管理，随意投放二维码垃圾袋，导致管理平台数据分析效率低下。

（二）环卫方面：操作不规范

新街口街道垃圾分类试点的探索过程中存在环卫工作人员操作不规范的问题。具体来说，个别环卫工作人员清运刷卡操作不正确或者直接不刷卡，收运环节衔接不够也导致垃圾清运的数据不完整，无法获得更多统计数据。

（三）政府方面："一肩挑"压力大

在新街口街道的生活垃圾智能分类减量化模式中，除了有关公司负责基于设备的一系列工作，如维护检修设备、维护物联网管理系统以及相关数据分析外，其他各个环节——宣传垃圾分类知识、发放垃圾袋、鼓励居民分类装袋投放、垃圾清运、垃圾处理等，都是由政府主要负责的，市场和社会的参与度较小。

这使政府方面出现"一肩挑"压力大的问题，在推动垃圾分类的实际工作中，该管的没管好；该交给市场和社会，充分利用其资源，激发垃圾分类工作创造活力的部分，政府还在管；最终导致垃圾分类和减量的效果不佳。

三　六大原因导致垃圾分类难

（一）相关法律法规待完善

城市垃圾分类与城市中生活的每一个人都息息相关，需要多方面的共同努力，但目前实行的《北京市生活垃圾管理条例》在垃圾分类和减量相关条款中规定的更多是政府部门和相关企业、单位等的责任，基本没有涉及个人的责任和义务，对居民的垃圾分类行为也没有监督机制和惩戒规定。这不利于居民环保意识和习惯的建立，反而可能导致居民在生活垃圾处理方面对政府和物业形成依赖心理，认为垃圾减量化责任完全应该由政府或者物业承担，个人在垃圾分类上没有责任。同时，街道办作为基层部门，在引导居民垃圾分类方面，缺乏相关的法律依据。特别是当居民拒绝使用垃圾分类袋时，街道办只能采取劝说和鼓励的方式，对其他居民的积极性也会有所挫伤。

（二）宣传教育不到位

垃圾分类对环境保护有重大的意义，但在工业化背景下推进的城市化，使越来越多居民的生活环境与自然环境相隔绝，居民难以意识到自身行为的后果，例如，不按类别扔垃圾，会对自然环境造成何等影响。在这种情况下，对居民的宣传教育就显得十分重要和迫切。新街口街道目前在垃圾分类方面的宣传教育工作尚未形成体系，宣传的手段也较单一，难以保证居民确实能够了解垃圾分类的重要意义以及实际生活中如何进行垃圾分类，从而导致上述“不想分”也“不会分”的问题。

（三）激励机制未建立

在目前没有对居民的垃圾分类行为进行法律强制性要求的情况下，街道主要是采取鼓励的方式推动居民进行垃圾分类。但由于目前新街口街道并没有建立与居民垃圾分类行为挂钩的激励机制，居民进行垃圾分类只能得到价值认同，即此举符合环境保护要求，表明该居民是文明、有素质的城市居住者，但并没有实质上的奖励。更进一步分析，不仅垃圾分类行为本身需要激励机制，居民垃圾分类的质量与数量也需要与激励机制挂钩，这样不仅能激发居民进行垃圾分类的积极性，而且能提升其垃圾分类的精准度，减少其垃圾量，使其建立环保的生活习惯。而目前在新街口街道，这一系列的激励机制都尚未建立，难以调动居民的积极性。

（四）工作规范制度不健全

环卫工作人员的操作不规范暴露出的深层次原因在于垃圾分类工作规范制度的不健全。目前新街口街道的垃圾分类尚处于试点阶段，相关的规范制度仍未健全，导致环卫工作人员在实际工作中存在任意性，正常的工作流程和操作方式没有严格执行；同时，又缺乏监督机制和惩罚措施来防止此类行为发生。

（五）缺乏市场引入机制

在新街口街道探索的生活垃圾分类减量化模式中，只有技术层面引入了市场参与，由于缺乏市场引入机制，其他环节从资源配置方式上来说，仍属于行政手段。资源配置的单一性，使垃圾分类的运作方式较为单一，特别是在垃圾处理方式上，未能充分对垃圾进行回收利用，并将资源投入市场需求中形成良性循环。下一步，亟须建立市场机制，发挥其资源配置的决定性作用，让政府部门将有限的精力投入优化政策环境和完善监督、激励机制中，使政府和市场各归其位，发挥最大效用。

（六）社会动员机制不完善

目前新街口街道垃圾分类在社会力量引入方面，主要是发动社区环境志愿者参与生活垃圾分类，社会力量较薄弱，动员机制仍不完善。例如，动员志愿者参与的宣传方法较单一，宣传的内容也较单调，缺乏宣传发动的完整策略和流程；招募到社区志愿者后，缺乏相关的培训及激励机制；缺乏对志愿者的规范管理，志愿者的日常活动也没有与街道、社区长远的发展规划相结合；资金方面也缺乏稳定的渠道。

四　强化机制建设、完善处理系统，确保垃圾分类化、减量化

（一）加强垃圾分类的宣传与教育，逐步完善社会动员机制

1. 丰富宣传手段，提高宣传针对性

从短期目标来看，应改变目前宣传册、条幅、知识答卷等形式单一的传统知识教育宣传方式，进行有针对性的宣传。自西四北六条、七条生活垃圾智能分类运行以来，80%的垃圾投放由女性完成。女性大多为家庭教育的主要承担者，因此，要加强针对女性的垃圾分类教育，并注重教育方式创新，通过网络、电视、宣传栏等多种途径宣传，通过社区讲坛、实践等方式开展垃圾分类教育，采取适应现代女性的教育需求方式。

2. 将垃圾分类知识纳入义务教育课程，系统培养垃圾分类习惯

从长期目标来看，将垃圾分类知识教育划入义务教育的范畴。要借鉴日本、新加坡等国的先进经验，使垃圾分类从小抓起，加强对中小学生的教育，尤其应将垃圾分类教育纳入义务教育范畴，引导孩子从小养成垃圾分类的良好习惯。

3. 多平面立体化宣传，逐步完善社会动员机制

从责任主体来说，应在明确生活垃圾分类减量各环节责任主体和职责的基础上，逐步形成市、区县、街道、源头分类场所等多层面相结合，各种宣传手段综合运用，根据受众类型宣传手段和内容个性化的社会宣传模式。从引入社会志愿力量来说，应完善社会志愿者的招募、培训与激励机制；建立环保志愿者组织参

与源头分类项目机制，使志愿者组织参与垃圾分类减量宣传的模式良性发展；建立生活垃圾分类减量社会公益基金平台，弥补政府资金投入的不足。

（二）“梯度价格制度 + 监督机制”，推动居民履行垃圾分类责任

目前，我国缺乏国家层面的立法，作为推动居民进行垃圾分类的法律依据，建议新街口街道出台垃圾分类管理的相关办法，明确参与各环节的责任主体及其职责，特别是居民的责任，同时建立梯度价格制度，不断完善监督机制，有奖有惩，推动居民履行垃圾分类责任，保证垃圾分类系统得以正常运行。

1. 根据垃圾数量、种类以及垃圾分类的质量，建立垃圾清运的梯度价格制度，激励居民进行垃圾分类

具体来说，在垃圾数量方面，一般有按重量计量和按体积计量两种收费方式。按重量计量具有投入高、计量准的特点，应用较少；按袋、按桶等按体积计量的方式具有操作简便、成本低的特点，应用较广泛。新街口街道可根据实际情况选择按垃圾重量或按垃圾体积收费。

在垃圾种类方面，对可循环、不可循环垃圾进行分类收费。对于处理成本高、回收效益低的垃圾，应进行收费回收。对于可以通过第三方组织自行进入市场循环中获得收益的可回收垃圾，应进行低收费或者不收费回收。另外，新街口可针对厨余垃圾多的特点，对厨余垃圾进行收费。通过有差别的收费方式，可有效控制地区垃圾总量，调整垃圾结构，促进可循环垃圾的回收利用，减少重点垃圾、高成本垃圾产量，降低地区垃圾处理的整体成本。

在垃圾分类质量方面，根据居民垃圾分类的情况进行差别收费，严格按照分类标准进行分类的垃圾与完全不分类的垃圾分置价格表两

端，中间适当进行分档。

在实际操作过程中，可以由垃圾收运机构向居民出售垃圾袋，不同种类的垃圾袋价格不同；在垃圾分类投放时，通过相应的电子系统，对垃圾的数量和分类情况进行鉴定，显示费用，居民缴费投放垃圾。

2. 建立健全监督机制，配套奖惩措施，构建垃圾收费支持体系

垃圾收费梯度制度的实施，需要以提高居民的环保意识为前提，同时，也必须建立健全监督机制，配套奖惩措施，有效避免垃圾非法倾倒的情况。目前，由于监督成本较大，北京市还没有一种可以保证垃圾分类政策有效实施的垃圾分类监督机制。建议着重以社区为单位，加强社区治理，依托负责社区自治的居民委员会和社区居民代表大会，建立垃圾分类社区自治的监督网络，对非法倾倒的居民以及存在非法倾倒垃圾的社区进行处罚，对垃圾分类情况较好或创新渠道推动垃圾分类的社区和居民进行奖励。这不仅有利于减轻政府进行监督的负担，降低成本，而且也有助于社区和居民积极参与垃圾分类。

（三）引入市场机制，逐步规范垃圾清运环节

在垃圾清运方面，一方面，要按照市场化运作的方式，引入专业的垃圾清运企业，使垃圾的清理和运输实现专业化、规范化。由于垃圾本身种类不同以及在物理性质、产生源头、产生数量和频率方面的差异，因此，在垃圾的清运过程中，垃圾清运的时间和频率、清运车辆、清运流程以及中转环节等都必须按照专业要求进行精心设计和规范管理，由此构建一套生活垃圾分类清运作业的规范体系。

另一方面，垃圾分类的清运作业也要考虑居民的生活习惯和需求。通过对居民垃圾分类投放情况的阶段性数据分析，可以了解居民

每周、每天投放垃圾的时间和频率，结合此数据有效地配置垃圾清运车辆，提高垃圾清运作业的效率。

（四）健全垃圾分类处理系统，倒逼垃圾源头减量和分类优化

垃圾分类装袋和投放是基础性环节，而垃圾分类处理系统则是关系到垃圾能否进入良性再利用循环的关键。换言之，通过建立精细化的垃圾分类处理系统，特别是将可回收利用的垃圾进行处理，投入市场进行再利用，有助于推动从垃圾再回收利用中获利的相关企业介入垃圾分类投放环节，优化垃圾分类标准和操作流程，以便后期可以更好地回收利用垃圾资源。

在目前生活垃圾终端处理系统较简单，无法直接创造收益、推动垃圾分类良性循环作用有限的情况下，新街口街道应引入市场化运作方式，推动垃圾分类处理产业化。针对不同垃圾的特性和价值，形成不同的回收利用渠道。

一是要对废品回收业进行规范管理。相较于近年来兴起的垃圾分类，废品回收行业是目前我国发展更久、更普遍的垃圾分类处理回收渠道。街道的相关部门可以将废品回收业纳入生活垃圾智能分类减量化系统中，进行统一管理，通过规范其经营活动、精细化垃圾分类回收，完善相应市场，引导废品回收由闲散经营向规范经营、规模经营转变，促进可回收垃圾的再生利用。

二是引入多样化的垃圾处理企业，完善垃圾分类处理系统。从街道层面来说，新街口可以积极地了解北京市已经形成的垃圾处理产业，如厨余垃圾堆肥、垃圾焚烧发电等垃圾资源化利用相关企业。通过创新机制，引入这些企业到垃圾分类处理系统中，提高垃圾再利用率。在此基础上，逐步推进垃圾分类处理的精细化，对厨余垃圾、枯枝落叶、装修垃圾等形成不同的资源化处理再利用，并积极推动政府有关部门建立各类垃圾品质认定标准以及与垃圾分类处理相关的资源

化利用设备的认定标准，促进相关企业发展的专业化、规范化。

三是推动和落实政府税费优惠政策，扶持资源再利用企业发展。资源再利用企业的发展离不开相关政策的扶持。从街道层面来说，一方面，要积极落实已有优惠政策，以特许经营、税收减免优惠、土地租金减免优惠以及贷款担保等方式，鼓励和扶持街道内的相关企业发展；此外，也可建立专项基金用于支持相关企业的技术研发工作等。另一方面，根据实际发展需要，可向上级部门反映，推动相关优惠政策和机制的完善。

四是要搭建平台，促进学界与企业界的沟通交流，提升再生资源化利用水平。新街口街道内高等院校较少，可联合西城区其他街道，搭建交流平台，促进高校与相关企业交流合作，实现资源共享和流动，创新垃圾再利用技术。

五是创新垃圾分类回收利用载体，实现垃圾可回收自助化、自动化。如新街口街道可购置易拉罐、玻璃瓶等物品的自动回收机，根据各个社区的垃圾分类的进展，对某些社区进行试点，安置自动回收机，让居民自助投放可回收的垃圾，机器自动吐出相应金额，培养居民自主回收垃圾的习惯。

参考文献

王靖楠：《北京市生活垃圾分类与回收的现状及对策研究》，北京林业大学硕士学位论文，2012。

宋丽娟、刘博雅、夏田、王嘉玉：《北京市小区居民垃圾分类认知及影响因素分析》，《北京林业大学学报》（社会科学版）2013 年第 5 期。

B.9

关于新街口街道“项目化”社区党建工作机制的调研报告

摘　要：　在新形势下，满足日益增长的服务需求、打造服务型基层党组织，是强化基层党组织的领导核心作用的重要途径，这对基层党建工作创新提出了迫切需求。近年来，新街口街道以基层党建创新为出发点，以项目化运作管理机制为抓手，以引导基层党组织进一步树立和强化服务意识，提升基层党建工作的规范化、精细化和科学化水平为主要内容，着力提升社区党建创新水平和社区治理现代化水平，对基层党建的发展和创新进行了有益探索。本文在对新街口街道项目化基层党建工作机制进行调研的基础上，对其工作机制进行了深入分析，并形成了基层党建工作的一些启示。

关键词：　项目化　社区党建　基层党建　新街口街道

党的十七大提出，以改革创新精神全面推进党的建设新的伟大工程。党的十七届四中全会指出，加强和改进新形势下党的建设，必须全面贯彻党的十七大关于党的建设总体部署。2010 年 7 月，北京市首都功能核心区行政区划调整后，新西城区区委提出“以创新推进建精品，以服务指导求规范，以考核评价促落实，努力构建基层党建精细化管理新格局”的基层党建工作新思路。

一 新街口街道基层党建工作创新的背景分析

新街口街道是2004年北京市西城区区划调整中，由原新街口街道的一部分与原福绥境街道全部合并而成的。调整后的新街口街道辖区总面积为3.7平方公里，有21个社区居委会，户籍总数为39190户，户籍人口为102182人，流动人口25451人。新街口街道在系统总结近年来基层党建工作经验的基础上，查找到当前街道基层党建工作中主要存在的三方面问题。

（一）基层党组织活动吸引力有待加强

街道工委在册党员4287名，其中社区党员3535名，占82.5%。他们年龄偏高，60岁以上党员占75%以上；文化程度较低，初中及以下学历党员约占1/3；党龄悬殊，既有新中国成立前的老党员，也有刚刚加入党组织的新党员；结构多样，呈现“四多现象”——企业改制党员多、下岗职工多、流动党员多、老弱病党员多。有些党员不能适应“单位人”向“社区人”的转变，有些党员不满足念念报纸、学学文件的传统党组织活动形式，这些因素造成党员参加党组织活动积极性不高。

（二）基层党组织服务能力和水平有待加强

基层党组织在服务党员和群众的过程中，服务的内容、水平有限，难以满足服务对象的要求，从而影响了基层党组织的凝聚力和影响力。

（三）基层党组织在推动社区治理现代化方面的作用有待加强

基层党建工作有法可依、有章可循，但对落实情况的检查缺乏统一评判标准。有的工作开展方式方法没有随着形势的发展和社会的进步而同步改进；有的工作在落实过程中受主观、客观因素的影响，上级党组织的部署和要求没有全面落实；有些工作的落实存在重眼前轻长远、重形式轻实效等问题。

针对基层党建工作面临的新要求，为了增强基层党组织创新动力，引导基层党组织进一步树立和强化服务意识，提升基层党建工作的规范化、精细化和科学化水平，新街口街道探索推广党建项目化、项目品牌化的新模式，以项目化促进基层党组织建设采取新思路、新方法、新举措，实现基层党建创新，努力完善社区现代化治理。

二　新街口街道基层党建工作创新的项目化机制

新街口街道以项目化的方式推进基层党建工作创新，主要是应用申报、立项、实施、结项等项目管理机制开展基层党建工作，促进基层党建资源整合、工作方式创新，努力构建党组织搭台、党员群众广泛参与的基层党建工作新模式。

（一）项目化机制的主要环节

1. 项目申报与立项阶段

首先，各社区党组织均可作为创新项目申报主体，报送创新项目立项申请。创新项目的立项标准主要有四个方面，一是主题鲜明，具有鲜明的时代特色，符合相关的重大战略决策和部署；二是特色突出，项目内容具有一定的创新性，能够紧密结合实际，具有较强的针对性和实操性；三是参与广泛，项目的开展能够带动广大群众广泛参与；四是群众认可，项目有助于服务群众、推进发展、促进和谐，党员和群众对项目的认可度、参与度、满意度较高。

各社区党组织在策划项目时，要广泛征求本党委（党总支）党员和相关群众的意见，对项目的可行性进行充分论证。在此基础上，填写新街口街道党建创新项目书，详细写明项目内容、创新之处、实施计划、预期成效与推广等相关内容。

其次，党建创新项目领导小组对申报项目进行评审，每年确定街级创新项目，择优上报区级创新项目进行立项。

2. 项目管理与实施阶段

创新项目立项后，申报主体要按照批准的计划实施，需变更计划的，须报党建创新项目领导小组审批；各社区党委（党总支）负责本社区创新项目的日常管理，党建创新项目领导小组负责全街道创新项目的综合指导；项目在实施过程中，通过项目实施主体单位自评和党建创新项目领导小组组织社区党组织负责人适时以参与活动、座谈交流、查看资料等方式对项目进行阶段性检查指导。

3. 项目结项与应用阶段

首先，创新项目结项的基本条件包括：项目计划得到有效实施，项目目标得到顺利实现，项目运行机制健全顺畅，项目在理论、实践和制度建设方面取得一定的新突破。

社区党委（党总支）对项目进度和成果进行系统总结，形成结项报告，参加街道社区党建创新项目评比活动。通过社区党组织互评打分、党建创新项目领导小组评议等研究确定项目等次。

根据社区党建创新项目评比结果，给予该创新项目一定的经费支持。对具有推广价值的项目，党建创新项目领导小组将认真抓好创新成果的推广。

（二）项目化机制的主要特点

1. 注重组织领导

新街口街道社区党建创新的项目化机制，首要的特点是注重组织领导，统筹项目化机制的整体运作。在推行项目化机制之初，街道工委就制定了《新街口街道社区党建创新项目管理办法》，并成立了以主管书记为组长的党建创新项目领导小组，负责街道基层党建创新项目管理办法的制定，全面指导创新项目推进和落实工作。创新项目领导小组下设评审组，负责创新项目的立项审定、指导监督与结项验收。从组织、人力和经费上为项目创建提供强有力的保障，每年组织基层党建创新项目申报工作，定期开展优秀基层党建创新项目和精品项目评选活动。

2. 注重过程引导

在具体的实践过程中，项目化机制呈现注重过程引导，确保各环节的规范性和衔接性的特点。《新街口街道社区党建创新项目管理办法》明确规定了创新项目的申报、立项、实施管理和结项应用等各个环节的具体推进流程，有助于规范基层的党建工作，确保社区党建创新项目的实施。

在调查立项阶段，注重引导社区党组织选择契合党员群众需求的项目。通过要求各社区党组织结合实际，以走访、问卷调查、议事会、听证会等多种形式，在广泛征求基层党员群众意见的基础上，确定项目，使该项目能够满足党员群众的期待和需求，为他们服务。在申报备案阶段，注重引导社区党组织制定具有可操作性的实施方案。一方面，社区党组织本身在填写新街口街道党建创新项目书时要注重项目方案的可操作性；另一方面，当社区党组织提交申请书后，街道党建创新项目领导小组对上报的创新项目进行论证审核，增强该创新项目的计划性和可操作性，为以后项目的顺利实施打下坚实的基础。

在实施管理阶段，注重加强实际指导，确保项目的可控性。街道工委通过指派项目指导员的形式，对项目进行指导，了解掌握项目进展情况，督促项目实施党组织做好组织实施工作，确保项目坚实有序推进。在验收评比阶段，注重对优秀创新项目的奖励和推广。街道工委对基层首创、富有成效、群众普遍认可、在地区具有较大影响和较高推广价值的优秀党建工作创新项目给予奖励，并积极推荐参加区级评选。

3. 注重综合评估

新街口街道社区党建创新项目化机制在把控项目的质量上，注重以社区党建创新项目评估指标体系对创新项目进行综合评估。该评估指标体系共有 8 个一级指标和 23 个二级指标，评估的内容除包含推进创新项目的申报、实施、管理等环节外，还涉及创新项目的成效、创新、党员和群众满意度、保障、可持续发展。其中，可持续发展指的是项目持续发展的能力。具体的指标体系如表 1 所示。

表 1　社区党建创新项目评估指标体系

一级指标	二级指标	测评要素	分值
项目申报（0～15分）	项目主题	项目主题鲜明、特色突出，符合党的路线方针政策，符合中央、市委和区委贯彻落实科学发展观，加强党的先进性建设，推进基层党建工作创新等一系列重大战略决策和部署	（0～5分）
	项目目标	项目目标设置明确、新颖，指标具体、准确、可考核；符合推进社区党建工作创新的整体目标要求（主题鲜明、形象生动、服务群众）	（0～5分）
	项目安排	项目时间安排恰当，预期成果可以实现	（0～5分）
项目实施（0～15分）	党员教育管理	建立健全党内激励、关怀、帮扶机制，关心党员的工作、学习、生活，并解决实际困难；强化党员教育；能够及时了解、掌握党员思想状况，有针对性地做好党员管理教育工作	（0～5分）
	组织组建	以有利于发挥领导核心和战斗堡垒作用为原则，促进创新型、学习型、服务型社区党组织建设	（0～5分）
	项目推进	认真推进项目开展，及时上报项目进展情况，重视各阶段创新项目工作推进会，汇报材料务实，内容丰富	（0～5分）

续表

一级指标	二级指标	测评要素	分值
项目管理（0～15分）	项目制度	项目发展规范，建立了项目立项、实施、验收、推广的管理制度	（0～5分）
	资金管理	有工作预算，资金落实到位，经费支出科目必要	（0～5分）
	资料留存	工作记录完整，服务反馈信息记录全面、及时，有统一表格收集，定期更新；档案资料分类立卷，保存完好，内容齐全	（0～10分）
项目成效（0～15分）	有效覆盖	实施期间，党建活动内容丰富，党员参与率高，基层党组织活跃	（0～5分）
	服务发展	创新项目能够保证党的路线、方针、政策在本单位的贯彻执行；促进社区和谐稳定、加快发展方面取得突出成效	（0～5分）
	强化效益	创新项目在加强政策、方针宣传，党组织队伍建设和强化党员教育管理，不断提高党组织的影响力和凝聚力方面取得突出成效	（0～5分）
项目创新（0～10分）	机制创新	创新项目在抓社区党建工作中形成自己的特色、亮点，且特别鲜明，形成独具特色的党建工作机制	（0～3分）
	内容创新	紧密围绕社会领域党建工作中具有基础性、全局性、前瞻性的问题，内容丰富、实践性强	（0～3分）
	方法创新	借用各种载体，采用多种措施开展工作，方法和手段具有先进性、创新性	（0～4分）
党员和群众满意度（0～10分）	党员和群众认知度	所在社区党员和社工知道并了解创新项目及其实施情况	（0～3分）
	党员和群众参与度	党员和群众对项目的参与度高，项目开展前后改善效果明显	（0～3分）
	党员和群众满意度	切实提高党员素质，党员和群众对活动的总体评价高、满意度高	（0～4分）

续表

一级指标	二级指标	测评要素	分值
项目保障（0~10分）	项目团队	有一支政治强、业务精、作风正、素质高、结构合理的党务工作队伍，成员职责明确，能够各司其职	（0~4分）
	项目负责人	项目负责人经常主持参与创新项目工作，可以保证项目资源的有效利用，保证项目运行中信息的及时沟通，有实现项目目标的能力	（0~6分）
可持续发展（0~10分）	长期目标	创新项目可持续，能坚持做下去	（0~4分）
	工作计划	有下一步工作计划，有短期、中长期规划	（0~3分）
	实施保障	对创新项目长期发展有具体实施措施和必要的人员保障	（0~3分）

4. 注重成果转化

新街口街道社区党建创新项目化机制，在产出上呈现注重成果转化的特点。街道工委充分发挥党建创新项目孵化器作用，以创新项目为载体，以点带面，推动各项工作取得新的突破。采取召开座谈会、观摩交流、实地考察等形式，交流经验、树立典型、推广应用创新项目成果。自2011年实施党建工作项目化工作机制以来，街道工委对各基层党组织全面发动、积极引导，并做好专题培训和认真指导，经过调查立项、申报备案、指导推进、验收评比，先后确定了“党员走千家”“党建对话民需”“国祥服务队”等15个主题鲜明、特色突出、操作性强、群众认可的优秀创新项目，这些项目围绕中心、服务大局，成为党员体现先进、服务群众的新平台，也使基层党建不断向精品化和特色化方向发展。

三　社区党建创新项目化机制的五大成果

（一）有效提高基层党建创新水平

新街口街道社区党建创新项目化机制的推行，有效激发了基层党建创新的积极性，提高了基层党建创新的水平。通过实行基层党建创新项目化管理，推广党建项目化、项目品牌化的新模式，加上综合评估和评比表彰，基层党建工作落到了实处，且获得了实际性的指导和奖励，基层党建创新的积极性得到了激发，因而创新的水平也得到了提高。近年来，社区党组织围绕班子建设、党员管理、为民服务等主题扎实推进创新项目，在西城区委组织部对新街口街道基层党建创新项目验收和基层党建示范点创建单位巡查的过程中，获得了充分认可。其中，“国祥服务队”创新项目被评为A类项目，并作为典型经验在北京组工网“加强基层服务型党组织建设典型经验展播”专栏进行展播。同时，还有部分社区被评为基层党建示范点。

（二）有助于形成以实践为导向的自下而上的工作机制

新街口街道社区党建创新项目化机制的推行，有助于形成自下而上的更加契合实际需求的工作机制，从而提升党员和群众的满意度。过去党建工作呈现自上而下的特点，以上级党组织的要求为工作的方向，下级党组织主要是按照上级的党组织要求完成工作，容易造成工作被动且与实际脱轨的问题。项目化管理机制则是通过鼓励基层党组织结合自身实际情况创造性地展开工作，为基层党建工作注入新活力，有助于摸索出既符合自身特点又行之有效的工作方式，逐步形成党组织搭建平台、以项目为载体运作、党员群众广泛参与的基层党建工作新模式。

（三）有助于形成以党建工作为引领的社区治理新格局

新街口街道社区党建创新项目化机制的推行，有助于形成以党建工作引领其他各项工作的社区建设新格局，由此推动具有中国特色的社区治理的现代化。在新街口街道各社区，通过申报和运作党建创新项目，基层党组织搭建平台，切入党员和群众的需要，有效带动党员和群众实现自治；在驻区机关、企事业单位中，社区党组织以党建创新项目，整合资源，以服务和活动为载体，提升区域化党建水平，有效促进社区共治；此外，通过各类创新项目的运作，也促进了基层党组织的规范化，从而带动了社区治理的规范化。如“中国共产党基层组织质量管理体系认证”项目提出了 PDCA（计划、实施、检查、改进）工作模式，按照 PDCA 的循环要求，对每项党建工作的开展及各项活动过程进行控制，使一些没有抓手的工作找到了抓手，避免了社区党建工作的漏项和弱项，形成了一整套严谨、系统的长效运行机制。

（四）有效增强基层党组织的凝聚力

新街口街道社区党建创新项目化机制的推行，有助于集聚党员群众的力量，使其更加紧密相连，增强基层党组织的凝聚力。一方面，通过党建创新项目化管理，有效拓展了机关党建、国企事业单位党建、非公企业党建的载体，使党建服务和活动更具针对性和贴近性。以非公企业党建为例，新街口街道许多社区都实施了“楼宇网格化服务”党建创新项目，如“楼宇俱乐部”，通过组织开展“欢乐新街口”灯谜会、法律服务“进楼宇”咨询、“青春骑行　快乐之旅”、趣味运动会等活动，增加非公企业党组织的吸引力和凝聚力。另一方面，通过党建创新项目，深入试点党组织，从构建开放的、融入的党建工作格局着手，按照基层党组织质量认证体系的要求，在党建工作中积极引入党员主体评价，每项工作任务都要求党员填写满意度测评表，广泛听取党员的意见建议，会聚集体智慧，使各项工作更加贴近群众、贴近生活，有效增强党组织的吸引力、凝聚力。如西四北三条社区党委经过深入调研，了解到居民家中闲置物品越来越多，弃之可惜，根据居民需求，经过周密计划、认真组织，举办了“爱心互换　闲置互利”主题活动，倡导低碳生活，吸引了 86 位居民参与，互换物品百余件，此类活动受到了社区居民的广泛欢迎，也使党员参与社区党建及社区服务活动的积极性不断提升。

（五）有效提升社区服务质量与水平

新街口社区在党建工作中，以服务为导向，将基层党组织的建设和发展融入服务中。通过项目化党建创新的形式，打造出多个基层党员群众的服务载体，有效拓展了社区服务的内涵，提升了服务的质量与水平，丰富了服务的方式与渠道。新街口街道以基层项目创新推动社区服务，主要体现在以下三个方面，一是以网格化服务促进社区服务精细化。如前公用社区党委，在社区建立党员“24 小时负责制”，将“全体居民是亲人、扶危帮困是责任、和谐社区是目标、群众满意是根本”作为工作目标，号召全体党员在社区做到“五个负责”：党员负责家庭、党小组长负责院落、支部委员负责胡同区、支部书记负责管片区、党委负责社区。做到“问题前面有党员、解决问题有党员”，积极开展“访民情、听民意、解民难”工作，促进社区服务精细化。二是以服务特殊群体促进社区和谐。如北顺社区党委，通过党员爱心服务队，以社区残疾人、孤老、空巢老人为服务对象，为本社区弱势居民提供最直接帮助，直接解决他们的实际生活困难，向社区居民传递党的温暖。爱心服务队活动真实鲜明，为社区行走不便的居民义务理发，为空巢老人开展一帮一服务，促进社区和谐发展。三是以文化服务促进社区精神文明建设。如育德社区党总支，以文化为纽带凝聚社区居民，通过“育德暖心艺苑”活动，积极开展有特色的文艺活动和居民服务项目，促进社区精神文明建设。

四　关于新街口街道“项目化”社区党建工作机制创新的思考

（一）项目化机制是基层党建创新的重要抓手

基层党建是党建工作的基础，而活跃基层、巩固基础的关键在于改革创新。基层党组织贴近党员的实际生活，最了解党员的问题和需求，通过在实践中总结、创新，不断推进和提升党建工作。

项目化机制作为基层党建创新的重要抓手，鼓励基层党组织结合实际需求，探索以解决基层问题为导向的工作模式；通过将项目化机制推出的创新成果应用到基层党建实际工作中，有效推动基层党建工作开展，形成基层党建创新的良性循环。

在此基础上，以总结、提炼基层的创新经验推动党建工作的全面创新。随着社会的不断发展，新问题的层出不穷，需要党建工作坚持不懈地推进改革创新。对新问题敏感的基层党组织，采取项目化机制，有助于及时提出新办法、化解新问题，不断推进党建工作向前发展。

（二）项目化机制是完善社区治理的重要突破口

改革开放以来，我国社会的基本功能性结构——“单位”逐渐分解，“单位人”亦逐渐转变为“社会人”“社区人”。与此同时，过往以“单位”为载体的党建工作，并不完全适应实际的社会结构体系的需要；以社区为基本单元的基层党建工作，在推动社区治理方面，发挥着日益重要的作用。

随着社会转型的逐渐深入，对社区的建设和发展，也由“管理”转向“治理”。这对基层党组织提出了新的要求——由行政化向服务型转变、由封闭向开放转变。项目化机制于基层党组织而言，正是促进其转型，并实现社区管理向社区治理转变的重要突破口。通过项目化的运作方式，创造机会和平台，有助于基层党组织融入社区、服务社区，有效带动社区内的其他党组织、党员实现自治、共治，基层党建工作也由此发挥出完善社区治理的作用。

（三）项目化机制是建设服务型党组织的重要载体

作为建设基层服务型党组织的重要载体，项目化机制有助于优化基层党组织的资源配置、创新服务形式、拓展服务内容、丰富服务载体，切实提高基层党组织服务党员、服务群众的主动性、针对性和有效性。借助项目化机制，基层党组织的服务性得以真正体现，在组织与组织、组织与党员、党员与群众之间构建了一个以服务对象的需求为导向的社会化服务体系，在实现寓党员的教育管理于服务中的同时，也密切了党员与群众的血肉联系。

参考文献

董名扬：《创新激发活力　西城区基层党建创新项目取得新成效》，http：//bj. wenming. cn/xc/xcqyw/201311/t20131106_ 1564966. html。

郭安琪：《西城区区长和社区居民畅谈“十三五”》，http：//beijing. qianlong. com/2016/0308/430126. shtml。

B.10
关于新街口街道社会综合救助“一口上下”工作机制的调研报告

摘　要：近年来，随着区域经济的快速稳定增长，北京市西城区对民生事业也提出了更高要求。为了让困难群众得到更多实惠，新街口街道以社会救助为切入点，树立“以人为本、为民解困”的工作理念，坚持“托底线、救急难、可持续”的救助工作方针，不断加大公共财政向民生领域倾斜力度，着力于地区各类资源的大调整、大整合、大集成、大共享，倾情打造与时代相适应的信息化社会综合救助工作新体系。本文以新街口街道“一口上下”工作机制为例，分析当前社会救助存在的问题，并提出如何构建满足日益增长的社会救助需求的社会救助体系。

关键词：社会救助　“一口上下”工作机制　大社会救助体系　新街口街道

一　新街口地区社会救助基本情况

新街口地区现有低保家庭1078户，低收入家庭36户，各类困难家庭1800余户。近年来，随着区域经济的快速稳定增长，北京市西城区对民生事业也提出了更高要求：如何在新形势下，让困难群众在保民生中得到更多的实惠。为解决这一问题，新街口街道以社会救助为切入点，树立“以人为本、为民解困”的工作理念，坚持“托底线、救急难、可持续”的救助工作方针，不断加大公共财政向民生领域倾斜力度，着力于地区各类资源的大调整、大整合、大集成、大共享，倾情打造与时代相适应的信息化社会综合救助工作新体系。以制度建设为核心，以政策保障为抓手，以救助体制机制创新为动力，充分发挥街道综合救助领导小组的统筹作用。大力推行以信息平台为载体的信息化社会综合救助工作，建成了以政府救助为主导，以相关部门政策扶持为补充，以社会捐赠为辅助的民政牵头、部门配合、社会参与、基层落实的综合救助体系。依托街道综合救助平台，通过整合救助资源，完善救助流程，加大资金保障，强化救助力度，提高救助水平，实现了职能部门救助一体化、组织网络化、管理社会化、保障法制化、手段信息化，在全面促进城区和谐建设中，充分发挥了其稳压器的作用。

二　新街口创新社会综合救助“一口上下”工作机制

新街口街道把全面贯彻党的十八大关于“把保障和改善民生放在更加重要位置，加强和创新社会管理”的工作精神，贯彻落实《社会救助暂行办法》（国务院第649号令）和《北京市西城区关于进一步加强社会综合救助工作的意见》（西政发〔2013〕13号）文件精神，按照《首都民政事业改革发展纲要》提出的“加快推进管理精细、城乡统一、‘发展型’的社会救助体系建设”的工作要求，坚持“托底线、救急难、可持续”的方针，遵循“公开、公平、公正、及时”的原则，进一步健全工作机制、落实救助政策、整合救助资源、规范救助管理、创新救助模式、加强社会救助和基本保障、促进社会和谐稳定发展。

（一）基本原则

1. 坚持“先保险、后救助”的原则

在社会基本保险和各类商业保险的基础上，根据困难群众的求助需要，通过以政府救助为主体、以人道慈善救助为补充的方式实施救助，确保救助工作的连续性。

2. 坚持“项目统筹、分类实施”的原则

依托区社会综合救助信息系统，对各类救助项目进行统筹，主责科室牵头，相关科室配合，确保救助工作的科学性。

3. 坚持“公平、公正、公开”的原则

运用科学手段，进一步规范救助工作程序，实现救助过程公开、透明，确保救助对象公平地享受救助资源。

（二）项目主体和责任科室

进一步统筹街道各类救助项目，建立以助困、助医、助老、助学、助残、就业、住房、救灾、法律援助和心理慰藉十个方面专项救助为主要项目，以政府救助为主体，以人道慈善救助为补充的社会综合救助工作体系。

1. 专项救助

（1）助困：对因各种原因造成生活暂时困难的居民，根据实际情况，适时开展帮扶，解决困难群众生活方面遇到的问题，有效保障困难群众的基本生活。责任科室：行政办公室、组织部、宣传部、妇联、团委、残联、工会、司法所、民政科、社保所、社建办、信访办。

（2）助医：对低保、低收入家庭成员及因患重大疾病导致暂时生活困难的居民给予救助，有效解决低保、低收入家庭成员及因患重大疾病导致暂时生活困难的居民产生的医疗费用问题。责任科室：民政科、社保所、社建办、残联。

表1 项目相关责任科室主要工作与职责

科室	主要工作与职责
行政办公室	负责街道综合救助工作的组织和协调,协助各科室开展综合救助工作;进行综合调研,研究制定相关政策规定
组织部	关心党员生活,加强与生活困难共产党员的沟通、联系;对因各种原因造成生活暂时困难的党员,适时开展帮扶,解决困难党员生活方面遇到的问题,有效保障其基本生活
宣传部	负责指导全街道社会综合救助的宣传工作;负责引导社会舆论,指导、协调新闻媒体等部门对社会救助工作的宣传
妇联	依法维护困难家庭妇女儿童合法权益;掌握全街道困难家庭妇女儿童的情况和问题,提出相应的建议;组织开展困难妇女扶贫工作,积极开展困难家庭妇女教育培训活动,提高困难家庭妇女的科学文化水平及劳动技能
团委	积极在青少年中开展社会困难群众救助的宣传活动;参与组织建立对社会困难群众的社会化志愿者服务体系;组织青少年开展帮助贫困学生爱心助学活动
残联	积极参与制定社会困难群众救助工作政策;加强与生活困难残疾人的沟通、联系,有效维护他们的合法权益;建立健全生活困难残疾人救助联络机制;组织开展生活困难残疾人扶贫解困、扶贫助学和劳动就业等工作
工会	及时反映困难职工的意见和要求,关心困难职工的生活,维护困难职工合法权益,组织开展各种形式的帮困活动;加强对本街道社会救助工作的监督检查
司法所	研究制定针对社会困难群众法律援助方面的政策;为困难群众提供法律援助,维护困难群众的合法权益;做好法律宣传教育,引导困难群众通过法律途径解决问题
民政科	承担街道社会综合救助工作领导小组办公室日常工作;综合有关部门意见,提出社会困难群众救助的综合性政策建议;研究制定相关政策规定;会同有关部门完成困难群众救助政策的落实
社保所	负责就业援助工作,研究制定社会困难群众就业、社会保险等优惠政策,及时了解和掌握社会困难群众基本就业情况;依法、依申请,提供就业、缴纳社会保险费和领取社会保险金的信息
社建办	负责社区工作者和社区志愿者的队伍建设;协助其他科室并落实社会综合救助政策

续表

科室	主要工作与职责
信访办	宣传信访方面的法律、法规、规章和政策;统筹接待来访,并负责信访的前期受理、转办、督办和答复工作
社区中心	负责街道为老服务及老年人慰问相关工作
计生办	做好对计划生育特扶(子女伤残、死亡)家庭、贫困计划生育家庭在经济、精神、生育方面的帮困救助工作
住保办	针对低保、低收入的住房困难家庭,将其纳入保障性住房保障范围,通过发放租金补贴和配租实物住房方式改善其住房条件,解决其住房困难问题

（3）助老：对低保、低收入、孤寡、独居、“三无”老人及90岁以上的老年群体，采取走访慰问、入户看望等形式，切实帮助老人解决生活困难。加大政策宣传、法律咨询工作力度，维护老年人合法权益。责任科室：宣传部、社建办、民政科、社保所、司法所、社区中心、计生办。

（4）助学：减免低保、低收入及其他特殊家庭子女需要交的教育费用。责任科室：工会、团委、民政科、社建办、社保所、残联。

（5）助残：有效保障贫困残疾人及残疾人家庭的合法权益，提升残疾人的生活质量。责任科室：残联、民政科、社建办。

（6）就业：强化基层就业服务平台建设，健全就业工作机制，整合就业资源，提升对“4050”、低保人员及残疾人等重点就业困难群体帮扶水平，形成制度化、长效化、规范化的帮扶机制。责任科室：宣传部、信访办、社保所、残联。

（7）住房：针对低保、低收入的住房困难家庭，将其纳入保障性住房保障范围，通过发放租金补贴和配租实物住房方式改善其住房条件，解决其住房困难。责任科室：住保办。

（8）救灾：对因遭受自然灾害或其他突发事件造成经济支出过

大、生活暂时困难的居民给予救助，有效保障受灾群众的基本生活。利用各种宣传手段，引起社会关注，发动社会力量共同抗灾。责任科室：宣传部、民政科、社建办。

（9）法律援助：组织法律援助服务机构和法律援助人员为符合法律援助条件的群众提供免费法律援助和相关服务，切实维护困难群体的合法权益。利用各种途径进行法律宣传，并做好来访群众的接待工作。责任科室：司法所、宣传部、信访办。

（10）心理慰藉：为有心理慰藉需求的老年人提供精神心理方面的帮助和疏导，改善生活品质。责任科室：宣传部、社建办、计生办、民政科、工会、团委、妇联。

2. 人道慈善救助

弘扬中华民族扶贫济困的传统美德，发扬人道主义精神，充分发挥社会组织和民间团体的作用，依托社会组织和民间团体，动员组织社会力量募集慈善捐款，开展救灾、助医、助学、助老、助困及应对突发事件等多项救助活动，为困难群众提供帮扶和救助。责任科室：宣传部、民政科、社建办、团委、妇联、工会、信访办。

（三）“一口上下、协同办理”工作机制建设

西城区新街口街道综合救助工作本着“救助不重复、不遗漏、广覆盖”的原则，建立了“一口上下”的运行机制，即各项社会救助工作要在街道社会综合救助领导小组和办公室的领导和统筹下，对辖区的救助单位（部门）的所有救助项目实行统一管理，各部门所有救助对象提出救助申请的受理、所有救助款物的发放必须都通过街道社保所“一个口子”来运行，使社保所成为社会救助工作的“集散地”，并能够通过综合救助信息平台实现救助信息资源共享，新街口街道信息化综合救助新体系实现了“一口式”运行机制。

1. 建立组织机构

以国家《社会救助暂行办法》出台为契机，根据西城区西政发〔2013〕13号《北京市西城区进一步加强社会综合救助工作的实施意见》的文件精神，进一步完善街道综合救助领导小组，在原有街道综合救助领导小组基础上，将宣传部、信访办、行政办公室等科室纳入领导小组，形成了由民政科、社保、住保、残联、红十字会、妇联、团委、计生、司法等科室和相关单位组成的街道综合救助领导小组，并设立了办公室。街道工委、办事处主要领导任组长，街道办事处主管副主任任常务副组长，街道工委、办事处领导班子成员任副组长，成员由各相关科室负责人组成。领导小组下设办公室，办公室设在民政科，办公室主任由民政科科长兼任。领导小组主要统筹、规划、协调本街道的社会救助工作；办公室执行综合救助领导小组制订的计划和决策，负责辖区内社会救助工作的具体事务，汇总各类救助信息，统筹安排，避免多头救助、重复救助，进一步发挥综合救助领导小组在地区社会救助工作中的领导及协调作用。

2. 加强制度保障

建立领导小组例会、领导小组办公室成员会议、工作开展情况沟通和学习交流、平台录入及资金使用情况通报、综合救助情况月报等工作机制，确保社会综合救助工作组织有序、运行规范、管理透明。明确了相关救助科室信息联络员，定期通报反馈相关救助信息，将各部门救助情况及时录入街道综合救助平台，共享救助信息。使低保、医疗、就业、住房、临时救助等各项社会救助制度有效衔接，形成了“一口上下、一门受理、协同办理”的工作机制。在地区形成了以政府救助为主导，以慈善救助、社会帮扶为补充，多层次、广覆盖的社会救助体系。

3. 管理信息系统

按照区社会综合救助信息系统的统一要求，实现互联互通和资源共享。各成员部门要及时录入和更新困难群众的基础信息，根据困难类型和程度，选择救助项目，确定救助标准，实施分类救助。

4. 实施主动救助

发挥综合救助信息系统平台优势，量化家庭困难程度，提升发现困难家庭的能力和水平，着眼建立长效工作机制，主动为困难家庭提供及时、有效的科学救助。

5. 保障资金投入

通过上级拨付、政府投入、社会募集等方式，完善社会救助资金、物资保障机制，将政府安排的社会救助资金和社会救助工作经费纳入财政预算，切实保障社会救助资金专款专用，确保社会综合救助工作的顺利开展。

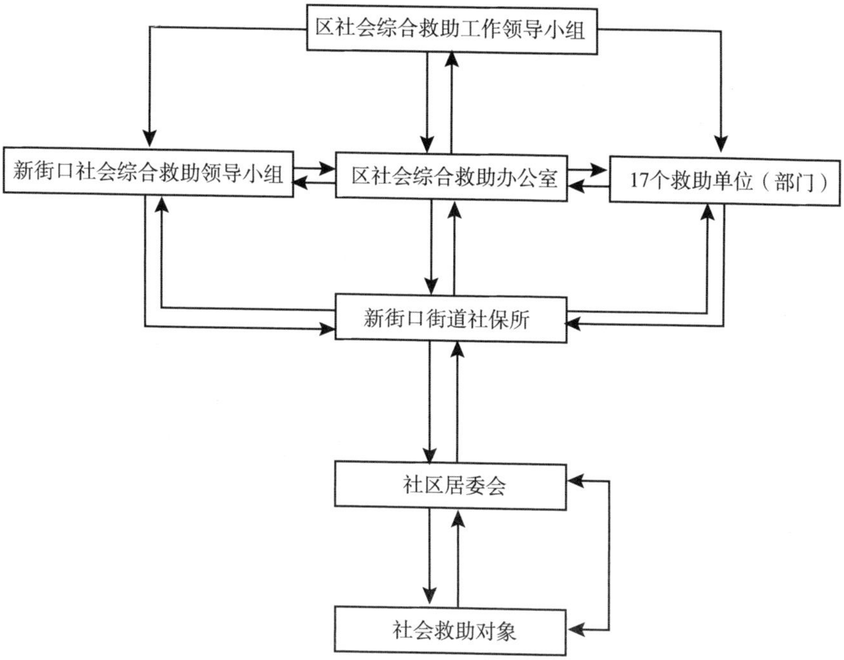

图 1　新街口街道“一口上下”综合救助运行机制

三　新街口街道社会救助面临的主要问题

（一）因病致贫的“先救助，后看病”现象

目前低保金普遍只能维持低保家庭基本生活（特别是一人户的低保家庭），一旦出现患病需要诊治的情况，难以先期支付诊疗费用，造成“先救助，后看病”现象。而现行的政策中除了住院可申请社保所“绿色通道”外并无其他相关优惠，一些困难家庭无钱看病，便以此为由向民政科借钱。

（二）吸毒、刑教人员反复申请救助

部分吸毒、刑教人员回归社区后，由于无固定居所、无工作、无生活来源，会反复向民政部门申请救助。将申请救助作为一条生财之道，个别人员常饮酒后前来，甚至长期滞留在办公场所，大声喧哗，严重影响正常的办公秩序。由于没有政策上的支持，民政科只能从维护稳定的角度出发，给予少量救助，难以从根本上解决问题。

（三）救助形式单一，手段不够丰富

目前对弱势群体的救助，主要是物质救助，旨在补偿及保障其基本生活需求。心理健康咨询、精神慰藉、劳动技能培训等活动载体和机制，还需要进一步建立和完善。同时对困难家庭中有劳动能力且在就业范围内的人员，也应建立相应的就业机制，有效地实现促进和督促其自觉改善自身生活水平的目的。

四　建议与展望

面对改革开放的新形势和构建和谐社会的新要求，加强社会救助

工作日益重要和紧迫；面对当前社会救助工作中存在的诸多矛盾和问题，实现社会救助工作的规范化、现代化、高效化已是摆在我们面前亟须解决的问题。要想做好社会综合救助工作，必须突出抓住以下五个环节。

（一）建立大社会救助体系，必须争取各级领导的高度重视

目前，综合救助体系建设较为薄弱，在组织机制、队伍建设、信息化建设上还有一定差距，需要方方面面的关注和支持。尤其是建立大社会救助体系工作，是一项新生事物，事必牵涉动人花钱，会有一些相应的政策和制度出台，会对原来的工作模式和程序等产生一些影响，会涉及方方面面的人和事，工作初期有些难度是在所难免的。因此，必须从实践“大民政”的理念、实现“无社会救助盲点”目标的高度来思考谋划，主动开展相关调研活动，超前谋划大社会救助体系建设的新思路，积极争取领导重视，将开展大社会救助体系建设列为“一把手”工程。

（二）建立大社会救助体系，必须实现信息化建设

通过信息化平台的建设，可有效整合社会救助的各种资源，提高审批效率和办事效能，避免重复救助和救助缺失现象发生。在人民群众对政府机关办事的质量和效率的要求不断提高、电子政务广泛成为现代化办公手段、专业分工越来越细的今天，必须高度重视并紧紧抓住信息化建设这个亮点，使之更好地为大社会救助体系建设工作服务。必须尽快建立功能齐全、覆盖全面、规范透明的社会救助信息网络，健全大社会救助体系功能，提高救助工作效率。

（三）建立大社会救助体系，必须努力争取足额的资金保障

大社会救助体系的建设、资金保障的程度和力度直接决定了此项

工作建设的水平和程度，因此，一定要确保资金的足额及时到位，确保各项工作能够有序及时开展。

（四）建立大社会救助体系，必须实现部门间的协调配合

建立大社会救助体系工作将涉及横向、纵向多部门联动，为此，在实际工作中要充分意识到做好上下联动、左右协调是顺利开展大社会救助体系工作的关键所在。在实际工作中，一是必须探索并建立联动机制，确保工作合力的形成；二是要让每一个成员单位积极投身大社会救助体系的建设，确保大社会救助体系的顺利开展。

（五）建立大社会救助体系，必须加强机制和制度的建设

在大社会救助体系的建设上必须大胆创新工作机制，大力加强制度建设，通过更合理、更科学的工作机制，进一步完善制度、措施、办法，即建章立制、分工明确、责任到人，为大社会救助体系建设的开展提供有力的保障。在机制建设上，建立区、街两级综合救助组织机构。在制度建设上，应对现有的法律政策进行汇编，同时制定例会制度、督促检查制度、工作联络制度等，确保大社会救助体系建设的有序开展。

参考文献

车放：《中国特色社会救助体系建设研究》，东北师范大学博士学位论文 2014。

伍欣：《〈社会救助暂行办法〉5 月 1 日起施行》，《中国社会报》2014 年 2 月 28 日。

祝千千：《论我国社会救助中的政府责任》，安徽大学硕士学位论文 2014。

《中国民政》编辑部：《社会救助制度如何实现法治化?》，《中国民政》2014 年第 2 期。

B.11

关于新街口开展区域化党建的调研与思考

摘　要：　改革开放以来，伴随着单位的转制，“单位人”逐步向“社区人”转变。与此同时，传统的单位制党建也失去了赖以生存的社会基础，基层党组织出现了“离散化”的弱化趋势，区域化党建则应运成为适应社会结构变革、实现社会新团结的基层党建新模式。新街口街道作为居住区与办公区、商业区相混合的区域，充分发挥驻区单位多的优势，创新社区“大党委”，完善地区党建协调委员会联席会制度，在区域化党建方面取得了一定进展。本文以新街口的社区化党建实践为例，对其现状、问题进行分析，并提出相应的思考和建议，为新街口街道和其他地区吸引和整合驻区单位融入区域化党建建设和发展工作提供相关思路。

关键词：　新街口街道　区域化党建　驻区单位

新街口街道地处北京中心城区，辖区人口居住较为密集，社会单位有2682家，属于居住区与办公区、商业区相混合的区域。复杂的社会结构对地区开展区域化党建产生了迫切需求。新街口街道通过建立社区“大党委”、完善地区党建协调委员会联席会制度等方式，在区域化党建方面取得了一定进展，但也仍存在一些问题亟待梳理和解决。本文在前期调研基础上，对新街口街道的区域化党建的现状及问题进行分析，提出相应的思考和建议，为新街口街道进一步吸引和整合驻区单位融入区域化党建建设和发展工作提供相关思路。

一 新街口以制度为基础强化区域化党建的实践探索

驻区单位较多是新街口街道许多社区的一大特点，截至2014年，新街口街道辖区内的社会单位，共有2686家，其中中央所属的有112家，市属的有104家，区属的有190家；国有企业有241家，民营企业1546家，外资企业24家。为有效发挥驻区单位多、社会资源多的特点，新街口街道通过建立社区“大党委”、完善地区党建协调委员会联席会制度、实行机关党支部与社区党组织“四对接”、开展“结对共建，先锋同行”活动等举措，以制度为保障、以服务为载体、以活动为契机，积极整合驻区单位党建资源，在区域化党建方面取得了一定成效。

（一）建立社区席位制“大党委”，拓宽驻区单位参与渠道

在区域化党建的构建过程中，社区党组织作为社区的领导核心，担负着动员各方力量参与社区建设的重要责任。新街口街道以社区党组织换届选举为契机，加大社区党组织的调查摸底力度，引导驻区单位参与社区建设，建立了席位制“大党委”。席位制“大党委”由席位制委员构成，委员由基层党组织推荐，在征求党员意见的基础上，最终由街道工委任命。席位制委员不占社区党组织领导班子职数，参加社区涉及区域性有关事务的议事和决策。目前，新街口街道共有41名席位制委员，委员的分布涵盖了中央直属、市属、区属单位，

机关干部及派出所，物业、城管部门，两新企业、私营个体等不同领域。席位制“大党委”制度，使机关党员真正走进社区、熟悉社区、服务社区，也为驻区单位发挥作用拓宽了途径。

（二）完善地区党建协调委员会联席会制度，实现街道与驻区单位共促共建

在21个社区分别建立党建协调委员会分会，并按照地域划分为五个片组，每个片组确定一个牵头单位。社区党组织依托分会，以区域整合为基础、以区域服务为导向、以区域共治为载体，积极开展共驻共建活动，有效调动单位参与社区建设的积极性和主动性。比如，西里三区社区党委定期召开座谈会并实行分会轮值制度。通过这种形式，不但让驻区单位了解了社区的建设情况，而且为成员单位之间搭建了很好的交流平台，实现了资源共享。

（三）完善“两考一评”工作机制，加强党员队伍建设

队伍建设是基层党建工作的重要基础，新街口街道在开展区域化党建的过程中，注重加强党员教育管理，创新了“两考一评”工作机制，即考试检验、谈话考察、综合评定，并形成长效工作机制。考试检验是指通过闭卷考试的形式，重点考察发展对象对党的知识的掌握情况，理论联系实际、学以致用的能力，切实检验发展对象学习、成长情况。谈话考察是指街道工委在基层党组织对入党积极分子定期考察并报送发展对象的基础上，通过采用“面对面、背对背”个别谈话的方式延伸考察，考察中实行“两必谈一查看”，即党组织书记必谈、培养联系人必谈、查看发展对象培养教育记录。综合评定是指街道工委根据笔试成绩、考察情况、个人综合情况、培养教育情况按一定的权重进行综合评估，确定发展对象并报工委会审核批准。

（四）以需求为导向，创新服务方式，满足服务需求

社会结构的复杂化导致服务需求的多样化，新街口街道注重通过座谈交流、共同开展活动等方式，主动与驻区单位沟通，了解驻区单位的需求和困难，实现服务与需求的有效对接。

一方面，加强基层党组织之间的需求对接，创新机关党支部与社区党组织“四对接”活动——组织对接、党员对接、活动对接、服务对接。在了解需求的前提下，前公用社区党委与机关第七党支部共同开展一帮一为老服务，玉桃园社区党委与办事处机关第五党支部举办“外教教你学安防”培训班，官园社区党委与办事处机关第二党支部开展“亲子活动进社区”，这些活动都取得了良好成效。

另一方面，加强基层党组织与具体服务对象的对接，创新开展“结对共建，先锋同行”活动。社区党组织和驻区单位签订共建协议，发挥各自优势，实现发展共赢。比如，西四北头条社区党委为共建单位四十一中提供学生社会实践平台，四十一中为社区提供党员群众文化活动场地，双方在互动交流中进一步达成共识，取得了良好的共建效果。截至目前，21 个社区党组织与 31 家驻区单位结对，开展工作交流 81 次，共同开展活动 84 次，相互帮助解决问题 65 次，有效推动了和谐社区建设。

（五）利用驻区单位资源优势，转变为区域化服务优势

社区借助单位的资源优势，与驻区单位共同致力于为居民提供更加专业、便捷的服务。例如，结合在职党员到社区报到工作，针对报到单位的特点和社区的实际需求，设置了 5 类服务岗位，便于报到单位为社区提供更具有针对性的服务项目。党建协调分会有 6 家单位，都是与教育相关的单位，社区积极利用驻区单位的师资力量、活动场地发展社区的文化团队，如邀请西城老教协的专业老师为社区书法班

的居民提供免费的书法指导；聘请西城法院的法官为居民提供免费法律咨询服务。

二　新街口街道区域化党建面临的问题

目前，新街口街道初步建立了区域化党建的格局，但各社区在整合驻区单位资源、建立区域化党建的过程中，仍存在驻区单位发力不足的问题，具体表现为：部分驻区单位与社区党组织互动较弱、社区区域化党建格局较为松散。其主要原因是内生动力不足、外在推力不够、常态机制缺位形成的恶性循环。

（一）内生动力不足

内生动力不足主要是指在建设区域化党建的过程中，社区党组织与驻区单位之间，在思想和价值观上并未完全统一，由此导致双方缺乏内在持续的动力参与区域化党建格局的构建。

一是行政级别差距导致的认识误区。部分驻区单位与社区党组织之间在行政级别上差距较大，导致双方存在心里落差，这既影响了社区党组织主动联络的积极性，也影响了驻区单位对社区的重视度。

二是对区域化党建存在认识误区。区域化党建的提出和建设目的是：适应单位制解体，满足“单位人”向“社区人”转变的时代需求，重新整合基层党建资源更好地为区域内的各类群体服务并满足其利益需求，巩固党的基层执政基础。但目前部分驻区单位，仍旧对区域化党建存在认识误区，一方面，社区共同体意识尚未建立，未充分理解社会的变化，未领会建立社区共同体的重要性；另一方面，不理解区域化党建的内涵和目的，认为其只是走形式、走过场，将辖区内的大量党员集中起来举办一些活动，更有甚者担心社区党组织只是要吸纳其投入资金，因而在参与区域化党建的过程中采取被动的态度。

由于认识误区的存在，部分驻区单位与社区党组织间缺乏认同感和共建共享的思想、价值基础，因而也难以在共建共享中找到利益结合点，难以满足各方的利益诉求，从而又影响相互的信任和联结，陷入恶性循环。

（二）外在推力不够

在新街口街道区域化党建中整合驻区单位资源时外在推力不够，主要指的是缺乏推动区域化党建的制度框架和规范依据，导致部分社区党组织和驻区单位在融合时外部性的推力不足。

从行政体制上来说，驻区单位的党组织与社区党组织所属的行政体制是条块分割的，并不存在行政上的隶属关系，缺乏外部强制力的约束，因而社区“大党委”形成的领导体制较为松散，所致力于实现的社区党组织总揽全局、统筹协调的功能，目前发挥得十分有限。

从规范依据上来说，区域化党建推动至今，从中央到北京市都尚未出台相关的意见和规范性文件，导致社区党组织在日常工作中缺乏指导和规范；同时，驻区单位也因没有明确规定，而欠缺参与的积极性。

（三）常态机制缺位

目前，仍有部分社区党组织的区域化建设，没有形成稳定的联系机制、运作机制、保障机制和服务机制。其中，在联系机制方面，仍停留在“联谊式”“人情式”“援助式”的发展状态，缺乏对社会参与平台进行有效整合，并固化联系机制，制约了区域化党建的推进。具体来说，新街口街道的社区党组织在区域化建设过程中，通过创新服务平台、活动平台，密切了社区党组织和驻区单位间的联系，在一定程度上实现了共建共享。但因为缺乏经验总结和理论提升，没有将实践经验转化为成果，已经建立的联系和搭建好的平台并没有固定下来，持续引导、持续推广，从而导致社区的区域化党建难以持续性推进。

此外，在运作机制方面，仍缺乏有效的激励机制、确定的参与方式和流程、完善的征求意见制度、资源共享机制等，导致驻区单位难以建立固定的参与习惯、持续助力区域化党建工作；同时，社区党组织也缺乏定期的经验总结，并以此改善运作机制。在保障机制方面，亟须建立稳定的资金投入机制、创新机制来解决区域内党建活动场所和平台的问题。在服务机制方面，需要进一步了解驻区单位的服务需求和实际情况，创新服务的方式和机制，加大对资源的统筹和利用力度，更好地服务辖区群众。

三 从新街口街道实践看当前区域化党建的四大重点

新街口街道通过建立社区“大党委”、完善地区党建协调委员会联席会制度等，对接服务需求，不断强化区域化党建的服务功能，有效促进了街道基层党组织与驻区单位的共建共享，但仍存在党建格局松散、驻区单位参与度不够等问题。要解决这些问题，就要从激发内生动力、转变工作思路、加强机制建设、提升服务能力四个方面着手，从内外两个方面着手，这也是当前各地开展区域化党建过程中应注意的四个重点内容。

（一）激活内生动力，提升驻区单位参与区域化党建共建积极性

提升驻区单位参与区域化党建共建的主动性和积极性，首要的是激活内生动力，改变驻区单位过去对区域化党建的认识误区。

一是通过各种宣传和活动，向驻区单位和社区居民传达社区治理

的现代化理念，树立社区共同体的观念，提升其社区主体意识。驻区单位是社区的重要组成部分，既享受社区的服务，也有服务社区的义务。

二是通过培训、座谈会等形式，向驻区单位传达区域化党建的内涵和重要意义，明确驻区单位参与区域化党建的方式、内容等，增强驻区单位党组织相关负责人对具有中国特色社区理论的理解和认同，改变驻区单位对社区党组织和区域化党建的错误认识，引导其树立正确的区域化党建理念。

三是善于发现、挖掘共同点，培育共建目标，使驻区单位能够认识到参与社区建设的意义和重要性，从而建立良性互动关系。

（二）转变工作思路，提升社区党组织引领区域化党建的能力

社区党组织需以实践为导向，转变自身的工作态度和思路，以提升其引领区域化党建的能力。

一是转变工作思路，树立大社区工作理念。社区党组织要把驻区单位作为“社区伙伴”，变“开门欢迎”为“登门拜访”，主动加强与驻区单位的联系与沟通，积极向驻区单位宣传社区的工作、变化以及发展，赢得驻区单位的认同。

二是拓宽途径，用好社区的平台，使驻区单位不但成为社区各项活动的参与者，更能够成为社区活动的组织者；不但把社区打造成社区与驻区单位沟通的平台，更要使社区成为驻区单位与驻区单位之间沟通的平台，从而吸引驻区单位参与社区建设。

此外，在外部环境上，建议上级党委在总结各地区域化党建实践经验的基础上，选择合适的时机，下发相关规范性的文件，明确各方参与区域化党建的具体责任、工作目标、参与方式等，并落实资金保障、活动平台等问题，破除条块隔阂，建设更加紧密的党建新格局，增强区域内来自不同行业、不同规模的党组织之间的互动，发挥其资

源优势，在党员教育、社区服务、文体活动、社区环境建设等方面深化合作，共联共建。

（三）抓好机制建设，提升区域化党建运行成效

常态化机制的建设，有助于区域化党建的成果得以巩固，并以稳定的形式推进区域化党建，提升其运行成效。就新街口地区实际情况来看，应从社区“大党委”机制、党建协调委员会的工作机制、常态化运行机制三个方面着手，加强机制建设。

一是完善社区“大党委”的领导机制。要在建立社区“大党委”的基础上，进一步制定《新街口街道社区大党委工作实施意见》，充分发挥社区党组织与驻区单位党组织联片共建优势，及时通报情况，沟通信息，交流经验，研究和部署工作，形成加强社区党建工作的合力。

二是完善党建协调委员会的工作机制。重新修订《新街口街道区域党建协调委员会章程》，进一步完善组织机构、职责任务、工作制度。建立“七联七共多维互动”工作机制，即成员单位做到政治思想工作联做，共葆先进；公益事业联办，共谋发展；生活环境联建，共促和谐；文体活动联谊，共驻活力；社区服务联手，共惠民生；区域先锋联创，共赢佳绩；党员教育联抓，共享资源。

三是建立健全区域化党建的运行机制。以签订共联共建协议等方式，将如何参与区域化党建的相关活动以及参与内容、频率等固定下来，培养驻区单位的党员的参与习惯；同时，完善资源共享机制，并将资源共享机制与相关的激励机制挂钩，以一定的激励，如优惠政策、服务等，鼓励驻区单位参与资源共享，并在共享中实现激励；此外，要注重完善驻区单位和居民的监督制度，畅通群众表达意见的渠道，并定期对区域化党建的运行情况进行系统分析和经验总结，完善其运作机制。

（四）增强服务能力，提升区域化党建共联共建水平

在参与机制相对完善的基础上，要进一步增强区域化党建服务能力，重点要从扩大服务范围、创新服务载体入手，扩大区域化党建服务覆盖面，让区域化党建服务有效落实。

一是坚持推进“双向服务”制度，扩大区域化党建服务范围。“双向服务”即社区党组织要主动了解驻区单位党组织的需求，主动为其提供服务，以推动驻区单位党组织为社区发展提供服务。当前，区域化党建的服务模式以驻区单位向社区提供单向服务为主，一方面，影响了驻区单位参与党建的积极性，另一方面，片面地划定了服务范围。“双向服务”制度则有效实现了驻区单位的反哺，扩大了服务范围，从而有助于区域化党建共联共建的良性循环。目前，新街口街道不少社区已经在探索“双向服务”上取得了重要进展，下一步要对成效突出的社区进行经验总结，进一步将“双向服务”机制在各个社区铺开；动员更多驻区单位将服务性、公益性、社会性的文化、教育、体育等活动设施和场地向社区和居民开放；实行党员共管，以党的群众路线教育实践活动为契机，社区党员与驻区单位党员发挥党员模范作用，共同深入群众中，了解群众需求，解决群众困难。

二是以项目为载体，创新区域化党建服务方式。根据社区和驻区单位的实际需求和自身优势，社区党委可寻找双方共建的切入点，并落实到具体共建项目中，如社区环境建设、社区儿童早教、社区医疗等。具体来说，可通过平等协商、签订合作共建协议、制定具有可操作性的项目实施方案和阶段性的推进目标，明确项目的具体负责单位、参与单位及其具体职责，以及相关的监督机制和评估标准等。以具体项目来满足社区居民和驻区单位的需求，提升资源的配置效率，以项目的共建实现服务的共享；同时，通过项目建设这样深入的合

作，也有助于增强驻区单位党委对社区党委的信任，有助于建立双方紧密的合作关系，共同推进区域化党建。

参考文献

陈新光、章再彬：《加强区域化党建工作的路径和方法》，《上海党史与党建》2014 年第 3 期。

唐文玉：《从单位制党建到区域化党建——区域化党建的生成逻辑与理论内涵》，《浙江社会科学》2014 年第 4 期。

案例报告

Case Reports

B.12

新街口"1+5"平台创新社区为老服务新模式

摘　要：近年来，随着全球老龄化的不断加剧，健康老龄化已成为各国社会发展的重要目标。健康老龄化能有效发挥老年人的作用，降低人口老龄化的负面影响。在人口老龄化趋势特征越发明显的形势下，新街口街道以建设可持续发展示范区为目标，结合地区实际，加大力度整合现有资源，动员社区居委会、社区服务站、社区志愿者、辖区单位等力量参与为老服务，并积极与公办、民营为老服务机构合作，建成以"1+5"模式为代表的社区老年人科技服务中心，通过完善科技助老功能设施、建立健全助老志愿服务体系、打造科技特色助老服务品牌等措施，提升社区为老服务的能力和品质，促进社区和谐发展。

关键词：“1+5”平台 养老服务 科技助老 社区老年人科技服务中心 新街口街道

一 案例背景

（一）新街口地区老年人基本情况

新街口街道位于北京市西城区中北部，辖区总面积3.7平方公里，辖区有21个社区居委会，户籍人口39923户103989人。整个区域人口密度较大，是典型的老城居住区。全街道老年人口总数为26102人，已经占到户籍人口数量的25.1%。特殊老年人群体较多，其中，孤寡老人80人、空巢老人2566人、高龄独居老人861人、80岁以上老人5825人（90岁以上高龄老人1352人、百岁老人10人）。截至2013年10月，新街口地区享受养老（助残）券的老年人3520人、残疾人364人。总体来看，其呈现老年人口高龄化，独居、孤寡老年人占比高，养老服务需求高的特点。人口的老龄化，已经远远超过联合国公布的一个地区内60岁以上老人达到总人口的10%的老龄化社会标准，是具有城市中心区特点的“老人社区”。

由于特殊的地理位置和历史沿革，新街口地区形成了街道平房居多、贫困老人居多这种特殊局面。新街口街道2013年1000份居家养老巡视记录显示：退休收入不高、经济状况偏低的老年人群，对便民菜点、生活超市等购买类服务需求较高，占41.6%；独居、空巢、高龄、生活自理能力差的老年人对吃饭、陪护、就医需求较为集中，占35.8%；退休收入高、身体健康、低龄老年人对文化生活要求较高，占12.5%；其他各类养老服务，占10.1%。目前，新街口地区的老年人居家养老的服务需求较大，对社区的基本公共服务和管理提出了新的挑战。

近年来，随着全球老龄化的不断加剧，健康老龄化已成为各国社会发展的重要目标。健康老龄化是指个人在进入老年期时，身心健康、社会关系、经济能力等方面功能仍能保持良好的状态。健康老龄化能有效发挥老年人的作用、降低人口老龄化的负面影响。我国在应对和解决人口老龄化问题时，最关键的在于加快经济发展、壮大国家经济实力。但是，老龄化问题又有其自身的特殊性，处理得好，会成为经济社会发展的积极因素；处理不好，则可能成为制约因素。

目前，北京市 80 岁以上老年人基本都能享受到“九养”政策，对于这一年龄段的老人，政府已出台了大量的惠老政策，并投入巨额资金。但对于 60 ~79 岁这一年龄段的老人，政策的覆盖面尚不令人满意。可是在实际工作中，工作人员发现往往是这部分老人，他们无法再继续工作，也不能像在职时那样得到原单位的照顾，更加需要社会认同，渴求参与社会活动。对巡视的需求、服务的需求最为迫切，但受年龄段的限制，他们却不能享受到相应的优惠政策，使他们成了政策的边缘人。这部分老年人实现社会价值最有效的方式就是参与社区的各类活动、服务。社区老年人科技服务中心（站）的建立，使这些老年人既得到为老服务政策的照顾，又参与了社区各项活动，满足了其社会价值的实现。

（二）新街口地区养老服务工作的基础

1. 机构养老——创新服务机制，发挥敬老院辐射带动作用

为实现市政府关于养老服务保障“9064”战略规划目标，街道党政领导高度重视，建立健全了福寿轩敬老院和福绥境敬老院两家街道级福利公益性养老机构。目前，两个敬老院使用面积 1640 平方米，下设养老托老床位 64 张，常住老人 34 人（孤老户 2 人）；工作人员 15 人，均取得了养老机构的专业资格证书，为老年人提供生活养护

等科学服务。

创新组织机构，实行规范化管理。2011年，福寿轩敬老院成立了为老服务委员会，委员由老人代表、义工代表、员工代表组成，定期召开例会，研究解决为老服务工作遇到的困难与问题，对敬老院的管理和服务工作起到参与和监督作用。

发挥机构优势，辐射辖区养老服务。发挥敬老院机构养老优势，成立老年人日间照料中心，把机构养老与居家养老工作结合，将成熟的管理经验、护理技术、服务内容辐射到周边社区，起到培训、指导、示范作用。成立义工服务团队，队员150余人，向敬老院老人及周边社区老人提供医疗卫生、文化娱乐、精神慰藉等服务。

经过不懈的努力，新街口街道先后荣获“十一五”期间北京市养老机构建设先进单位；北京市敬老爱老为老服务先进集体；北京市居家养老餐桌（助残）奖励单位；北京市居家养老（助残）规范建设单位等荣誉，并取得了北京市一星级敬老院资格。

2. 居家养老——贴近养老需求，提供多样化养老服务

按照北京市“九养”政策规定，截至2013年10月，新街口街道享受居家养老服务的老人为3520人，2013年1～10月，共发放养老服务补贴金额349万元，结算居家养老（助残）服务券、一卡通金额1046万元，结算金额位列全区榜首。目前，新街口街道共有签约居家养老服务商75家，涉及餐饮、家政、医疗、理发、修理等13大类、125项，已基本实现辖区老人服务的全覆盖。

找准供需结合点，采取市场化运作模式。2013年，为落实市、区两级居家养老工作会议精神，街道多次提出“以人为本、服务民生、保障民需”的工作要求，并召开居家养老工作会，对居家养老工作进行认真研究和重点部署，充分利用地域资源，培育承接企业，规范服务到位，满足老人需求。为扩大餐饮企业的服务数量，街道服务中心对地区B级以上45家餐饮企业、68家单位食堂逐一走访调研，以解决

清真餐、套餐、送餐入户为特色，丰富地区老年人的餐桌，已提供居家养老送餐服务 23105 人次。同时，将“一刻钟社区服务圈”建设与居家养老工作结合，通过“老人需求－政府支持－项目运作－满足老人”的服务模式，形成养老服务事业的产业化链条。目前新街口地区的老年人可通过一刻钟服务指南、服务网络实现政务、购物、餐饮、家政、金融、文娱、美发、医疗、托老等全响应服务。

优化服务环境，提升服务质量。为改善养老服务单位的内部环境，近两年，街道对辖区内四家餐饮服务商进行了无障碍设施的改造，增加防滑坡道 4 处、扶手 10 处、防滑垫 2 处、老年就餐专区 3 处；为送餐企业、分餐点配备保温箱 15 个、送餐车 1 辆。为保证居家养老服务有序开展，街道服务中心加大与执法部门的合作：开展工商法律大讲堂，由工商所的工作人员现场授课、答疑解惑、互动交流；聘请西城药监局的专职干部就医药行业管理、行业自律、诚信服务等对服务商进行培训，确保地区老人安全用药；邀请新街口卫生监督所对 45 家餐饮企业和理发业的服务商进行专业培训，进一步提升该行业的公共卫生和食品卫生意识。

加强指导管理，健全服务商激励机制。重点完善了准入机制与退出机制，对一贯为老年人提供优质服务的服务商予以精神与物质奖励；而对多次被老人投诉且整改不力的服务商，一律予以劝退。2010 年新街口街道社区服务中心与新街口工商所合作，率先在全市成立了第一家社区老年人维权工作站，其目的是建立快速解决老年人维权绿色通道，为老年人提供上门维权服务，让老年人在享受社会福利的同时，享受法律维权的保护。《京华时报》《新京报》就此事进行了报道，北京电视台进行了深度采访，并在《北京您早》栏目中播出。

3. 社区养老——注重因地制宜，探索多种类型服务模式

积极推进老年志愿服务网络建设。一是引进睦友社工事务所开展

形式多样的为老服务工作。在前公用、西里三区社区开展"不倒翁"为老服务队建设，将防跌倒知识传递给身边老人和服务对象。组织西四北头条与四十一中开展"小手拉大手不倒翁"义工活动，100多名学生志愿者在参加过助老知识技能培训后，与社区老人结成对子，志愿探访老人、宣传防跌倒知识。二是以公益金扶持的方式积极支持社会组织发挥作用。在街道社会建设办公室的指导下，街道老年协会于2007年成立，是街道联系地区老年人的桥梁和纽带，是街道开展老龄工作的重要助手，不仅活跃了地区老年人的生活，还开创了一片新局面。老年协会牵头创办了平安医院志愿者服务队。每周风雨无阻地到平安医院组织近百名精神疾病患者开展各类文化小组活动，使老年人发挥了余热，又使精神病患者减轻了病情，将"老有所乐"与"老有所为"有效结合。

大力营造"文化养老"社会氛围。街道通过调研认为，一部分老年人已基本得到日常物质生活的保障，然而，很多老人却仍处于寂寞、孤独的状态，他们迫切需要得到精神和心理上的关怀，期盼参与更多的文化娱乐和心理辅导活动。据此，街道社区服务中心各类文化活动常年免费对地区老年人进行除法定节假日外的全天候服务，年平均接待量达到15万人次。同时，街道鼓励社区以项目申报的形式，申请公益金开展老年人文体活动，如"美化生态环境，共建绿色家园""社区趣味运动会""社区邻里节""重阳节高龄老人庆寿辰"等。很多社区还结合街道"白塔新辉"系列文化活动，组织开展老年人乒乓球、太极拳、书画、合唱等特色文化体育活动，充分诠释了"文化养老"的内涵。

把亲情服务送入特扶家庭。新街口地区现有独生子女死亡家庭72户、104人。调查显示，这部分人希望得到社会的关注，愿意参加自己感兴趣的文娱活动，渴望有一个疏解心绪的平台，同时又对参加集体活动有一定的顾虑，怕提起让自己最痛心的往事。为进一步加大对失独家庭的帮扶力度，帮助“失独家庭”走出心灵困境、重享生活乐趣，2011 年，街道成立了计生特扶家庭亲情互助工作领导小组，形成“计生牵头、部门联手、社会参与”的工作格局。通过亲情电话、亲情慰问、亲情牵挂、亲情活动，拉近心与心的距离，解决特扶家庭养老的实际困难。2013 年 4 月，启动新街口街道特扶家庭亲情互助系列服务活动，举办“亲情菜园种植讲座”；组织地区失独家庭参观园博园；开展特扶家庭走访；通过“一助一、多助一”的方式，逐步帮助他们驱散心理上的阴霾，重新找到生活的乐趣，重建与社会的联系。

（三）新街口地区养老服务存在的问题

1. 职能分散，缺乏统筹

养老服务存在条块分割、多头负责的现象，尚未形成整体联动、资源共享机制。各部门按照职责分工执行不同政策，使养老服务工作缺乏统筹、缺乏集中，在落实中形成偏差和重叠。

2. 服务项目、服务形式单一

制度层面，缺乏养老服务的社会参与义务的硬性规定；社会层面，企业、组织认可度与参与度不高，致使养老服务力量薄弱、资金不足、服务项目和形式比较单一，养老服务个性化需求不能得到有效关注。

3. 扶持资金、服务人员匮乏

当前养老服务产业尚处于起步阶段，需大量资金支持，而目前资金投入还不足以建立庞大的为老服务体系。受工作环境、工作性质、工作待遇等影响，养老服务从业人员不足，从业人员素质有待提高。

4. 属地资源不足，场所空间有限

辖区土地使用成本高昂，养老设施建设用地难落实。现有养老机构资源紧张，不能很好地服务地区老年人，出现服务盲点及空白，导致老年人对政府政策的误解。

二　案例内容

在我国人口老龄化趋势特征越发明显的形势下，新街口街道坚持贯彻落实科学发展观，根据西城区建设可持续发展示范区的相关要求，结合地区实际，加大力度整合现有资源，动员社区居委会、社区服务站、社区志愿者、辖区单位等力量参与为老服务，并积极与公办、民营为老服务机构合作，建成以“1+5”模式为代表的社区老年人科技服务中心，进一步完善了地区老年人服务的建设，努力创造地区为老服务的新局面。

新街口街道“1+5”社区老年人科技服务中心建设项目是以科技活动室为核心、以老年人为重点的科技服务项目，具体建设内容包括：以新街口街道办事处社区服务中心为街道级中心平台，以玉桃园、官园、前公用、西里一区、六条五个社区活动室为社区分站，建立覆盖新街口地区的社区老年人科技服务网络。通过完善科技助老功能设施、建立健全助老志愿服务体系、打造科技特色助老服务品牌等措施，提升社区为老服务的能力和品质，促进社区的和谐发展。

新街口街道社区服务中心秉承“公共服务、公益服务”的宗旨，预创建“社区居民远程学习平台”。通过完善数字教室建设、搭建教学网络、建立远程教育平台、开展网络教育活动，实现多种服务功能，方便居民参与社区活动。“科技改变人的生活”“今天您网上冲浪了吗？在线学习了吗？”当低碳、绿色、环保的生活方式成为现代社会的主流，成为促进经济社会与人口资源环境协调发展的关键，网络被越来越多地提及，在线学习也成为百姓获取知识、掌握技能、了解世界的重要手段。通过科技手段，发挥低碳、绿色政务垂范作用，引领地区的低碳、绿色生产和生活。

新街口街道申报的“社区老年人科技服务活动站试点研究”项

目（简称“1 +5”），为达成项目目标，办事处与协作方几经论证。依据所签订的“西城区可持续发展项目”合同内容，项目建设包含两个方向：一是新街口社区服务中心建设远程教育平台；二是5个社区作为项目活动的延伸，建设各具特色的科技为老服务站。

（一）一个中心：远程教育平台

1. 街道社区服务中心现状

新街口数字家园成立于2006年6月，经过两次搬迁，现设在新街口街道社区服务中心三楼301教室，总面积约80平方米，内有机位37个，还有激光彩色打印机、扫描仪、投影仪、数码摄像机、数码相机等设备。

通过对居民学习需求的调查了解到，各种长期、短期计算机培训需求占38%、电子阅览需求占31%、信息查询需求占22%、计算机技能比赛需求占9%。2015年，新街口街道针对居民的学习需求陆续开设了计算机（基础班、中级班、高级班）培训，到目前为止共计百余期，参训人员近1600人。其内容有：电脑的认识、会用电脑进行一些基础操作；社区网、互联网应用；photoshop软件入门。2007年5月，为配合北京市信息办、北京市科协、北京市妇联的工作，在新街口科教文化中心的数字家园举办了“2007年新街口家庭数字生活技能大赛之网上答题”活动。2007年8月还邀请了北京师范大学的大学生志愿者，在新街口科教文化中心举办了为期两周的2007年新街口青少年“喜迎奥运相约暑期健康上网”活动。2008年10月组织居民参加“西城区首届电脑技能大赛”活动。

以上各项活动的开展均得到了居民积极响应，居民学习新知识的愿望强烈，到目前为止还有几百人报名登记，等待参加电脑培训。从培训班走出的很多学员更留恋学习的生活，更喜欢在网络上遨游。但数字家园的场地容纳人数有限，只能容纳37个人，远远不能满足社区居民学习的需求，社区服务中心计划建设社区居民远程学习平台，突破场地限制，提高学习教育的覆盖范围。

作为政府的服务项目，远程居民学习平台的建设，使人们在使用过程中增加了愉悦感与幸福感，畅通了社区居民参与社区建设的渠道，促使人们更便捷地了解周围的人和事，拉近了居民与社区、居民与政府之间的距离。一方面，这正迎合了不同人群的心理和不同需求，使居民实现远程参与身边活动、坐在家里学习的目标。另一方面，还可在老年人、外来人口及弱势群体中消除数字鸿沟，促进数字社区的建设，满足社区内各类群体的不同需求，缓解当前社区中心活动场地少、供需不平衡、难以满足各种教学等活动需求的困难。同时，数字家园完善的设施设备，为预创建“社区居民远程学习平台”工作的开展提供了基本的硬件保障，数字家园的各项活动也为“平台”的运行提供了内容保障。

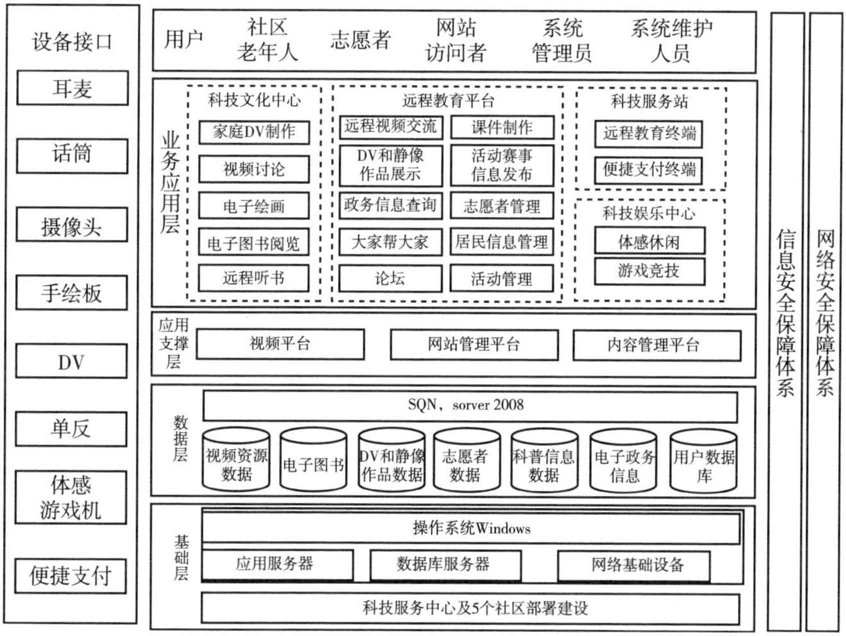

图1　社区居民远程学习平台内容示意

2. 平台栏目设置

结合社区居民的意见，最终确定共设以下八个栏目。

在线学习：依托平台，实现居民在家中通过上网视频跟着老师在线学习，真正体现远程学习的优势。课程内容按照居民的实际需求进行安排。居民在学习完每一门课程后，可进行在线考试。

志愿者报名管理：给有意愿为新街口社区居民提供教学服务的志愿者一个参与的渠道，包括志愿者在线报名、志愿者工作历史记录。

信息一览表：利用网络的广度，及时向社区居民告知近期或长期的科教活动，主要内容包括实体教室的开课信息、课程信息、街道及社区将要组织的活动信息、各展馆即将举办的与百姓相关的展览展示信息等。

听书馆：主要是给新街口社区居民提供网上听书的渠道，拓宽居民尤其是老年人听书的渠道，使行动不便的老人能够享受到便捷的科技服务。

人文“新街口”：主要介绍新街口的历史变迁、相关典故、名人逸事等，让更多的网民通过这个平台认识新街口、了解新街口。

“家长里短”话百姓：以图片和文字的形式记录发生在新街口社区里的大事小情。

大家帮大家：以论坛的形式，为注册的居民提供在学习过程中碰到的问题提出来并能得到解决问题的窗口。

生活小常识：以图文的形式给社区居民提供与居家生活相关的美食、养生、保健、旅游、安全等小知识。

（二）五个服务站：官园社区服务站、西里一区社区服务站、玉桃园社区服务站、前公用社区服务站、六条社区服务站

1. 官园社区服务站——“志愿者科技活动室”

官园社区具备很好的场地优势，结合“1 + 5”项目，充分利用社区活动室为辖区老年人提供科技服务。社区计划利用原有的志愿者

队伍从远程教育终端方面打造科技为老服务。安排1台体感设备、1条跳舞毯、2台电脑及外设。

2. 西里一区社区服务站——“居民科技小课堂”

作为全响应系统的延伸，西里一区社区利用单独社区活动室（约170平方米），结合现有的乒乓球活动，老年人餐桌活动，跳舞、合唱等日常开展的活动，结合“1+5”项目，设立电脑、体感设备，实现集区信息化互助、科技为老、远程教育于一体的多功能居民科技服务站。安排1台体感设备、5台电脑及外设。

3. 玉桃园社区服务站——“长者健康家园”

文体娱乐项目很适合丰富老年人文体生活，根据本社区实际情况，玉桃园社区将居委会办公区与活动区分开，活动区在北顺城街怡心园旁边。活动用房使用面积约100平方米，其中，综合活动室1间，70平方米；图书室1间，12平方米；老年日间照料室1间，10平方米；警务工作室1间，8平方米。建设远程教育服务平台，增加电脑多媒体设备和网络支持，为老年人提供远程教育服务，普及网络知识，包括电子听书、网上阅读等；计划发展文体团队，需要文体活动指导，包括老年合唱队建设、老年人健身操（舞）指导、老年手工艺品制作指导等；科技娱乐项目计划引进“体感动态”项目，增设液晶电视1台及外设，活跃老年人生活，丰富活动内容。

社区通过开展“长者健康服务”项目，结合“1+5”项目，为老年人提供健康文娱服务。设立1台体感设备、2台电脑及外设。

4. 前公用社区服务站——“不倒翁社区安全港湾”

即居家安全科技服务站。前公用社区属于老旧平房区，人员居住密度大，外来人口众多，居住人员情况复杂，特别是老年人和青少年的防范意识比较薄弱，容易发生各类安全隐患。通过“居家安全科技服务站”的建立，结合“1+5”项目，针对社区老年人、青少年等弱势群体开展安全用电、正确使用燃气、防火防盗、防汛、防灾救灾等网络宣传和教学，同时通过线下活动，定期向居民通报社区正在办理的业务及安全知识的宣传。

5. 六条社区服务站——“绿色安全家园”

六条社区在六条、七条胡同内已经开展了见缝插绿、垂直绿化工程，下一步计划在西四北八条胡同内继续开展绿化工作，目前胡同内的绿植由热心社区建设的居民进行认养，负责维护，但居民普遍缺乏系统的、科学的养护知识，结合“1 +5”项目，通过线下活动，可以开展绿植科学养护的电教授课活动，使居民了解绿植的特性，掌握正确的养护知识，美化社区环境。

另外，新街口社区教育学校成立“绿色生活引领时尚”项目工作领导小组，明确部门任务与职责；组建绿色生活培训志愿者队伍，定期开展绿色生活教育培训活动，并与相关的社会组织联系，在胡同和部分居民院内，进行垂直绿化和景观绿化。向社区居民免费发放绿植和种子，传授种植方法，发动居民认养，积极引导居民自主绿化。

三　“1 +5”平台创新社区为老服务新模式的启示

（一）拓展为老服务空间，促进社区和谐稳定

近年来，新街口街道已经开展了多种形式的居家养老和社区老年人工作实践探索，积累了丰富的老年人服务工作经验，基本建立了两种社区老年人服务模式：一是由社区自主培育老年人志愿服务组织，通过入户巡访调查老年人服务需求，再由社区进行协调解决的志愿服务模式；二是引入专业社会老年人服务机构，由服务组织提供菜单式

服务项目，供有需求的社区老人进行选择的专业服务模式。第一种模式以前公用社区的社区志愿为老服务队为代表，第二种模式以西四北六条社区的睦友社会工作事务所为代表。

两种服务的开展均满足了地区老年人群体的部分社区老年人服务需求，但受经费、场地条件等制约，社区老年人服务的探索面临服务队伍不稳定、场所条件亟待改善等瓶颈。市、区老年人工作各项政策出台后，为社区老年人服务的探索提供了更为广阔的空间和舞台，新街口街道利用这一契机，深入开展社区老年人机构建设，促进社区和谐和建设水平的提高。

（二）搭建网络学习平台，满足居民服务需求

“1+5”平台的设立，以提高居民综合素质、倡导健康生活方式为出发点，用现代手段传播科学、传承我国文化传统，为居民提供便捷、有效的学习平台，引领居民关爱社区、助力社区、建设社区。目前，网络已走入寻常百姓家，上网成为人们了解世界的重要手段，更多的人有加入网民行列的愿望与经历，网络为人们带来了极大的精神享受。社区中心建立的网络学习平台，正是迎合不同人群的心理，使居民实现远程参与身边活动、坐在家里学习的目标。虽然与众多的网络大潮中的网络平台相比会有雷同与不足，但是，平台反映自己身边的人或事，会使他们有亲切感与归属感，更容易接受与参与。

“1+5”平台可在老年人、外来人口及弱势群体中消除数字鸿沟，促进数字社区的建设，满足社区内各类群体的不同需求。还可以缓解当前社区中心及各社区活动场地少、难以满足各种教学等活动需求的困难。此种方式的建立，更有助于人们低碳生活的理念形成，环保与低碳可在远程平台的运行中实现，通过科技手段使居民的生活更加精彩。

（三）提升数据服务基础，提高政府办事能力

新街口街道以社区服务中心、社区服务站为依托，以社区老龄主任为一线人员，在各个社区采集地区老年人的信息，再由街道社区服务中心居家养老办公室统一管理，建立地区老人信息库，为工作的开展提供必要的基础数据。老人基础数据的准确性关系到老人是否有资格享受政府的养老服务，信息的时效性关系到老人是否能够及时获得政府的服务。

这是为老服务开展的硬件基础，而在硬件基础背后，是更新、维护、管理这些资料的一批老龄工作人员（社区服务站老龄主任、老龄专干、巡视员、志愿者等），这是软件基础，提高老龄工作人员的自身素质及业务能力，直接关系到基础数据的质量，关系到平台实施的宣传与推广，最终影响到老年人政策的实施效果。因此，不断提高基础数据的真实性、有效性，提高老龄工作人员的自身素质、业务能力，是老龄工作开展的关键。

（四）完善养老服务体系，促进精神文明建设

“1+5”平台的实施为老年人实现“六个老有”提供了更切实、更亲切的学习方式，可为老年人提供更丰富、更有趣的生活内容，可增加邻里之间的交流与沟通，极大地促进地区精神文明建设，是引领人们健康生活、大力宣传良好社会风尚的有效途径。

通过科技手段促进社区助老服务能力的提升，健全以老年人需求为导向的社区公共服务网络，完善社区居家养老服务体系，拓展社区老年人参加社区科教文体活动的平台阵地，深入推进远程教学、低碳环保、社区绿化、居家安全等特色社区科普活动，使老年人能够便捷地找到符合自身需求的特色科普服务，提升社区生活品质，助推区域可持续发展，共享城市发展成果。

四 “1+5”平台创新社区为老服务新模式的展望

（一）加强学员管理

为积极参加社区活动、有意愿在线学习的活跃居民提供口令卡，居民可免费注册、开通，由管理员审核通过后登录平台，然后选择课程、确定课程、学习课程，并向科教服务部反馈学习需求。对注册居民，中心会对其信息进行管理，信息包括姓名、性别、年龄、家庭住址、所属社区等基本情况。

（二）提升课件制作与更新

主要开发制作适合老年人学习特点的视频及音频，如计算机入门、常用电脑软件的使用、手工制作、健康养生、数字摄影等课件。按季度进行课件更新。

（三）完善学习成果测试和展示

在线学习完的学员可通过口令卡，登录考试环节检测自己的学习成果，如果学习成果理想可进入下一学习阶段，反之可再次学习。

借助中心每年一次的志愿者表彰及成果展示活动，评选远程学习优秀学员，集中进行学习成果交流及展示，达到示范作用。

（四）推进后期运维管理

经过认真研究讨论，系统运维将由北京易微创通网络技术有限公司外派系统管理员进驻中心进行服务。这样可节约成本、响应及时、技术专业，同时也弥补了中心电脑网络人员的空缺。

（五）提高稳定性、可靠性与安全性

网站系统一旦投入运行就不能间断，在软硬件的设计上要加强系统运行的稳定性和故障恢复的及时性，确保系统的长期稳定运行。同时，要加强对系统操作的记录，为系统监视、人工干预提供必要的条件，提高系统的可靠性。在系统安全性方面，要按照西城区信息安全等级划分，对不同等级信息进行分类保护，并做好数据备份与应急恢复工作。

参考文献

潘苏苏：《在城市社区通过体育促进健康老龄化的研究——以浦东新区为例》，上海师范大学硕士学位论文，2008。

王华：《浅谈社区护理与健康老龄化》，《医学信息》2010 年第 6 期。

陈彦杰：《健康老龄化视域下新乡市老年体育开展情况探究》，《文体用品与科技》2013 年第 20 期。

B.13

新街口打造社区早教多元化服务模式

摘　要：　早期教育是提高人口素质的基础性工作，是完善社会管理和公共服务网络的重要途径。2013 年，新街口街道计生办在将儿童早期发展指导作为街道特色工作项目以来，按照年初特色工作计划，以亲子空间俱乐部为平台，通过丰富多彩的亲子活动，构建了“政府搭台，社会单位参与，地区家庭受益”的社区工作模式。之后，新街口街道在前期实践的基础上，进一步拓展了智慧型家长俱乐部、社区早期教育模式论坛等多种社区早教服务模式，为各地开展社区早期教育工作提供了重要经验。

关键词：　社区早教　智慧型家长　新街口街道　社区早期教育模式论坛

一　新街口开展社区早教的基本情况

新街口街道位于西城区中部偏北，为东西短、南北长的长方形地域，呈现四多特点：流动人口多、平房区多、文物古迹多、教育资源多。辖区总面积为 3.7 平方公里，户籍人口 39190 户 102182 人，常住人口 4 万余户 103144 人，其中，户籍育龄妇女 26130 人，流动育龄妇女 1.3 万人，婚嫁来京人员 2118 人。下设 21 个社区，社区计生宣传员 670 人。

新街口街道社区早期教育（简称“早教”）服务在区人口计生委的具体指导下，在街道工委、办事处领导的重视和支持下，紧紧围绕“提高人口素质，统筹解决人口问题”的工作目标，以“全面做好人口工作”为中心，以形式多样、内容丰富的宣传教育活动为载体，以社区服务家庭为根本，结合地区实际，多举措、抓重点、促全面，初步构建了以人为本、立足社区、面向家庭、凸显个性化计生阳光服务的新格局，推动了社区早教服务有序开展。

早期教育作为提高人口素质的基础性工作，是完善社会管理和公共服务网络的重要途径。2013 年，新街口街道计生办在将儿童早期发展指导作为街道特色工作项目以来，按照年初特色工作计划，以亲子空间俱乐部为平台，通过丰富多彩的亲子活动，构建了“政府搭台，社会单位参与，地区家庭受益”的社区工作模式。

（一）两个“加大”夯实社区早教基础

1. 加大基础建设投入，打造社区儿童早期发展基地

新街口街道工委、办事处领导高度重视社区早教工作，今年投入 6 万余元设计制作早教书籍和宣传品 6000 余册。在场地紧张的情况下，经前期专题研究，街道成立了专门的社区儿童早期发展基地——“新街口新乐园”，用于开展公益性亲子活动和个性化教育指导。计生办又在中国儿童中心和东方金字塔新街口分校建立了亲子体验基地，将其纳入社区儿童早期发展指导工作网络，并积极开展各类亲子活动，初步形成了三个儿童早期发展基地相互呼应的工作格局，使社区居民能够就近参加各类亲子活动。

2. 加大政府购买服务力度，打造社区早教服务品牌

新街口街道采取“政府花钱买服务”的方式，投入 1.5 万余元，吸引专业早教机构在社区开展公益服务，开设了“妈咪部落阁”“育

儿课堂”“亲子派对”三个早教课程，举办各类儿童早期发展讲座及亲子活动共25期，近1000个家庭受益，儿童早期发展普及率近90%。

联合东方金字塔新街口分校，设计制作了“新街口街道0~3岁亲子活动体验卡”，作为街道“政府为民办实事工程”之一，采取“政府花钱买服务”的方式，为参加活动的0~3岁宝宝集中购买了测评与四次课程。

（二）三个“注重”提高儿童早期发展指导服务水平

1. 立足实际需求，注重社区早期发展指导的针对性

举办0~3岁婴幼儿家长需求调查，下发调查问卷，根据居民实际需求设置课程及活动，选取家长感兴趣的问题进行授课、指导，使早期发展指导更具针对性。例如，针对家长的兴趣点，举办“如何帮助宝宝顺利进入幼儿园”“如何在家庭中构建良好亲子关系”等讲座，受到家长们的欢迎和好评。

2. 宣传科学理念，注重社区早期发展指导的引领性

编辑出版了社区早教指导书籍《0~3岁社区早教指导手册》，设计了新街口街道0~3岁亲子活动体验卡，面向家庭传播儿童早期发展各个阶段的特点，引导家庭抓住孩子发展的敏感期。计生办还申报了国家级科研项目的子课题，将创新人才培养的科学理论引入社区。

3. 打造服务品牌，注重社区早期发展指导的专业性

利用辖区内较为丰富的早教资源，以亲子空间俱乐部为平台，采取“政府花钱买服务”的方式，引入专业师资团队，以精品课程为抓手，以品牌活动为媒介，为家庭早教提供更加专业的指导和便捷的服务，做到亲子派对有主题、有特色、有内容。计生办还注重创新服务形式，将老品牌做出新特色。如，2016年举办第13届

宝宝大赛时，紧扣“中国梦”主题设计比赛项目，并现场为参赛家庭冲洗制作了“和谐家庭，幸福瞬间”合影，为他们留下了美好回忆。

（三）“两个方针”服务居民促发展

1. 创特色，各展所长惠民生

新街口街道计生办、计生协在0～3岁儿童早期发展工作中坚持“有思路、有品牌、有特色”的“三有”方针，以三个儿童早期发展基地的专长为出发点，为地区0～3岁宝宝提供丰富多彩的活动：“娃娃新乐园”重在亲子体验，通过引进各个早教机构，开展公益性亲子活动，培养宝宝情商；东方金子塔早期发展教育基地侧重菜单化、精细化的儿童早期发展服务，采取“政府花钱买服务”的方式，为0～3岁宝宝集中购买了两次测评与四次课程；中国儿童中心早教基地则通过亲子活动与“入园初体验”，注重培养2～3岁宝宝的秩序感和生活习惯，帮助宝宝适应幼儿园的生活，帮助他们顺利入园。通过各有侧重的亲子互动、育儿讲座和系列化课程，惠及地区0～3岁婴幼儿家庭。

2. 重实效，具体指导有追踪

在对辖区内0～3岁婴幼儿开展免费测评活动中，计生办坚持有指导、有追踪，收集、统计、分析地区内婴幼儿测评数据，为新街口地区早期发展指导工作提供数据支撑，并根据测评中孩子出现的一些问题，对家长进行约谈，予以具体指导。开办“育儿沙龙”，收集新手父母和抚养人在养育宝宝过程中遇到的问题，由专家在沙龙中组织家长共同探讨，并提供个性化指导，构建育儿经验交流平台，促进父母与孩子共同成长，推动新街口社区儿童早期发展工作深入开展。

二　服务模式一：新街口街道智慧型家长俱乐部

（一）智慧型家长俱乐部的发展背景

1. 主题

在社区层面普及科学的教育理念，为家长提供交流育儿经验的平台，促进家庭和谐健康发展。

2. 背景

培养孩子是人类最伟大也是最艰巨的任务之一，有了孩子就成了父母，但是，不是每一位父母都懂得如何做一名智慧型家长。新街口街道计生办按照西城区“十二五”规划期间构建“1+8+N”人口和家庭公共服务体系建设的要求，以创建“幸福家庭”为主线，立足社区、面向家庭，倡导优孕、优生、优育、优教，开展有针对性、科学性的教育活动。项目依靠地区早教工作体系，运用地区丰富的教育资源，借助教育专家等“外脑团”，将教育服务延伸至社区，扩展到家庭，在地区内宣传先进、科学的教育理念，让家长与孩子同步成长，创建地区和谐幸福家庭。

3. 基础

新街口街道坚持“公益性、科学性、便利性”原则，前期已建立了较为完善的社区早教体系，整合地区教育资源，将辖区内的中国儿童中心、爱天使俱乐部、幸福泉教育集团、西城区青少年图书馆以及高井幼儿园、玉桃园小学等纳入社会早教团队，能够为俱乐部的活动提供优质的服务和支持，并提出好的意见和建议。

北京师范大学脑认知科学研究院等专业教育研究机构提供专业教育指导；高井幼儿园作为亲子活动基地，可以为地区0～3岁幼儿提供智能测评和指导；社区服务中心提供场地作为“娃娃新乐园”，并免费为“亲子派对”提供场地支持；社区平安医院保健科承接了俱乐部孕妇学校“妈咪部落阁”的课程，并免费提供产前指导等专业性服务；西城区青少年图书馆可优先为俱乐部会员提供咨询及优惠办卡服务，并提供活动场地支持；玉桃园小学、北京三中等增加校园开放日，让家长和孩子提前了解学校生活，对学校有初步的认识；西城区关爱家庭中心、西城区百德社区发展促进中心提供婚姻、家庭方面的指导服务，举办家庭公益活动项目。

4. 对象

幸福的家庭不是不出问题的家庭，而是善于解决问题的家庭。新街口地区家庭多为典型的“421”结构（一个家庭四个老人、一对夫妻加上一个孩子），三代同堂，且两代人之间的教育理念易发生冲突。新街口街道在“早教团队双模式”（家庭早教团队与社会早教团队相结合）基础上，提出成立智慧型家长俱乐部，希望家庭在孩子教育时期形成统一的教育团队，以更高的知识修养培育孩子的技能，以更科学的理念引导孩子成长，努力挖掘孩子的优势潜能，正确处理家长与子女的矛盾，培养有责任感、有承受力、幸福指数高的孩子，进而创建幸福家庭。

（二）智慧型家长俱乐部的开展形式及内容

智慧型家长俱乐部以专业机构调研、专家授课、育儿培训课程及亲子活动为模式，注意教育理念与养育实践的结合，以父母的成熟度为标准分为四个单元：准父母乐园、新手父母课堂、成长型父母加油站和隔代父母港湾。依据环形服务体系链条，按照周周有课程、月月有活动、年年赛成果的宗旨，合理安排时间和内容。

1. 准父母乐园，为有生育愿望的夫妇提供孕前培训和孕期生育指导

新街口街道延伸“社区健康生育全程服务工程”，依托“健康

生育快乐园”、孕前优生体检、孕妇学校、孕妇音乐会、“幸福树——准爸妈寄语”等活动，科学地讲解孕妈妈孕期保健、胎教指导、营养膳食，探索有效预防出生缺陷、实施出生缺陷干预、提高城市出生人口素质的社会化服务模式。做到广动员、广覆盖，吸引有生育愿望的育龄夫妇，进行有针对性的孕前指导，普及生育健康知识。

2. 新手父母课堂，解决“80后”“90后”新手父母抚养困惑

新手父母俱乐部着重针对“80后”“90后”新手父母的抚养困惑，依托育儿沙龙等现有亲子活动，通过社区早教论坛，聘请知名早期教育专家、临床儿童心理学专家等专业从事早期教育的权威专家向新手父母传授育儿知识、早教理念、教育方法，向社区居民提供咨询服务，并依托专业的、有针对性的亲子活动拉近孩子与父母之间的感情，培养宝宝的情商，帮助社区家长及时解决育儿过程中的困惑，普及早期教育知识，引导家长以科学的理念培养婴幼儿良好的行为习惯及性格特点，让早教回归家庭。

3. 成长型家长加油站，解决孩子青春期困惑，与孩子共同成长

借助西城区关爱家庭中心等专业社会组织，通过青春期同伴教育、专家讲座、咨询热线等形式，为家长解答在孩子步入青春期前后的一系列教育问题与困惑，教授亲子沟通技巧，促使家长转变教育观念，改善沟通技巧，增进家长与孩子的交流，减少其正面冲突，使孩子平稳度过成长叛逆期。

4. 隔代父母港湾，正确处理与子女、与孙辈的关系，度过幸福晚年

依托专业社会组织，以隔代育儿课堂、西城区家庭关系指导站、家庭关系修复工作坊等为抓手，通过交流座谈、专家讲座、热线咨询等活动形式，宣传家庭和谐理念，引导隔代父母正确处理与子女、与孙辈的关系，学习先进的教育理念，调整心态，度过幸福充实的晚年生活。

（三）智慧型家长俱乐部实施的意义

智慧型家长俱乐部通过培训指导、宣传倡导等服务，运用准父母乐园、新手父母课堂、成长型父母加油站和隔代父母港湾课程，探索完善婴幼儿早期教育发展模式和独生子女社会化培养机制，推进“关爱生命全程服务”，为地区居民提供科学的教育理念，使家长了解、掌握与孩子的沟通技巧，优化地区家庭教育环境，提高家庭教育水平，促进家庭幸福、社会和谐。

三　服务模式二：新街口亲子空间俱乐部

（一）亲子空间俱乐部的发展背景

1. 主题

在社区层面普及0～3岁早期教育，促进人口素质提升。

2. 背景

为更好地开展社区早教工作，新街口街道对辖区内的教育资源进行了一次摸底：辖区内有中国儿童中心、西城区少年宫等国家级、市级、区级优质公共教育资源，拥有幸福泉幼儿园、高井幼儿园等各类民办、公办幼儿教育机构，早期教育资源较为丰富。为更好地统筹地区早期教育工作，整合优质教育资源为社区早教所用，2009年，新街口街道成立了亲子空间俱乐部。

3. 基础

新街口街道坚持“公益性、科学性、便利性”原则，整合地区早教资源，将辖区内的中国儿童中心、爱天使俱乐部、幸福泉教育集团、西城区青少年图书馆以及高井幼儿园、玉桃园小学等资源纳入俱乐部，并联合街道残联、妇联、地段保健科，定期召开座谈会，明确相关部门职责，为俱乐部的活动提供优质的服务和支持，并提出好的意见和建议。

高井幼儿园作为亲子体验基地，解决了俱乐部场地不固定的难题；社区服务中心提供数字影院室作为“亲子乐园”，免费为“亲子派对”提供场地支持；社区平安医院保健科承接了俱乐部孕妇学校“妈咪部落阁”的课程，并免费提供产前指导等专业性服务。

成员单位提供的早期教育系列服务包括：通过“政府花钱买服务”的方式，委托爱天使俱乐部每月为社区居民提供一次免费亲子活动；发挥高井幼儿园早期教育资料优势，开设半日制早教班，并为社区 0～3 岁幼儿开展免费测评；西城区青少年图书馆优先为俱乐部会员提供咨询及优惠办卡；玉桃园小学等增加校园开放日，与地区幼儿园手拉手，让家长和孩子提前了解学校生活，对学校有初步的认识。

4. 对象

针对新街口地区 0～3 岁早期教育家庭，针对典型的“421”家庭结构及隔代抚养人提出的早期教育团队模式运作。新街口街道提出“早教团队双模式”：家庭早教团队与社会早教团队相结合，希望家庭在孩子早期教育时期形成教育团队模式，并统一意见，以更高的知识修养培育宝宝的技能，发现宝宝的天才行为，努力挖掘宝宝的优势潜能，并与社会早教团队亲子空间俱乐部一起培育健康、聪明的宝宝。

（二）亲子空间俱乐部的开展形式及内容

亲子空间俱乐部以亲子活动及育儿培训课程为模式，注意教与养的结合，以启蒙园（高井幼儿园）为早期智力开发基地，以启能园（26 号院）为亲子活动基地，以西城文化中心为亲子课程培训基地，通过健康生育快乐园（孕前技能培训）、妈咪部落阁（孕期）、育儿课堂（0~3岁婴幼儿家长）、亲子派对（0~3岁婴幼儿家庭）等形式和亲子读书会、故事会、春联会等品牌项目，结合传统节日的主题活动（3~6岁家庭）以及每年一届的健康宝宝大赛（0~3岁婴幼儿家庭）在辖区内全面推广0~3岁早期教育活动。依据环形服务体系链条，按照周周有课程、月月有活动、年年出成果的宗旨，合理安排时间和内容。

1. 健康生育快乐园——为有生育愿望的夫妇培训孕前生育技能

新街口街道延伸“社区健康生育全程服务工程”，探索有效预防出生缺陷、实施出生缺陷干预、提高城市出生人口素质的社会化服务模式。亲子空间俱乐部做到广动员、广覆盖，吸引有生育愿望的育龄夫妇，进行有针对性的孕前指导，普及生育健康知识。西城文化中心为快乐园课提供场地支持。

2. 妈咪部落阁——帮助准妈妈快乐健康生育

亲子空间俱乐部妈咪部落阁，针对孕期的准妈妈、准爸爸，科学地讲解孕妈妈、准爸爸、新生儿的有关知识与技能，并采取情景模拟的方式开展互动活动。活动地点设在街道温馨家园（四合院）内。

3. 育儿沙龙——解决“80后”父母和隔代抚养人的困惑

亲子空间俱乐部育儿沙龙，针对0~3岁的早教家庭，聘请知名早期教育专家、临床儿童心理学专家等专业从事早期教育的权威专家在传授育儿知识的同时，帮助社区家长及时解决育儿过程中的困惑，普及早期教育知识，引导家长以科学的理念培养婴幼儿良好的行为习惯及性格特点。授课地点设在社区服务中心亲子乐园。

4. 亲子派对——拉近亲子感情，培养高情商宝宝

特色亲子派对，是俱乐部的一大特色。新街口街道亲子空间俱乐部亲子派对，针对0~3岁早教家庭，依托早教机构，举办符合婴幼儿特点的亲子活动，免费向社区居民提供专业的、有针对性的亲子游戏，拉近孩子与父母之间的感情，培养宝宝的情商。活动地点设在启

能园早期基地（26 号院）。

5. 亲子读书会——体味读书的快乐

亲子读书会是亲子空间俱乐部与成员单位西城区青少年图书馆共同合办的一项亲子活动。针对的是6 岁以上的儿童，活动不仅包括家长与孩子共同阅读书籍、借阅图书，而且提供少儿电影专场，组织孩子收看感兴趣的动画电影，除此之外，亲子空间俱乐部还组织儿童故事会，通过孩子们自己讲故事来提高他们的口头表达能力、逻辑思维能力，增加孩子勇于展示、敢于表达的能力和信心。

6. 健康宝宝大赛——展现早期教育成果

健康宝宝大赛，作为展示早教成果的舞台，已经作为新街口街道的品牌，延续了十年。今后的宝宝大赛，将作为展示家庭早教团队成果的平台，在展示早教成果的同时，宣传促进家庭和谐的理念。

新街口街道坚持 11 载，举办了 11 届“健康宝宝大赛”，2000 年，第一届“健康宝宝大赛”热烈开场，10 年来，计生理念不断更新，从单纯的控制出生人口数量，到现在的提高人口素质。比赛项目也从最初 2000 年比赛简单的游戏项目，到 2004 年的“健康体测”“智能测评”，到 2006 年增加的“亲子互动游戏”，2008 奥运年推出的“小小火炬手”，国庆60 周年的“爱心画祖国”，2010 年迎合世界杯的“我是小球王”，充分体现了与时俱进、创新发展的计生工作理念，展现出新街口街道的早期教育成果。2011 年，幸福泉幼儿园举办第十一届新街口地区“健康宝宝大赛”，并设立了双胞胎展示环节，吸引了不少双胞胎家庭参加。

（三）亲子空间俱乐部实施的意义

新街口早期教育项目贯穿环形服务的每个环节，是环形服务的支撑和载体。通过培训指导、宣传倡导等服务，探索完善 0 ~ 3 岁婴幼儿早期教育发展模式和独生子女社会化培养机制，推进“关爱生命全程服务”，优化0～3岁早教环境，提高家庭早期教育水平，促进家庭幸福和社会和谐。

四　服务模式三：社区早期教育模式论坛

（一）社区早期教育模式论坛的发展背景

1. 主题

完善社区早期教育体系，促进家庭和谐健康发展。

2. 背景

提高人口素质是计划生育国策的重要目标，也是当前计生工作的重要任务。早期教育则是提高人口素质的重要途径之一，也是适应社会和家庭教育需求不断增长的重要举措。近年来，随着我国育儿科学理论的逐步完善，婴幼儿的早期教育得到了重视，家长对独生子女教育要求不断提高，对此，早期教育有偿服务机构，如亲子机构、家长学校应运而生。但是，目前早教存在早教机构授课水平参差不齐，费用普遍偏高，家长盲目迷信早教机构等问题。同时，居民经济、生活条件制约着早期教育在社区内的普及与提高。

新街口街道立足地区实际，面向家庭，倡导优孕、优生、优育、优教，开展有针对性、科学性的早期教育活动。项目延伸西城区“社区健康生育全程服务工程”，完善社区环形服务链条，运用地区丰富的早教资源，打造“政府引导，社会单位参与，地区百姓受益”的早期教育项目。

3. 基础

为贯彻落实中共中央、国务院《关于全面加强人口和计划生育工作统筹解决人口问题的决定》，按照《西城区“十二五”人口发展规划》《西城区学前教育三年行动计划》的要求，结合区人口计生委

“幸福宝贝计划”及“西城区健康生命全程服务工程”，新街口街道坚持“公益性、科学性、便利性”原则，将辖区内的中国儿童中心、爱天使俱乐部、幸福泉教育集团、西城区青少年图书馆以及高井幼儿园、玉桃园小学等资源纳入俱乐部，并联合街道残联、妇联、地段保健科，定期召开座谈会，明确相关部门职责，为地区早教活动提供优质的服务和支持，并提出好的意见和建议，为新手父母、隔代抚养人、养育人提供宝宝智能测评、潜能开发、亲子互动、育儿培训“一条龙”服务，初步建立了适合新街口地区特点的社区早教模式。

（二）社区早期教育模式论坛的开展形式及内容

举办新街口地区0～3岁早期教育论坛，对社区早教模式进行研讨，在总结早教工作经验的基础上，探讨发展规律与方向，为今后早教工作深入发展奠定基础，创立新街口社区早教模式，推动地区早教向纵深发展。在亲子空间俱乐部的基础上打造“娃娃新乐园”这一品牌，并下设启蒙园、启能园作为新街口社区早教模式的抓手和早教理念的实践基地——启蒙园以高井幼儿园为依托，以儿童体格－智能发育测评系统为依据，以规范化教具为辅助教学手段，对幼儿进行科学性智能测评和个性化早教指导；启能园以东冠英26号院内150平方米活动场所为平台，引入社会专业早教机构，以政府购买服务的方式，开展公益性亲子活动。并坚持每年举办一届健康宝宝大赛，检验家庭早教成果。

1. 举办健康宝宝大赛，展示五年来“早教成果”

健康宝宝大赛，作为新街口街道的品牌，延续了十年。2015年的宝宝大赛，将作为总结新街口地区社区早教模式经验的有力论证，以创建幸福家庭为主线，展示家庭“早期教育”成果为目的，为论坛的举办营造良好的舆论氛围。

2. 举办社区早教论坛，探索社区早教发展模式

在世界人口日前夕，新街口地区举办0～3岁婴幼儿早期教育论

坛。论坛分为学术交流和项目推介两个部分。

学术交流。计划以“让早教回归家庭”为主题，邀请北京师范大学脑认知科学研究院0～3岁学前教育专家、中国儿童中心等专业教育机构、爱天使俱乐部等社会早教机构和家庭早教团队，通过对五年来新街口地区0～3岁早期教育工作的经验进行总结、梳理，以“政府在社区早期教育中的角色”“家庭早教案例分析”等为分论点，对社区早教方式进行探讨，对早教成果进行分析，对下一步社区早教发展方向进行研讨。论坛将依据新街口街道地域、人文特点，整合资源，合理配置早教资源，总结、建立具有新街口特色的社区早期教育工作模式，制订未来五年地区早教发展规划，努力提高家庭早期教育水平，促进地区家庭幸福、社会和谐。

项目推介。设立社区早期教育服务项目展台，整合资源，将地区内社会早教机构等早教资源、百德社区发展促进中心等社会组织、亲子空间俱乐部等街道早教项目作为地区早期教育推介项目进行介绍，广泛宣传，提高其认知度和知晓率。

3. 建设社区早教基地，培养宝宝全面发展

将娃娃新乐园、启蒙园、启能园作为社区早教模式及其延伸理论的实践基地，通过面向居民宣传科学育儿理念，引导社会早教团队与家庭早教团队的有机结合，最终实现地区内0～3岁婴幼儿智能、体质的健康发展。

娃娃新乐园，拉近亲子感情，培养高情商宝宝。依托早教机构，聘请从事早期教育的权威专家传授育儿知识，举办符合婴幼儿特点的亲子活动，拉近孩子与父母之间的感情，培养宝宝的情商，引导家长以科学的理念培养婴幼儿良好的行为习惯及性格特点。

启蒙园，提供个性化指导，培养全面发展宝宝。依托高井幼儿园幼儿教育资源，购进智能测评软件系统，对幼儿的大运动能力、精细动作能力等进行专业测评，有针对性地制订个性化的早教指导方案，并可根

据幼儿实际情况和家长意愿，采取全日制教育方式进行指导、培育。

启能园，宣传科学理念，培养智慧型宝宝。通过专业早教机构，针对0~3岁幼儿开展公益性早教活动，为新手父母、隔代抚养人、养育人提供科学早教育儿理念，打造家庭育儿团队，实现家庭育儿团队与社会早教团队的完美结合，启发宝宝智力，开启快乐童年。

（三）社区早期教育模式论坛实施的意义

新街口街道开展0~3岁早期教育工作已有五年时间，工作贯穿环形服务的每个环节，是环形服务的支撑和载体。为总结社区早期教育工作经验，破解社区早教难题，探索具有新街口特色的社区早期教育工作模式，更好地指导今后工作，通过社区早期教育模式论坛，探索建立适合新街口地区特点的社区0~3岁婴幼儿早期教育模式，进一步明确政府、早教机构和家庭在早教工作中的地位与作用，倡导政府、社会早教团队、家庭早教团队三方有机结合，在社区内普及优秀的早教理念，使早教回归家庭，优化0~3岁早教环境，建立独生子女社会化培养机制，提高家庭早期教育水平，促进家庭幸福和社会和谐。

参考文献

邴美俏：《“政府为民办实事工程”实践之一——新街口街道计生办开展早期教育转介服务》，《北京西城报》2013年6月13日。

北京市西城区计生委：《探索提高出生人口素质的社会化公共服务新模式》，《人口与计划生育》2008年第11期。

B.14
新街口精细化公共就业服务的实践与思考

摘　要：　公共就业服务是政府为了应对市场经济改革而实行的就业服务。公共就业服务基层平台是公共就业服务体系最基本的载体。服务型政府的转型，对公共就业服务提出了精细化的要求。西城区新街口街道经过几年的努力，不断探索，公共就业服务屡创佳绩。近几年，街道每年失业、困难就业人员的就业率均在70%以上，保持充分就业。本文介绍了新街口街道公共就业服务进程，结合其公共就业服务成果，对就业服务措施进行了分析、总结，并得出几点启示。

关键词：　新街口街道　精细化管理　公共就业服务

一　我国公共就业服务概述

随着市场化改革的推进，我国的就业模式早已从政府统包统分的模式转变为由市场调节的模式。在市场经济中，政府通过提供公共就业服务来提高社会就业水平。[①] 2000 年，劳动和社会保障部颁发的

① 刘剑、蒋红军：《我国公共就业服务中的问题与对策——基于社会管理创新的视角》，《党政干部学刊》2013 年第 8 期。

《劳动力市场管理规定》单独设章对公共就业服务的性质、内容、免费服务对象以及公共职业介绍机构的其他职责等做出了明确解释规定。[①]

（一）公共就业服务的定义

公共就业服务是指就业服务机构帮助劳动者就业、用人单位用工的公益性服务，具有政府、社会力量多元主体参与的供给特征。从内容划分来看，公共就业服务包括职业介绍与就业指导、促进劳动力流动、就业信息收集与管理、失业保险与救济、协同制订就业计划等。[②]

（二）公共就业服务的发展趋势

目前国际上公共就业服务主要存在三种服务模式：以政府供给为主、市场和社会配给为辅的模式；以市场供给为主的模式；以社会供给为主的模式。不同国家或地区以各自的服务模式为基准，采取不同的做法。[③]

2004 年劳动和社会保障部发布《关于加强就业服务制度化、专业化和社会化工作的通知》（劳社部函〔2004〕103 号），要求动员全社会的资源，推动就业服务工作全面普及。理论界认为该举措明确了我国公共就业服务多元化的发展方向，许多学者认为公共就业服务多元化发展存在现实必要性，单一主体的公共就业服务可能会出现政府失灵、市场失灵或者社会失灵的情况，或降低公共就业服务效率，或加强就业歧视，或损害一部分群体的利益。因此，我

① 苏瑞菊：《新型城镇化背景下我国公共就业服务体系再造研究》，苏州大学硕士学位论文，2014。

② 陈建刚：《完善我国就业公共服务体系的几点建议》，《中国行政管理》2005 年第 5 期。

③ 张蓉：《公共就业服务中的政府、市场与社会》，南京大学硕士学位论文，2015。

国的公共就业服务应由政府发挥主导作用，市场与社会力量协同参与，形成多元主体共同参与的服务格局。国际上许多国家认为虽然公共就业服务是政府的基本职责，但是并不代表这项服务必须由政府直接提供。如同大多数学者提出的，公共就业服务与非政府力量并非对立、互相排斥的，这些非政府力量正是推动公共就业服务快速发展的重要推动力。虽然目前我国的公共就业服务机制还不完善，处于政府主导、市场和社会参与不足的现状，但是多主体、多元化的公共就业服务体系建设得到越来越多的重视，这也是我国公共就业服务发展的新方向。

（三）基层公共就业服务工作的现状

待业人员、失业人员、下岗人员、无业人员特别是家庭困难人员和困难就业人员都集中在街道社区。[①] 因此，对于公共就业服务工作来说，最重要的就是搭建好基层服务平台，解决好基层就业问题。

公共就业服务基层平台是由政府主导建立的，直接向劳动力、用人单位提供就业服务的公益性平台，是我国公共就业服务体系的最基本组成部分。我国的公共就业服务基层平台主要按照区域类型划分为城市公共就业服务基层平台和乡村公共就业服务基层平台。这两类基层服务平台根据地区劳动力的不同特征，其工作重点有所不同，城市公共就业服务基层平台主要为就业困难人群提供相关的就业咨询、指导与服务等；乡村公共就业服务基层平台主要为农民提供就业咨询、指导与培训等，为农民工提供就业信息服务、派遣和维权等。

随着政府职能从管理型向服务型的转变，以及以人为本的深入落实，公共就业服务的基层落实逐步由原来的粗放式的工作方式转变为更有针对性、更细致完善的精细化的工作模式。精细化源自20世纪

① 蔡文霞：《关于强化社区就业实践探索》，《旅游纵览》2013年第3期。

50 年代日本企业提出的“天下大事，必做于细”的理念。[①] 其基本特点是重细节、重过程、重基础、重具体、重落实、重质量、重效果，讲究专注地做好每一件事，在每一个细节上精益求精、力争最优。[②] 精细化就业服务通过标准化、专业化和高质量的具体的实施手段，以实现满足个性化需求的就业为终极目标，是满足时代、市场的最有效的就业服务途径。

二　新街口开展精细化公共就业服务进程

自 2011 年开展全面推进就业工作以来，新街口街道不断完善社区的就业服务，从多方面入手，使就业服务逐步精细化，确保了社区就业服务工作的开展和完成。

（一）第一阶段：创建就业服务帮扶机制

2011 年新街口街道以全面推进就业为重点，围绕争创充分就业街道，采取“四帮扶”“四进家”“四培训”“三指导”等措施全面推动就业。

“四帮扶”是指：走访困难和刚创办的企业，帮助企业逐步走出用工困境；与社区用工单位建立长期合作机制，帮助输送用工人员；邀请上级领导讲解就业扶持政策，帮助企业享受相关政策；与企业联手建立空岗信息报告平台，实现人职匹配及区域资源共享。

“四进家”是指：对新增登记失业人员，一进家，对有就业愿望的失业人员及时了解失业人员的就业动向和具体就业困难；二进家，

---

① 周睿：《试论职业指导在“精细化”就业服务工作中的作用》，《中国科教创新导刊》2014 年第 5 期。

② 中国电子商务研究中心：《2012 中国电子商务人才状况报告》，http：//www. 100ec. cn/zt/upload_ data/wenjian/rczk. pdf。

对有技能或参加培训的失业人员动员其参加职业技能和职业指导培训；三进家，动员参加招聘会，推荐适宜就业岗位；四进家，对已就业人员了解就业后遇到的困难，促进稳定就业。

“四培训”包括就业政策培训、求职技巧培训、职业技能培训、自主创业培训。

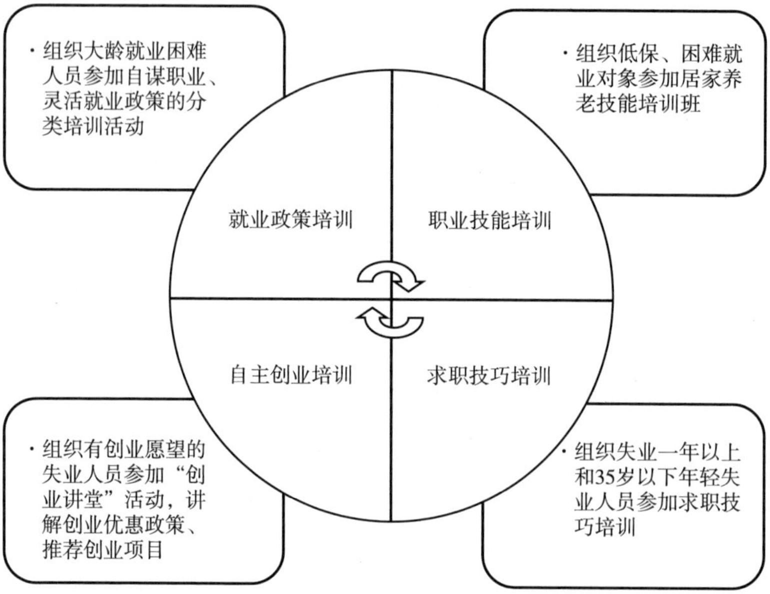

图1 “四培训”主要工作内容

“三指导”是指：主抓社保工作的处级领导、社保所所长和副所长等领导逐一听取21个社区的就业工作汇报进行直接指导，走进社区面对面指导，汇总问题集中指导。

（二）第二阶段：探索“四个四”就业工作模式

2012年新街口街道为巩固充分就业成果，在原有的就业服务机制、措施的基础上，提出“四联动”和“四预警”措施，形成“四进家”“四培训”“四联动”“四预警”的“四个四”就业工作新模式。

“四联动”是指：领导小组成员单位联动，加大就业指导力度；社区与社保所联动，加大就业政策宣传力度；社区与党员、楼门院长、社区团队志愿者联动，及时掌握失业人员信息，夯实就业工作的基础；社保所与用工单位联动，定期走访用工单位，通过召开用工单位联谊会、招聘会等挖掘岗位，延伸服务促就业。

“零就业”意味着家庭将承担沉重的经济负担，在很大程度上会影响地区的稳定。为切实杜绝出现“零就业”家庭，按照具体情况，将有可能出现“零就业”的家庭分为四类，即只有1人就业的家庭、只有1人有劳动能力的家庭、只有1人在劳动年龄阶段的家庭、只有1人有就业愿望的家庭。针对不同家庭的实际状况，分层建立“四类预警”机制，分别实行“思危管理、长效联系、服务倾斜”，通过公益性岗位预留措施，实现托底安置，把“零就业”家庭消除在萌芽状态，促进动态“脱零”。

（三）第三阶段：组建“同心就业指导服务队”

为进一步提升辖区就业再就业的服务水平，2013年新街口街道在街道就业工作领导小组的大力指导下组建“同心就业指导服务队”，结合就业援助中心为失业人员提供“专业化”“全程化”“定制式”的服务，打造就业工作新特色。

首先，将困难失业人员情况分为“4050”、两劳释放、低保、残疾、零就业家庭人员，针对不同现状和需求，开展个性化服务，实现技能培训系统化、就业指导一对一、就业援助全程化，提高为就业困难人员服务的质量。

其次，就业工作领导小组继续加大对就业工作的指导，通过明确职能职责、分解就业任务、通报就业进度、定期召开例会及制定考核奖励办法等方式确保就业任务的圆满完成。成立以社保所所长为统领，业务副所长具体负责，由持有“职业指导师”资格的干部与社区劳动协管员和社保专干共56人组成“同心就业指导服务队”。通过聘请市区职介老师开展系统培训专业考核，提高服务指导的专业化水平，落实四项“百分百”服务，包括政策送家门、个性化职业指导、签订就业帮扶协议书、就业跟踪服务四项“百分百”，从政策指导、职业指导、协议签订、跟踪服务等方面推进就业服务的全程覆盖。

最后，就业援助中心搭建专业化就业援助平台。制度上墙：完善就业援助、援助流程、援助对象、援助措施等制度，确保援助有据。人员到位：就业指导服务队走进援助中心为失业人员提供一站式就业援助服务。全程援助：为援助对象提供政策宣传、档案转接、联络培训、职业指导、岗位匹配及就业跟踪等全程式服务，确保失业人员稳定就业。

（四）第四阶段：全面开展精细化就业服务

2014年，根据上级业务部门的任务要求，新街口街道以就业再就业工作为主线，以“分类援助打基础、重点帮扶保稳定、个性指导促发展”为指导思想，针对地区就业再就业对象多样化的特点，依托自身力量，保留原有的“四预警”“四培训”机制，重新定义“四联动”内容，提出“四同步”新举措，量身打造就业策略，分级分层分类帮扶，有序推进失业人员就业再就业。

与原来的概念相比，新的“四联动”概念，更加全面，不局限于创造就业机会本身，增加了对失业人员的心理和思想关怀，全方位鼓励促进就业。新的“四联动”是指：与“用工单位联动”，完善双方联系制度，建立长效稳固协作关系，定期走访社区用工单位，了解岗位设置、用工需求等情况，即时完善用工单位空岗信息台账，随时更新岗位信息；定期召开社区用工单位联谊会，通告就业优惠政策，了解失业人员就业后在单位的状况，做好跟踪服务。开辟“特别联动”模式，聘请专业心理咨询师开展专项指导和“一对一”帮扶，重点做好对社区“两劳”人员、残疾人员等特殊失业群体的思想安抚，鼓励他们重新就业，融入社会。与“低保人员联动”，转变其中具有劳动能力人员“等、靠、要”的思想，鼓励其通过参加用工协作、低保公益劳动等进行就业，自食其力。加强“多面联动”，拓宽社区岗位，延伸就业服务，开发社区居家养老、便民理发、送餐等社区服务岗位，安置困难群体在社区内就业；加大与公益性就业组织的沟通，深入挖掘设施维护、环境卫生等公益性基础岗位；着力推进社区就业爱心帮扶项目，结合社区就业困难人群特征开发便民站点的基础性就业岗位。

帮助失业人员就业与加强企业用工指导是做好就业再就业工作的重要基础。新街口街道在分类做好区域内失业人员摸底登记、确切掌握各类就业困难群体就业意向的基础上，通过实现“四个同步”、全程跟踪指导的方式，对企业和新增失业人员双方提供“一条龙”服务。

“四个同步”是指：在走访存在用工困难和处于创业期的企业、帮助其逐步走出用工困境的同时，了解失业人员的就业动向和具体就业困难；在与社区用工单位建立长期合作机制、帮助输送用工人员的同时，动员失业人员参加职业技能和职业指导培训；在与企业联手建立空岗信息报告平台、及时推荐适宜就业岗位给失业人员的同时，动员双方积极参加各种招聘会，引导完善人员、职位匹配；在为企业讲解各项就业扶持政策的同时，了解失业人员就业后遇到的困难，实现区域就业资源的互助共享。

目前，新街口街道通过企业用人指导“一对一”服务活动，开展“调查诊断、研究论证、对症下药、后续跟踪”四步精细化就业服务工作。

第一步是调查诊断。用人指导人员通过问卷调查、现场查看和通信沟通等方式，了解企业生产用工情况以及在招用人方面存在的重点、难点问题，为有效地做好用人指导工作提供准确翔实的诊断资料。对 20 ~ 55 周岁的人力资源进行全面调查统计，建立台账，做到对人力资源的情况了如指掌、流向一清二楚，对未就业人员进行重点动员，引导其到企业务工。

第二步是研究论证。为确保用人指导工作能取得实效，实行“一企一策”个性化服务模式，对每个企业指导过程的思路、方案、步骤等进行研究探讨，不断修正。实际工作中，在任务分解的基础上实行指导人员包干制度，将责任落实到具体人员身上；并定期召开工作调度会，研究方案进程，及时改进完善。

第三步是对症下药。根据反复研讨的方案列出“企业用人指导诊断书”，向企业提出相关的建议和对策，并帮助企业实施方案，根据用人单位的需求，举办“4050”专场招聘会、组织企业去外地进行劳务引进及考察等；定期举办用人指导人员和企业座谈会，总结用工单位经验做法，交流推广，帮助更多的企业并对提供的工作措施和服务做出评价，提出改进建议。

第四步是持续跟踪。每周对试点企业开展一次跟踪服务，通过电话、网络了解企业用人需求；每半个月开展一次上门服务，帮助企业解决人力资源管理方面的困难和问题；每个月召开一次座谈会，集中开展用人指导、交流经验的活动。同时，利用电视、报纸、网络等媒体广泛宣传试点工作进展情况、典型做法和成效，使社会各界充分了解、支持、参与试点工作。

三　关于新街口精细化公共就业服务的思考与启示

西城区新街口街道常住人口保持在 10 万人左右，无明显波动。区域内失业人员数量多、分布散、情况杂，“4050”、低保、残疾等就业困难群体比例较大。这些群体的就业不仅关乎自身生计，而且关系到街道地区的和谐稳定。新街口街道自开展全面推进就业工作以来，每年成效都很显著。截至2011年11月，当年新增登记失业人员2030人（其中“4050”人员1099人），当年就业2006人（其中“4050”人员1051人），登记失业人员就业率81.94%，登记失业率0.43%。2012年街道新增登记失业人员1654人，其中就业困难人员961人，1521名登记失业人员实现就业，其中就业困难人员871人实现就业，登记失业人员就业率75.90%，登记失业率0.48%。到2013年10月，辖区新增登记失业人员1406人，其中就业困难人员1018人，辖区就业人员1423人，其中就业困难人员1011人，1～10月完成全年就业指标的83.22%，完成就业困难人员就业指标的77.35%，辖区14户“零就业”家庭全部脱零。2014年新街口街道各项就业指标保持稳步提升，全年共有1406人实现再就业，完成任务指标的104.10%，登记失业人员就业率为76.83%，登记失业率为0.37%，“零就业”家庭保持动态脱零。

自全面推进就业服务以来，新街口街道紧抓就业再就业这条主线，从服务机制、服务流程、服务指导等多方面入手，形成精细化的就业服务模式，就业服务成绩显著。街道新增登记失业人员逐年减少，其中2014年（截至当年10月）的新增登记人员为1237人，相比2011年降幅高达39%。街道每年登记失业人员的就业率也全都保持在70%以上，保持充分就业状态。这些成绩的取得，与新街口街道依赖于其精细化的就业服务有关。

（一）精细化的帮扶机制

全面的、逐渐精细的帮扶机制是新街口街道充分就业的一个重要因素。首先，街道以帮助困难或刚创办企业、向企业输送用工人员为契机，联手企业建立空岗信息平台，多渠道开发就业岗位。并且，为帮扶就业困难人员长期稳定就业，新街口街道还采用“四联动”机制，深入挖掘社区就业岗位，扩大社区就业渠道。以 2014 年为例，2014 年 1～10 月，新街口街道走访用工单位 204 家，共举办“三八妇女节”“春风行动”“民营企业”等专场招聘会 5 场，达成就业意向 90 余人。

其次，街道为失业、无业人员提供精细化的就业培训。就业培训是指通过教育、培训提升劳动者就业技能、就业能力、创业能力，是发挥政府的组织、指导作用，为广大劳动者尽快实现就业再就业提供服务的有效手段。新街口街道对区域内的失业、无业人员进行细致的类别划分，比如，将困难就业人员分为“4050”、两劳释放、低保、残疾、“零就业”家庭人员，结合人员的就业需求或者创业需求，有针对性地提供就业培训。

此外，为了切实杜绝出现“零就业”家庭，新街口街道还制定了预警机制。街道针对辖区内新增登记失业人员逐年减少、沉积档案不断增多的现状，把清理沉积档案与实际失业人员求职登记相结合，对各类存档人员进行分类筛选，摸底排查，对有可能出现“零就业”家庭的档案，一一进行跟踪核对。在分类开展失业人员、隐性就业人员、重档人员、人户分离人员个案指导的同时，重点做好对“零就业”家庭的就业服务。

新街口街道不仅为区域内的就业再就业对象积极扩展就业渠道，还对其提供不同形式的全程的职业指导。这种精细化帮扶机制对稳定拓展充分就业街道有重要作用。

（二）精细化的操作流程

为稳定拓展充分就业街道，新街口街道逐步夯实就业工作基础，精细化操作流程。一方面，根据创建充分就业街道的新标准，规范充分就业社区台账，全面掌握失业人员的就业、失业、培训、跟踪服务等各类信息，进行规范化整理，完善就业工作的基础信息，对社区失业人员进行动态管理。另一方面，为进一步提升就业再就业服务水平，精细化政策宣传、档案转接、职业指导、职业介绍、就业援助、跟踪服务六项操作流程。以 2014 年精细化后的职业指导这一流程为例，新街口街道对不同群体进行不同的职业培训：帮助“3540”“4050”等就业困难人员参加灵活就业培训、掌握就业政策、了解就业信息；帮助低保、申领困难补助失业人员参加居家养老家政服务技能培训，通过掌握职业技能实现就业；帮助有创业愿望的人员参加“创业大讲堂”培训，讲解自主创业优惠政策，推荐创业项目，指导解决创业中的困难，以培养带动创业，以创业带动就业；帮助 35 岁以下的年轻失业人员参加“移动讲堂进社区”培训，帮助其改变就业观念、拟订就业计划、规划职业生涯，为其传授求职技巧，创造就业机会。

此外，就业工作基础的夯实，有赖于各项制度的规范和工作标准的统一。新街口街道为了确保各社区就业工作的长效开展，以社区为单位制订全年就业工作计划，公开办事程序，完善失业人员帮扶制度、岗位开发制度、政策宣传制度、充分就业社区月进度表上墙制度等十项制度。

（三）强化就业工作指导力度

就业服务是一项折子工程，随着服务工作的开展，就业服务工作的重心由数量就业转为质量就业，注重分类救援，彰显精细化。为促进就业新政策的落实、推动精细化的创业就业，新街口街道采取了一系列强化措施。一是强化街道对就业工作的领导。成立街道社会保障和就业工作领导小组，定期召开就业工作领导小组会，明确就业任务、分解就业指标。就业工作领导小组面对面了解就业任务完成的情况、存在的困难，结合社区实际指导就业，促进就业工作向社区的有效延伸。二是强化社区对就业工作的领导。各社区根据要求成立就业工作领导小组，并召开失业人员座谈会，增进对失业人员的了解，成立帮扶队伍，制订帮扶计划，促进就业工作的落实，使整个辖区形成上下齐抓共管、居街一体共促就业的良好局面。

此外，新街口街道还注重就业援助平台的搭建。比如，新街口街道就业援助中心搭建了专业化的就业援助平台，平台通过制度上墙、人员到位、全程援助等措施向辖区居民提供就业政策咨询服务、岗位自助查询、求职简历制作、一对一职业指导、创业项目洽谈等“一条龙”服务。

参考文献

刘剑、蒋红军：《我国公共就业服务中的问题与对策——基于社会管理创新的视角》，《党政干部学刊》2013 年第 8 期。

苏瑞菊：《新型城镇化背景下我国公共就业服务体系再造研究》，苏州大学硕士学位论文，2014。

陈建刚：《完善我国就业公共服务体系的几点建议》，《中国行政管理》2005 年第 5 期。

来鹏程：《服务型政府导向下的就业促进研究》，首都经济贸易大学硕士学位论文，2014。

张蓉：《公共就业服务中的政府、市场与社会》，南京大学硕士学位论文，2015。

杨宜勇、安家琦、池振合：《我国公共就业服务基层平台建设刍议》，《中国就业》2010 年第 6 期。

蔡文霞：《关于强化社区就业实践探索》，《旅游纵览》2013 年第 3 期。

周睿：《试论职业指导在“精细化”就业服务工作中的作用》，《中国科教创新导刊》2014 年第 5 期。

中国电子商务研究中心：《2012 中国电子商务人才状况报告》，http：//www. 100ec. cn/zt/upload_ data/wenjian/rczk. pdf。

王昶：《我国政府公共服务供给精细化问题研究》，湖南大学硕士学位论文，2013。

林云：《试论职业指导在精细化就业服务中的作用》，《中国劳动保障报》2012 年 12 月 29 日。

杨河清、王飞鹏：《我国公共就业服务平台保障体系成绩与问题》，《中国就业》2010 年第 7 期。

B.15

“邻里包户守望幸福”

——新街口街道综合包户志愿服务

摘　要：志愿服务是自愿帮助他人、服务社会的行为，在社会治理以及精神文明传播等方面有着不可替代的作用。然而我国志愿服务建设起步较晚，志愿服务仍处于初级阶段。志愿组织专业化程度有待提高、志愿服务机制有待完善、民间力量参与不足等问题制约着我国志愿服务的推进。西城区新街口街道响应十八大、十八届三中全会精神，以及西城区推进综合包户志愿服务的要求，积极探索街道志愿服务发展的有效措施，实现了街道志愿服务全覆盖。本报告对新街口街道综合包户志愿服务的重要举措进行了阐述，对其经验进行了汇总，并总结出几点启示。

关键词：志愿服务　新街口街道　综合包户志愿服务

一　志愿服务发展的背景分析

志愿服务是指由合法的志愿服务组织开展、由志愿者参与服务他人和社会的公益性活动，其具有不以赢利为目的、个人自愿参与的特征，在推进公共管理的社会化和多元化、协助重大活动的举办和重大事件的应急、促进政府行政管理职能的转变以及助力社会公共精神的培育等方面有着不可替代的作用。[①]

（一）志愿服务面临的主要问题

与欧美国家相比，我国的志愿服务起步晚、开展时间短，还存在许多问题。

首先，我国志愿组织专业化程度有所欠缺。志愿服务的社会活力，需要一批高素质的志愿服务社会组织的激发。[②] 但我国志愿服务的现实却是注重志愿者的招募，忽视对志愿者进行系统化、专业化的培训，这直接影响了志愿服务的效率、质量，甚至会使志愿服务遭到质疑。[③]

其次，我国志愿服务机制建设尚不完善。我国的志愿服务活动起步较晚，目前还没有形成完善的志愿服务动员机制、保障机制与激励机制等。与志愿服务或者志愿者相关的法律法规也不够完善。这些方面的欠缺制约着志愿队伍的发展壮大以及我国志愿服务的推广。

最后，我国志愿服务存在政府主导过强、民间参与不足的问题。按照组织主体划分，我国的志愿服务分为两类：一类是由政府或者准政府组织的志愿服务；另一类是由民间非政府力量组织的志愿服务。在我国目前的志愿服务中，单纯由非政府力量组织的志愿服务非常少，多是由政府或者准政府组织的，且充斥着行政色彩。[④]

尽管我国的志愿服务还存在上述问题，但在推进社会建设进程

① 郝永红：《完善志愿服务体系优化政府公共管理》，《中国行政管理》2010 年第 8 期。

② 陈晓雷：《以志愿服务助推“自治”的探索与思考》，《东方企业文化》2014 年第 19 期。

③ 王军：《对志愿服务常态化的思考》，《湘潮》（下半月）2015 年第 12 期。

④ 张祖平：《政府推进志愿服务事业发展的新思考》，《上海青年管理干部学院学报》2013 年第 4 期。

中，仍然需要一支庞大的志愿服务队伍来引领社会道德风尚，践行志愿服务理念，弘扬志愿服务精神，①

（二）新街口街道推进志愿服务发展的背景分析

为深入贯彻党的十八大、十八届三中全会精神，加快发展志愿服务，西城区结合党的群众路线教育实践活动，培育、践行社会主义核心价值观，积极响应中国志愿服务联合会发出的“邻里守望”志愿服务的倡议，推动建立制度化、组织化、社区化的志愿服务机制，全面开展“邻里互助、守望幸福”综合包户志愿服务行动。

“邻里互助、守望幸福”综合包户志愿服务行动，是在进一步总结西城区30年学雷锋“综合包户”“邻里互助”志愿服务工作经验的基础上，结合首都功能核心区时代发展新特征，以社区有服务需求的空巢老人、残障人士为首要服务对象，以志愿服务为主要方式，引导社会志愿服务资源向社区聚集，促进社会志愿服务资源直接对接社区服务需求，实现志愿服务公益化、常态化的系统工程，同时也是完善社区服务功能、提高社区自治能力的重要举措。

新街口街道积极响应西城区推进“邻里互助、守望幸福”综合包户志愿服务的号召，对接街道需求，探索行之有效的实施措施，实现了街道综合包户志愿服务的全覆盖。

二　新街口街道实施综合包户志愿服务的举措

新街口街道在西城区全响应社会服务管理工作电视电话会议后，立即组织学习相关文件精神，并由相关主管主任牵头召集社会办、残联、团工委等科室召开工作部署会，由社会办作为牵头部门做好

① 张勤、赵德胜：《论社会建设进程中志愿服务新的定位》，《中国行政管理》2013年第3期。

“邻里互助、守望幸福”综合包户志愿服务工作的落实。街道积极巩固深化街道志愿服务工作经验，以“邻里互助、守望幸福”为主题，从空巢老人、残疾人迫切需要又能办得到的服务入手，广泛动员各方力量，坚持开展形式多样、内涵丰富、贴近民需、服务民生的志愿服务活动，倡导将瞬间热情的志愿活动转变为可持续发展的志愿服务，实现新街口地区空巢老人、残疾人中的困难群体综合包户志愿服务全覆盖。

（一）多部门参与，健全工作体系

为落实志愿服务，新街口街道成立了综合包户志愿服务行动领导小组（以下简称“领导小组”），负责工作组织和实施过程中重大问题的研究和决策。组长由街道工委书记、办事处主任担任，副组长由分管社会建设的办事处副主任担任，小组成员由相关科室组成，各成员按照职责分工共同开展工作。其中，社会办承担领导小组办公室职责，工作内容包括完成领导小组日常工作，统筹、沟通、协调工作，督促机关各部门按照计划进度完成工作，确保工作推进；与业务主管单位联系、沟通工作；完成空巢老人帮扶对象的统计工作；完成社区志愿者与帮扶对象的对接工作。团工委发挥青年志愿者作用，广泛发动、联系驻区单位志愿者参与，进一步发展志愿者队伍，扩大志愿者召集覆盖面。残联的主要职责是完成残疾人帮扶对象的统计工作，协助做好对接工作。机关其他各科室负责与日常业务对口单位进行沟通协调，发动驻区单位积极参与志愿服务工作。各社区的主要职责是了解帮扶对象需求，将志愿者与帮扶对象进行合理对接，做好日常工作的记录及帮扶效果的评估工作。

（二）五项并举，完善机制建设

为促进社区综合包户志愿服务持续开展，新街口街道从五个方面对街道现有的志愿服务工作机制进行了完善。一是建立志愿者行动社会化动员机制，借助社区宣传栏宣传、发放宣传资料等传统方式，以及微博、微信等新媒体手段，积极宣传综合包户志愿服务行动精神，动员社区居民广泛参与志愿服务行动；二是完善志愿者定期培训机制，加强志愿者的思想培训、技能培训等，不断提升志愿服务水平；三是建立志愿者团队负责人例会制度，加强志愿服务的及时沟通与经验交流；四是完善优秀志愿者星级评定和双向反馈机制，引导志愿者积极参与志愿服务行动，形成志愿服务的长效机制；五是建立综合包户志愿服务奖惩制度，规范志愿者行为，提高参与积极性，查摆问题、巩固成果、树立典型，保障志愿活动有序开展。

（三）梳理志愿力量，整合街道资源

为深化综合包户志愿服务行动内涵，新街口街道以“邻里互助、守望幸福”综合包户志愿服务行动为契机，开展了调查研究，并建立了服务对象台账，完善了服务对象信息，明确了服务需求，通过整合辖区内各类志愿组织力量，挖掘潜在可持续服务资源。

首先，街道积极引入社会组织资源，开展公益性志愿服务活动，并且依托社会组织力量，扩大志愿者队伍，实现志愿服务项目多样化、专业化发展。通过使用公益金引入社会组织在育德社区及安平巷社区开展为老志愿服务项目，通过设立爱心聆听专线、定期入户探访、培育志愿者队伍等形式，扩大居民志愿者队伍，实现人员和需求的有效对接。街道残联引入悦群社工事务所，打造街道残疾人温馨家园，为残疾人提供文体活动、康复训练、心理健康指导等服务项目。街道周末开放三条居委会活动室，引入睦友社工事务所为老年人开展公益服务；依托乐宅社区青年汇，招募青年志愿者，成立乐宅志愿服务团，通过结对子等形式，为空巢老人提供上门服务。

其次，街道依托街道现有品牌志愿服务项目和资源，不断扩大覆盖面和影响力。在前公用、西里三区社区开展“不倒翁”为老服务队建设；组织西四北头条与四十一中开展“小手拉大手不倒翁”义工活动，100多名学生志愿者与社区老人结成对子，志愿探访老人，开展志愿服务活动；安平巷社区连续八年开展“睦邻里 促和谐”主题文化周活动，开展“1+1+1”志愿服务模式，实现居民间相互帮扶的良好局面；携手熊猫摄影队开展公益摄影讲堂，组织摄影爱好者为地区空巢老人、高龄老人免费拍照送祝福，累计受益老人超过1000人；西里四区社区国祥服务队常年义务为居民提供房屋维修、家用电器维修等志愿服务。

最后，街道注重加强领导，统筹辖区内各类志愿组织力量，不断挖掘新的志愿服务队伍和资源：积极联系西直门管委会、区文委等驻区单位，形成固定结对帮扶对象；开展“青春献基层”高校学生党支部与社区党委志愿服务对接活动，组织北京交通大学、北京科技大学等志愿团队开展义务劳动、文艺演出、精神慰藉等服务；发动街道机关及社区党员、团员、积极分子等，组建志愿服务队，建立志愿者信息库，明确帮扶联系对象，实现“一对一”或“一对多”等形式的有效对接，开展“四有服务”；积极调动楼门院长、积极分子等力量，立足街巷、楼门、院落开展便民利民志愿服务，编织社区“邻里守望”志愿服务网。

三 新街口街道综合包户志愿服务的启示

（一）志愿服务精准对接街道需求

随着社会的发展，志愿服务事业的推进面临的是越来越复杂的情况和越来越具体的问题。因此在提供志愿服务时，要了解需要帮助人群的切实需求，精准提供志愿服务，也就是要做到“供需对接”。所谓“供需对接”，是指通过发掘和适应群众的切实需求，来保障志愿者或者志愿组织提供有效的志愿服务的一种方式。[①] 新街口街道志愿服务以街道内的空巢老人、残障人士为主要服务对象。并且按照区民政局、区残联要求，统计出街道内共有空巢老人 395 户 505 人，残障人士 307 人。为向这部分人提供最合适的志愿服务，新街口街道建立了精细化的台账，确定了主要的服务形式：街道通过梳理本地各类志愿服务力量以及现有资源，针对各自特点和服务需求，签订结对帮扶协议，实现结对率 100%。例如，开展“青春献基层”高校学生党支部与社区党委志愿服务对接活动，本着“优势互补、量力而行、务求实效、开放融合”的工作原则，签订帮扶协议，组织高校志愿服务力量与社区空巢老人结对，定期入户开展亲情陪伴服务，发挥青年党员先锋模范作用，并辐射、带动身边更多青年参与社区服务。开展“青春伴夕阳”走进福寿轩敬老院服务项目，组织北京交通大学、北京科技大学等志愿团队开展义务劳动、文艺演出、精神慰藉等服务 10 次，累计参与志愿者 80 余人，服务时长 30 余小时。

（二）党团组织带头示范，动员鼓励各方参与

在我国志愿服务的发展进程中，政府发挥了无可替代的主导作用，有力地推动了志愿服务的快速发展。但是在解决大量社会问题时表现出的困惑，也使政府在推动志愿服务发展的过程中所带有的行政色彩、计划经济色彩暴露无遗。这促使人们将寻求解决良方的目光投向社会组织。社会组织以及公众参与志愿服务成为我国志愿服务发展的方向。

新街口街道开展“邻里互助、守望幸福”综合包户志愿服务活

---

① 谭建光：《中国特色的志愿服务理论体系分析》，《青年探索》2015 年第 1 期。

动，结合街道实际，既注重党团组织的引导示范作用，又积极动员鼓励社会各方参与，有力地推动了街道志愿服务活动的开展。

首先，新街口街道各级领导高度重视“邻里互助、守望幸福”综合包户志愿服务活动，率先垂范，带领机关干部深入社区，全力抓落实，务求取得实效。领导小组各成员将这项工作列入工作日程，按照职责分工，迅速开展工作，制订计划，明确任务，责任到人，思想统一，行动一致。各级党团组织积极组建党员志愿服务队、团员青年志愿服务队，引导党团员到社区报到参与志愿服务，以实际行动践行党的群众路线，努力创建服务型党组织。比如，机关干部与社工深入社区开展“一帮一”活动，在活动中加强了对地区居民生活情况的了解，加深了与居民群众的感情；指导机关企事业单位党组织与社区党委对接，更好地示范带动群众参与志愿服务。

其次，新街口街道还统筹了辖区内各类志愿组织力量，以“一对一”“一对多”“多对一”等主要方式，根据实际开展“四有服务”，即日有联系、周有探视、月有活动、年有慰问。充分发挥社会单位作用，结合各自业务特点，有针对性地开展个性化、专业化服务，指导每个条件成熟的单位提供一个优质服务项目。街道着重发挥社会组织作用，引入以家政服务、亲情陪伴、医疗义诊、法律维权、文化体验为主的精细化服务项目，集中开展“志愿行动月”“邻里文化节”“为盲人讲电影”“京味文化体验行”等志愿服务项目。切实发挥公益组织作用，将服务项目和队伍引入社区、扎根社区，面向社区重点服务对象定期开展便民利民、帮困解难的志愿服务活动。例如，携手熊猫摄影队开展公益摄影讲堂，坚持每周一上午为老人带来摄影培训，组织老人外拍采风，开展摄影比赛和摄影展，丰富老人精神生活。并组织摄影爱好者为地区空巢老人、高龄老人免费拍照送祝福，累计受益老人超过1000人。

（三）建立长效机制、推动志愿服务可持续发展

新街口街道在开展综合包户志愿服务活动的过程中，注重志愿服务长效机制的探索与制定，积极推进志愿服务的可持续发展。

新街口街道各社区分别组建一支由社区工作者和社区居民组成的长期稳定的扶老助残志愿服务队伍，深入街巷、楼门、院落开展便民志愿服务，编织社区“邻里守望”志愿服务网。此外，街道还借鉴“全响应”网格化的经验，健全和完善在街道领导下的，由辖区机关、社区、学校、非公企业党团组织、社区青年汇、社会团体等有机结合的“综合包户”工作网络，强化社会力量凝聚和区域资源共享，形成网格化管理、专业化服务、项目化运作、常态化发展的工作格局。街道还引入了“项目双选”机制，提倡政府、志愿者和被服务对象共同商定服务内容的形式，充分调动志愿者积极性，尊重服务对象真实需求，实现志愿服务供需无缝对接。同时，街道还建立健全了志愿服务社会化动员机制、督导机制，强化志愿者队伍科学化管理机制、双向反馈机制，为志愿服务实现可持续发展提供了必要保证。

此外，新街口街道加强组织领导，强化统筹协调，增加部门联动，形成工作合力，坚持在统筹中解决问题，在协调中促进发展，使综合包户志愿服务行动的各个方面、各个环节都能够有序、平稳推进。街道以注重“三个结合”为措施，狠抓长效机制建设：注重综合包户志愿服务行动与“访民情、听民意、解民难”工程相结合，深入转变工作作风，提高政务服务能力，推动街道各项事业发展；注重综合包户志愿服务行动与加强和改进社区服务群众工作相结合，推进社区工作精细化和规范化，完善社区服务管理，提升社区服务能力；注重综合包户志愿服务行动与深入发展志愿者事业相结合，进一步壮大志愿者队伍，使志愿服务活动既有实效又能保持长效。例如，

以“共建互促”为目标，结合两新团组织特点，在学雷锋日、端午节等节假日期间开展为老志愿服务。两新团组织以“尊老敬老、服务周到”为宗旨，根据自身特色，倡导用心服务“零距离”。

参考文献

王士恒：《志愿服务的内涵、功能及模式简评》，《江南社会学院学报》2011 年第 1 期。

郝永红：《完善志愿服务体系 优化政府公共管理》，《中国行政管理》2010 年第 8 期。

陈晓雷：《以志愿服务助推“自治”的探索与思考》，《东方企业文化》2014 年第 19 期。

王军：《对志愿服务常态化的思考》，《湘潮》（下半月）2015 年第 12 期。

张祖平：《政府推进志愿服务事业发展的新思考》，《上海青年管理干部学院学报》2013 年第 4 期。

张勤、赵德胜：《论社会建设进程中志愿服务新的定位》，《中国行政管理》2013 年第 3 期。

谭建光：《中国特色的志愿服务理论体系分析》，《青年探索》2015 年第 1 期。

冯晓伟：《浅谈政府主导模式下的志愿服务机制》，《时代金融》2015 年第 12 期。

廖菲、陈杰：《志愿服务长效机制总体建设的探讨》，《当代青年研究》2009 年第 8 期。

B.16

新街口街道推行基层党组织质量管理体系认证的探索与实践

摘　要：基层党组织是党的执政根基，随着党由管理型向服务型转型，基层党建工作质量管理体系成为科学管理、评价基层党建工作的主流工具。该体系通过对每项党建工作进行 PDCA 过程控制，促进基层党建工作持续有效进行、长效发展。西城区新街口街道多方考量，将西四北三条社区党委、北京晓军办公设备有限公司党支部作为基层党组织质量管理体系认证工作试点单位，并且成功通过认证。本文对新街口街道开展基层党组织质量管理体系认证的举措、成效进行了详细介绍，并得出几点启示。

关键词：基层党组织　质量管理体系认证　新街口街道

一　关于党建工作质量管理体系介绍

从党的十八大提出加强基层服务型党组织建设到党的十八届三中全会提出要创新基层党建工作、健全党的基层组织体系、充分发挥基层党组织的战斗堡垒作用，党中央对基层党建提出了越来越多的新要求。[1] 在以往的“结果管理”党建工作质量管理模式

① 王国太：《谈谈如何做好基层党建工作》，《中外企业家》2015 年第 24 期。

已经不能满足党中央以及时代对基层党建的要求的前提下，为保证基层党建工作规范有序迈进，基层党组织与时俱进，引入ISO9000国际质量管理体系标准对党建工作进行过程管理，建立了针对组织的、覆盖中国共产党基层党建工作的“过程管理”质量管理体系。目前，基层党组织质量管理体系认证已成为科学管理党建工作的主流工具。

在基层党组织质量管理体系认证工作中，认证公司严格按照中国合格评定国家认可委员会（CNAS）发布的“中国共产党基层组织建设质量管理体系认证机构认可方案”要求开展工作。申请认证的党组织通过组建ISO9000贯标小组，对全员实施ISO9000质量管理体系标准培训和宣贯，建立适宜、充分、有效的文件化质量管理体系，经试运行、自查不足和改进完善后，申请认证的党组织向认证公司递交认证申请，认证机构依据ISO9000质量管理体系标准经现场严格审核并按照认证认可工作程序的要求评审和批准后，向符合ISO9000标准的基层党组织颁发认证证书。

而基层党建工作质量管理体系，则是以党的基层组织建设工作为内容，以ISO9001标准为载体，将ISO9001标准的先进科学的质量管理理念和管理方法作为科学管理党建工作的一种工具，通过紧密结合党建工作自身特点和优良的管理模式所建立的保证党建工作质量的管理系统。该系统对所有党建工作实行过程控制，按程序进行管理，即每一项工作和活动均采取PDCA循环闭环控制，确保党建工作目标得以实现并逐步提高。

在该体系中，ISO9000是指质量管理体系标准，是国际标准化组织（ISO）在1994年提出的概念，是指由ISO/TC176（国际标准化组织质量管理和质量保证技术委员会）制定的国际标准。ISO9000不是指一个标准，而是一族标准的统称，一共有17个标准，ISO9001是其中的核心标准之一。ISO9001的基本定义就是循环改进的PDCA，即 Plan（计划）、Do（实施）、Check（检查）和 Action（改进），按照这个顺序进行闭环式循环管理。

二　新街口街道开展基层党组织质量管理体系认证

党的十七大以来，党中央不断对基层党建提出新的要求。并且，在北京市首都功能核心区行政区调整后，新西城区区委提出“以创新推进建精品，以服务指导求规范，以考核评价促落实，努力构建基层党建精细化管理新格局”的基层党建工作新思路。

面对基层党组织工作规范化有待加强、基层党组织活动吸引力有待加强、基层党组织负责人职业化水平有待加强等新区情，以及党建工作新形势和新要求，新街口街道工委在社区和非公经济组织党组织建设中引入企业管理概念，尝试性地把企业质量管理模式引入党建工作，试点开展了基层党组织质量管理体系认证工作，为提高基层党组织工作科学化水平探索切实可行的新途径。

为进一步深化基层党建精细化工作格局，新街口街道工委立足实际、大胆创新，在深入调研基础上，着眼当前城市社会转型期服务对象、组织方式、工作内容的不断变化，创新引入企业质量管理概念，分别在西四北三条社区党委、北京晓军办公设备有限公司党支部两个基层党组织试点开展了“中国共产党基层组织质量管理体系认证”。

（一）进行全面调研，确保认证切实可行

在基层党组织质量管理体系认证确定前，街道工委广泛开展调研，确定认证实施的可行性。一方面，街道工委主要领导多次带队到北京新世纪认证有限公司进行调研，就基层党建认证工作开展方法、工作过程、监督机制、推进作用、预期效果以及党建认证与管理部门

的评价关系等内容与专家深入交换意见，邀请认证公司负责人、专业审核员与街道领导班子、相关科室人员开展专题研讨，就认证工作的意义、作用、进展、效果等进行了充分讨论。另一方面，深入社区党组织、非公经济党组织调研，了解基层党组织工作中的难点问题，掌握第一手材料。通过调研，街道工委认为中国共产党基层组织质量管理体系认证工作对基层党建精细化管理具有推动作用，并选取西四北三条社区党委、北京晓军办公设备有限公司党支部作为基层党组织质量管理体系认证工作试点单位。

（二）建立保障体系，确保工作顺利进行

为确保认证工作不走过场、取得实效，新街口街道工委在工作安排上精益求精，在工作指导中务求实效。为保证项目顺利开展，街道工委设立了基层党组织质量管理体系认证创新项目专项资金，启动资金10万元。为强化组织领导与检查督导，街道工委以项目化运行模式，成立项目领导小组，街道工委书记亲自担任项目领导小组组长，主管副书记具体负责组织实施，组织部、社会工作党委办公室、认证公司、试点党组织的负责人作为成员，街道工委组织部确定一名干部负责项目实施，做好整体工作中的协调、联系、沟通工作。两个试点党组织也成立相应机构，以党组织书记、委员为主体，统筹协调、指导推进各个项目的落实。

（三）明确运行机制，确保认证实施落地

为保证认证工作有效开展，两个试点党组织采用了“八步”做法，扎实推进认证实施。

一是落实工作责任。每个试点党组织培训一名内审员。内审员负责本单位其他人的工作指导和所有文书的编写，负责本试点党组织的工作实施。认证公司领导到西四北三条社区了解党建工作开展情况，

与党组织一班人进行座谈，讲解认证知识，社区按照认证工作要求明确批准人——党委书记，管理者代表——专职副书记，其他党委委员按照管理部门制订工作目标和计划，确定内审员名单。

二是建立管理体系。组织骨干力量编制质量体系文件，建立职责清晰的工作制度和质量标准，形成规范化的管理制度，成为党组织内部自我管理工作的要求和活动程序。西四北三条社区党委制订了认证工作计划，颁布了“编制社区党建质量管理手册”命令，检查梳理现有的党建工作文件、资料，进行修订补充，完成工作目标、计划的编制。

三是开展集中培训。强化试点党组织班子成员对认证理念、标准知识、文件编写、环节程序、审核应用等方面知识的理解与掌握。新世纪认证有限公司专家对社区党委书记、副书记进行了培训，进而对社区党委委员、各支部内审员及党员分别进行了“基层党组织质量管理体系认证”培训。通过专家的培训、领读加深成员对质量管理体系主要内容和审核项目指标要求的理解，以及对“PDCA”循环模式的理解。

四是内部审核管理。按照标准体系要求，针对体系运行情况，试点党组织进行自我审核，自我评价，形成审核总结。内部审核由社区党委书记批准，党委专职副书记作为管理者代表进行审核，各支部确定一名内审员，对党委进行审核。审核组长分配审核任务，明确审核的目的、依据、范围、方法和要求。按照审核标准，审核了党委及所属的三个党支部的工作职责并进行了“党员对党建工作满意度调查”，党委和支部认真分析调查结果，做到了边审核边整改，形成了内审报告，肯定了成绩，指出了不足，认为党组织质量管理体系运行基本有效。在内审阶段，依据（ISO9001：2008）《质量管理体系要求》，修订工作制度27项，新建制度7项。检查了近一年的活动记录9项，建立了质量管理体系认证文件的分级管理。一级文件——管理手册（如党建的方针、目标、职责）；二级文件——程序文件和记录（如对文件的编制、评审、批准、发放、使用、更改、再次批准、标识、回收和作废等）；三级文件——详细作业文件和记录（如党委、党支部、党委委员按部门制订的工作目标、工作计划、总结和各项活动计划总结）。对文件发放、接收做到随时记录，以此确保文件的充分性、适宜性。

五是外部审核管理。在内部审核基础上，报送认证机构进行综合评定检查，确定是否具备参加正式审核资质，分为专家管理评审、征求意见及测评、评审组初次综合评定、整改落实、再次综合评定几个阶段。5月上旬，进入专家管理评审阶段，首先，制订管理评审计划，通过贯标培训，体系文件宣贯，建立了质量管理体系；其次，认证公司召开党员群众座谈会，征求意见、发放测评表，检查对来信来访及投诉处置情况，对党建工作满意度进行调查；最后，由公司专家、审核员、社区评审员共同组成评审小组，通过对以上步骤的综合检查、考评，完成了初次综合评定。

六是督促整改落实。通过内外部审核，试点党组织针对存在问题，制定改进措施，整改落实后再次报送验证。对在初次评审过程中反映的问题限期整改，例如，对内部编制的文件没有经过审批的重新进行了审批，对记录卷内没有目录的重新建立目录，防止了文件的丢失和便于查找。另外对个人信息、档案资料管理制定了保密规定等。在此基础上，评审小组对党组织管理体系的适宜性、充分性、有效性进行分析。对纠正措施、预防措施、持续改进等工作情况进行检查，组织再次评审。

七是申请认证注册。试点党组织向认证机构申请评定注册，获得认证资质。经过以上工作，总体评价认为：西四北三条社区党委，符合“党组织建设质量管理体系认证”项目（GB/T19001－2008）标准，体系运行有效。正式颁发“中国共产党基层组织质量管理体系认证”证书和奖牌。

八是定期复查审核。试点党组织的认证资质获得初次批准后仍将定期报送认证机构进行监督复审。获得初次认证资质批准后，在今后的三年时间内，社区仍将需要接受认证机构每年一次的监督审核，以保证持续改进。

三　新街口街道基层党组织运用质量管理体系取得的成效

（一）规范程序、控制流程，形成了严谨的系统的长效机制

试点党组织按照PDCA闭环循环管理的要求，对每项党建工作均进行了有效的过程管理与控制，形成了一套高效化、系统化的长效运行机制。如在确定年度工作目标计划时，按照评审要求，党委、支部都要在年初确定工作目标，并根据目标制订工作计划；在开展各项党建工作活动时，党委会（党支部会）逐项讨论确定主题，落实责任，明确目标；活动结束要有小结，总结经验，查找不足，制定改进措施。由于基层党组织认证工作使党建机制的各构成要素相互协调，按照体系的要求运行，作用得到持续、有效的发挥。

西四北三条社区党组织在实施党建认证项目过程中，采纳了党员群众的建议，对“社区视频博客”进行了改版，使版块设置和上传内容更加切合党员居民需求，增加了“为民办实事项目所需表格”版块，共5类72项政策和相关填报表格可供查看，图片、表格支持下载，23个版块内容随时更新，增加、更新了居民常用的热线电话，使居民足不出户就能了解和自己利益最相关的政策解读和办事程序，并且不需要先到有关部门领表，方便了群众办事。西四北三条社区党组织在认证试点期间，按照持续改进的原则，健全了党员考核激励机

制，对活动检查评价手段进行了细化，制订了量化目标，改变了以往由支部书记讲评的方式，采取党员自己打分、党员互评打分和支部评审的方式，年底按照承诺落实情况计算出分值，评出“好、较好、一般、差”四个等级，作为表彰、评先的依据。目前，社区党委承诺8条，有74名党员填写了承诺书，承诺事项达255条，共22项。社区党委积极搭建平台，使党员发挥其作用，调动了党员参加组织生活、服务居民群众的积极性，健全了“创先争优”长效机制。

北京晓军办公设备有限公司党支部根据支部党建工作的主要内容，制订了党建工作目标，形成了“党建工作管理职责文件”“检查、分析和改进文件”等八项党建工作质量管理体系标准文件，使支部建立起党建工作机制，提高了党建工作的可操作性。此外，该党支部以“创先争优活动”要求为抓手，制订公司党建“五个好”工作目标，从领导班子、党员队伍、工作机制、发展业绩、各方反映五个方面制定标准，严格按照管理文件中的标准开展日常党建工作，党组织自觉形成学习活动的长效机制。

（二）多元评价、民主监督，构建了开放融入的基层党建工作格局

试点党组织从构建开放的、融入的党建工作格局着手，按照基层党组织质量认证体系的要求，积极引入党员主体评价，每项工作任务都要求党员填写满意度测评表，广泛听取党员的意见建议，汇聚集体智慧，使各项工作更加贴近群众、贴近生活，不断增强党组织的吸引力、凝聚力。西四北三条社区党委经过深入调研，了解到居民家中闲置物品越来越多，弃之可惜，根据居民需求，经过周密计划、认真组织，举办了“爱心互换闲置互利”主题活动，倡导低碳生活，吸引了86位居民参与，互换物品百余件。此类活动受到了社区居民的广泛欢迎，也使党员参与社区党建及社区服务活动的积极性不断提升。

北京晓军办公设备有限公司党支部，组织党员群众积极为企业发展建言献策，提出完善企业各项制度的建议和意见。将党员群众对党组织工作满意作为党建认证的唯一标准。其目的是努力把公司党支部建设成为和谐企业的领导者，坚定贯彻上级党组织要求，发挥基层党组织作用，为企业发展提供坚强有力的政治保障。

（三）组织培训、明职分工，形成了专业化、标准化服务与管理

针对基层党务工作者的能力素质与社区党建工作的职业化要求存在的差距，试点党组织在推行基层党组织质量管理体系认证工作中，充分进行内部挖潜，指派专人与党建认证指导老师对基层党组织基础管理情况进行调研，并依据 ISO9001：2008 国家标准，进一步明确了试点党组织书记、党支部及五大委员的工作职责，修订了工作制度 69 项，使党务工作者进一步明晰了职责、工作范围和流程；对党组织班子成员进行标准知识、文件编写、审核方法等方面的培训，使党务工作者对做什么、为什么做、谁来做、何时做、怎么做、做到什么程度，一目了然，克服了党建工作中的盲目性、随意性，提高了工作水平。

作为社区各项事业和各类组织的领导核心的西四北三条社区党组织，非常注重整合资源，积极培育和发展社区群团组织，以创建社区趣味文化快乐园的形式，满足社区居民的精神需要。在过去只有一名社区文化专干联系社团组织的基础上，增加两名党委委员具体负责社团的管理和骨干的培养，对社团活动从制订项目计划到讨论实施步骤、落实经费支持、检查督促工作给予全方位的领导与指导，确保了社区群团组织正确的发展方向和义务便民的宗旨。社区综合活动室从周一至周五每天都有不同的文化活动，参加活动的居民越来越多，增强了社区居民的凝聚力和向心力，使社区居民的生活更加绚丽多彩，

使群团组织在党的领导下发挥了以先进的文化引导人、以高尚的情操感染人、以身边的事迹激励人的积极作用。

北京晓军办公设备有限公司党支部自认证工作实施以来，积极开展形式多样的学习教育活动，组织党员观看党建专题光盘；使党员自学与集中学相结合，在网站平台上进行学习体会的交流；七一前后组织党员观看教育影片及演出、参与街道纪念建党九十周年的知识竞赛、开展红色之旅等活动。这些组织活动提高了党员积极分子的思想觉悟和组织意识，也逐渐增强了党员工作的积极主动性以及对速录事业的主人翁意识。

四　新街口街道试行基层党组织质量管理体系的启示

目前，西四北三条社区党委、北京晓军办公设备有限公司党支部两个试点单位都取得了中国共产党基层组织质量管理体系认证证书。新街口街道试行基层党组织质量管理认证，在提高党建工作精细化水平的同时规范了基层党组织的建设，对以基层党组织质量管理体系认证的方式推动基层党建的发展、提升基层党建服务管理水平有以下几点启示。

（一）结合实际，做足前期准备

基层党组织是党的执政根基，是落实党的路线方针政策和各项工作任务的最前线。[①] 为保证基层党组织质量管理体系认证能够切实起到推动基层党建的发展、提升基层党建服务管理水平的作用，各基层

① 杨正丽、陆红霞、李霞、万付梅：《运用 PDCA 落实基层党组织从严治党责任》，《江苏卫生事业管理》2015 年第 6 期。

党组织要精心组织、积极推进。首先，基层党组织要充分认识到自己工作的重要性，通过深入全面的调研、走访，总结出自身面临的问题。其次，针对这些问题，根据党中央以及当地政府对基层党建提出的新要求，制订合理的党建目标。最后，各基层党组织要充分了解认证公司的资质和其认证流程，选择权威性的认证公司对组织内的党员、积极分子进行基层党建认证培训和指导，让所有人员对基层党建认证有正确的、全面的认识。此外，各基层党组织还应做好基层党组织质量管理体系认证的其他前期准备，如充足的认证资金、充分的政策宣传等。

（二）规范标准，注重长效发展

目前，基层党建工作有法可依、有章可循，但其落实情况的检查缺乏统一评判标准，其长效发展没有保障。有的工作开展方式方法没有随着形势的发展和社会的进步而同步改进；受主观、客观因素的影响，上级党组织的部署和要求没有全面落实；有些工作的落实存在重眼前轻长远、重形式轻实效等问题。为解决这些问题，各基层党组织要将自身长远发展作为党建认证的标准之一，根据党建工作的需要，制定统一的、普遍适用于所有党建工作的党建认证规范和标准，并且及时根据自身出现的新问题、最新政策及时制定、调整或者补充党建认证标准，确保基层党建工作的开展始终符合党中央和当地党建的要求，确保基层党建工作长效发展。

（三）多元参与，完善党建认证

以往基层党建工作的评价一直是由内部评价，由上级审查考核下级；其工作的监督与推动也只来自内部系统的上级党组织与党员群众。随着党组织向服务型转型，服务（或管理）成为基层党组织的工作目的，党内评价党建工作的方式就显得不够全面。而引入第三方即社会中介机构进行业绩评价，将党建工作作为审核对象进行评价、监督及推动，能够以事实为基础，保持客观性和公正性，更有利于党建工作的加强。此外，在制定基层党建标准时，可以走访基层群众或者员工，了解其对党组织的要求并进行总结和讨论，将群众或者员工的需求纳入基层党建认证标准。党内和党外共同对党建工作进行评价、认证，能更客观真实地反映基层党建工作现状，也能让服务基层真正成为基层党组织的鲜明主题。

参考文献

王国太：《谈谈如何做好基层党建工作》，《中外企业家》2015 年第 24 期。

杨正丽、陆红霞、李霞、万付梅：《运用 PDCA 落实基层党组织从严治党责任》，《江苏卫生事业管理》2015 年第 6 期。

B.17

新街口推动社区矫正社会化的路径

摘　要：　社区矫正是我国刑罚执行体系中的重要一环，能有效减轻监所看押负担、降低行刑成本、促进服刑人员融入社会。与其他刑罚执行方式相比，社区矫正在制度设计上有天然的社会化优势，最能体现将“政府的归政府”“社会的归社会”的二元格局。在“小政府、大社会”的不断推进下，社区矫正的社会化也将成为必然趋势。新街口街道地处首都核心区——西城，中央、国家直属机关单位聚集，这也对其社会稳定与平安建设提出了更高的要求。对街道的社区矫正工作来说，引导社会力量融入，壮大社区矫正队伍，是其满足地区平安建设要求的必然途径。本文以新街口街道的实践探索为例，对社区矫正社会化路径进行分析，以此得出一些启示，为其他地区开展社区矫正社会化工作提供参考。

关键词：　新街口街道　社区矫正　社会化路径

一　新街口推动社区矫正社会化的机制基础

新街口街道地处首都核心功能区——西城区的北部，辖区总面积3.7平方公里，设有21个社区。地区人口密度大，拥有户籍人口

40043户，共98755人，常住人口31647户，共82630人。地区内有中纪委、国务院法制办、全国工商联等168个中央、国家直属机关，以及民盟市委等219家市属单位。另有全国两会代表驻地两个，行车路线两条。区位特点对新街口街道司法所的安全服务保障工作提出了高标准、严要求，特别是以刑罚执行为内容的社区矫正工作，对地区的平安稳定有直接的影响和作用。

（一）社区矫正社会化的背景分析

传统的社区矫正工作，主要是以司法行政机关为刑罚执行主体，对社区服刑人员进行监管和教育，在矫正期间有效地提高了社区服刑人员重新犯罪的控制效率。在工作实践中，政府的主要关注点在于对社区矫正执法程序的规范，而对于社区服刑人员的自我改造和社会关系修复等问题很难进行实质性的介入。这里有服刑人员自身对执法机关的阻抗情绪问题，也有矫正执法体系自身规范性因素带来的各种限制的问题。由此产生了一种现象，即社区服刑人员在矫正期间严格按照各项矫正管理制度接受了监管和教育，在形式上进行了矫正，但造成其犯罪的心理因素和社会因素并未根本消除，社会关系并未彻底修复，重新犯罪的隐患依然存在。

为进一步做好社区服刑人员的教育改造，加强矫正期间服刑人员社会关系修复的专业性和针对性，司法所按照《北京市社区矫正实施细则》第四条第二款的规定（抽调监狱劳教人民警察、社会工作者和志愿者在司法行政机关的组织指导下参与社区矫正工作），积极引入专业社会力量，组织社会工作者参与社区矫正工作，帮助社区服刑人员修复社会关系。

（二）社区矫正社会化的组织体系

为确保地区社区矫正工作顺利开展，司法所紧紧把握地区矫正工作组织体系建设这一关键环节，建立健全了以党委政府统一领导、司法行政部门具体实施、相关部门协同配合、社会力量广泛参与为特点的地区矫正工作组织体系。

一是成立新街口地区社区矫正工作小组，负责研究制订地区矫正工作计划和方案、统筹协调各项矫正工作规定的落实和推进。工作小组由街道主要领导任组长，主管领导任执行组长，成员包括司法所、派出所、综治办、民政科、住保办、社保所等科队站所。各部门按职能特点，既分头推进又协调配合，确保矫正工作各项任务的落实。

二是巩固司法行政专业矫正工作力量，加强矫正日常管理工作。司法所在基层条件有限的前提下，专门拿出两间办公用房作为矫正工作的谈话室和档案室。明确矫正工作由所长直管，并安排专职司助协同驻所狱警和矫正工作协管员具体负责，严格按照《刑事诉讼法》等法律法规和工作制度要求，落实矫正各项日常管理责任。

三是延伸矫正工作网络，建立健全以“七包一”为特点的社区工作力量。在矫正实践中，除由司助、狱警和协管员专职开展矫正工作外，司法所还针对每名矫正人员特点，在社区建立了包括矫正人员监护人、社区工作者、社会志愿者和社区民警在内的矫正工作小组，通过多种途径和方式加强对矫正人员的动态管理和社会适应指导。

四是树立执法意识，确保矫正管理重点环节的有效衔接。司法所按照《社区矫正实施办法》等法律法规规定，加强与上级主管部门、法院、检察院和监狱部门的联系，着力做好对矫正前期调查，矫正人员接收、管控、教育、排查和突发事件处置等重点环节的工作。在“两节”“两会”和十八大等重点安保期间，落实日报告和社区走访巡查等工作制度，实现矫正工作持续安全稳定开展。

五是加强配合意识，凝聚地区各方工作力量共同做好矫正工作。司法所同派出所以“两所会商”制度为沟通联络渠道，通过交换管理信息、召开重点工作协调会等多种方式加强协作，合作完成了服刑在教人员未成年子女排查帮扶等多项重点工作任务。司法所以“暖心”行动为抓手，积极协调民政部、社保部门等，最大限度地利用好最低生活保障、就业保障、住房保障、医疗保障和特困临时救助等民生保障政策，对生活确有困难的矫正人员及时进行帮扶，防止社区服刑人员以生活困难为由重新犯罪或制造事端问题的发生。

六是提高调研意识，加强对矫正工作实践经验的摸索和总结。近年来，司法所利用《新街口之窗》期刊、街道政务微博等媒体平台，积极宣传矫正工作成果，增进居民群众对矫正工作的理解。与北京电视台《法制进行时——现场说法》栏目合作，并根据新街口地区真实矫正案例改编拍摄了两部法制短剧《破茧》和《姐弟情仇》，均获得了良好的社会反响。司法所还积极开展对矫正工作的调查研究，《论阳光社区矫正服务中心的运行机制》《提高社区矫正质量之个案分析》等调研文章先后获评全区司法行政系统优秀调研文章，“一位突然报到的特殊矫正犯”等案例入选全市司法所长骨干培训班教材，形成研究与工作互相促进的局面。

二 新街口社区矫正社会化的具体实践

新街口街道司法所全面贯彻落实党的十七大、十八大精神，紧紧围绕服务地区平安建设这一中心，强化责任意识和执法意识，在矫正工作实践中，夯实各项管理制度基础，不断探索符合区域实际的矫正工作方法，确保矫正工作质量稳步提升。

（一）社会力量参与社区矫正的实践情况

新街口街道司法所自 2014 年 1 月至今，引入专业社会组织的力量参与社区矫正工作，具体经历了建立合作框架、个案化矫正和阶段性效果三个工作阶段。

1. 建立合作框架

引入社会力量参与社区矫正，首先要明确三个主体的定位和责任。一是司法所作为法定的执法机关，在矫正工作中处于主导地位，所有社会力量的参与必须在司法所的授权和监督指导下开展。二是社会组织作为矫正服务的提供方，需要具备一定的法律、心理和社会工作资质和资格，依照司法所授权，运用专业方法对服刑人员进行帮助教育。三是社区服刑人员作为矫正服务的接受者，需要本人有自我改造的意愿，自愿配合司法所委托的社会工作者开展工作。

司法所经过调查遴选，最终选择与仁助社会工作事务所进行合作，原因有三：一是该所是在区社会办指导下，经区社会组织联合会同意设立的民办非企业法人，具有社工专业资质，运行管理较为规范；二是该所曾参与过区检察院未成年人诉中考察的相关工作，也组织过多次青少年暑期工作坊的教育项目，有较好的社会反响；三是该所有参与矫正的合作意愿，主要办公地也在新街口地区，社工调派较为便利。

在具体社区服刑人员的选择上，司法所决定将工作重点放在35岁以下的社区服刑人员上，主要因为该年龄段人员价值观未完全定型，具有一定的可塑性。社会关系修复完成后，服刑人员融入社会生活的时间较长，具有更高的社会价值。经协商，最终由地区缓刑人员金某自愿接受社会组织的帮助和服务，以个案推进的方式进行矫正。

2. 个案矫正情况

社区服刑人员金某，男，回族，1983年4月出生，高中文化，已婚。曾因犯盗窃罪于2000年6月被判处有期徒刑一年，缓刑六个月。当时因无社区矫正制度，由属地公安部门进行监管，缓刑期满后不再执行原判徒刑。2013年，金某又因犯非法持有枪支罪，被判处有期徒刑一年六个月，缓刑两年。缓刑期至2015年5月止。

经司法所调查了解，金某幼年时父母离异，一直由父亲抚养。其家庭基础较薄弱，父亲属社区低保人员，长年患病。金某始终借住在叔叔家（无血缘关系）。金某中学毕业后参加工作，曾先后在超市便利店、加油站、大型商场等处做店员，但工作时间均不长，其间，还曾因酒后驾车被吊销驾照。因经济收入不稳定，曾有到社区、民政等部门缠访、闹访，要求“吃低保”的经历。2014 年春节期间，金某在与朋友喝酒时，因言语不和被人殴打致伤，在家病休一个多月。

金某在矫正期间，表现一般。从走访谈话的过程中，金某表现出对社会和家庭的不满情绪，但也流露了一定程度的焦虑和自卑，心理状态起伏变化大，现实表现与实际年龄的成熟度不匹配。金某的妻子是外地来京务工人员，在动物园批发市场从事服装生意，能够配合矫正机关对金某进行监管，但对他的教育改造帮助有限。

自 2014 年 3 月起，司法所委托仁助社工事务所的社工关注并跟进了金某的个案矫正工作，组织了由 3 名社工组成的社工小组，每月定期开展相关工作。在司法所的监督指导下，3 月，社工小组与金某进行了首次谈话，对金某情况进行了初步评估，发现其主要问题是心理压力大，家庭环境对其成长也有一定程度的影响。访谈结束后，金某对社工小组的工作表现出一定的兴趣，并主动提出希望能继续安排后续的访谈和矫治活动。4 月，司法所带领社工小组赴金某家中进行家访，并约请了专业心理咨询师对金某进行了心理辅导，主要目的是帮助其释放心理压力。5 月，对金某的个案矫正工作进行评估，修改下一步工作计划。

3. 阶段性效果

从近期的个案矫正情况来看，引入社会组织参与矫正工作取得了较好的效果。从社区服刑人员自身来看，金某本人对社工的工作表示认可，社工工作对其心理压力的释放和与人沟通能力的改善方面有明显的帮助。其对司法所提供的帮助也非常感谢，也愿意向矫正工作人员表达自己的真实想法。

从社工事务所的角度来看，社会组织的引入为矫正工作提供了不同的思路和方法。比如，在矫正过程中，社工建议针对金某建立一个支撑系统，既包括社会保障的外部支撑系统，也包括金某家庭在内的内部支撑系统，配以专业的工作手段，以期使金某的身心和认知都有更好的改观。

从司法所执法的角度来看，引入社会组织参与增强了社区矫正工作力量，丰富了矫正手段，对预防社区服刑人员重新犯罪有重要的辅助作用。特别是对以司法行政人员身份不宜介入的领域，比如服刑人员的家庭伦理矛盾，以社工的方式开展工作，更利于服刑人员社会关系的修复。

（二）阳光社区矫正服务中心的具体实践

在社区矫正工作中，如何在确保刑罚执行任务完成的前提下，帮助社区矫正人员修复社会关系，提升矫正人员的社会适应能力，从根本上预防重新犯罪，是提高矫正工作质量的难点所在。新街口司法所积极探索创新矫正管理模式，开展了全市首家街道级阳光社区矫正服务中心试点工作。

新街口街道阳光社区矫正服务中心是在司法所具体指导下建立的社会组织法人，主要通过引入专业社会力量的方式，协助司法行政部门开展对社区矫正人员的教育和服务工作。如通过引入北京东明成功人生心理咨询中心的专业心理咨询师和平安医院专业医师资源，建立矫正心理治疗室和精神病防控室，对矫正人员进行心理评估和矫治；与劳务派遣公司及社保所等单位合作，建立矫正就业基地，为矫正对象提供职业技能培训，推荐就业岗位；设立社区矫正基金和救助站，为有能力从事个体经营且能提供相应担保的矫正对象提供启动资金，对有特殊困难的矫正对象给予适当的物质帮助等。

试点期间，司法部“社会力量参与社区矫正工作”课题调研组、北京市委组织部巡查组、广州市番禺区司法局、江苏省扬州市邗江区司法局等多批省、部、区、县调研考察组先后赴街道阳光矫正服务中心进行实地调研。中央人民广播电台《法制天地》、《法制晚报》等媒体先后对阳光中心的工作进行了跟踪报道。阳光社区矫正服务中心的试点对社区矫正的社会化开辟了一条创新的路径，积累了大量社会力量参与矫正工作的实践经验，为全市和西城区司法行政系统在矫正工作中创新社会服务管理模式、建设以为社区矫正人员提供社会适应指导为主要功能的阳光中途之家提供了具有推广意义的经验和做法。

三　社区矫正社会化推进中存在的问题

新街口街道司法所引入社会力量参与矫正工作的时间尚短，个案数量有限，社会效果还有待观察，但其是基层司法行政部门探索社区矫正社会化的一种有益的实践。在工作中课题组也发现了一些问题，并将解决的建议一并总结如下。

（一）社会力量的资格确认问题

社区矫正工作必须在党委领导下、政府主导下，有限度地引入社会力量参与。这是所有社会管理创新都不能突破的原则底线，毕竟社区矫正的本质仍然是刑罚执行，社会关系的修复要服务于刑罚执行。不是所有的社会组织都能参与社区矫正工作，必须是经过司法行政部门确认的组织才能介入。这就需要建立健全一套由政府职能部门把关的社会力量引入、监管和退出机制。

（二）社会力量工作责任区分问题

社会组织运用诸如心理咨询等专业方法开展个案矫正，可能会使用一些专业手段，比如，沙盘、情绪疗法、催眠等。这些专业手段是否必要？有无风险？工作责任由哪一个主体承担？由于社会组织的工作是在司法行政部门的委托授权下开展的，产生的相应责任肯定会归因于司法行政部门。司法行政部门可以与社会组织通过书面协议的方式对工作责任进行区分，最大限度地化解和防范工作法律风险。

（三）社会力量的工作保障问题

新街口街道司法所在与仁助社工事务所开展合作的过程中，并未涉及工作经费的问题。工作费用和相关资源是社工事务所自行筹集解决的。这种方式可以临时解决某一个个案，但明显不能成为长效机制。建议主管部门关注社会组织在矫正工作中发挥的重要作用，通过项目化运作的方式切实解决社区矫正的经费保障问题。

四　启示与展望

党的十八大描绘了全面建成小康社会、加快推进社会主义现代化的宏伟蓝图。十八大报告指出，要“在改善民生和创新管理中加强社会建设”，要“加强和创新社会管理，推动社会主义和谐建设”。当前我国正处于全面推进社会管理创新的阶段。社区矫正作为依靠基层社区资源开展的一种社会化的刑罚执行方式，承载着对特殊人群进行社会管理与服务的使命和任务，是加强和创新社会管理、推进依法治国方略实施的重要内容。社区矫正工作应当紧紧抓住社会管理创新的契机，从政策和组织保障、信息化技术保障和专业社会工作资源引入等方面着手，通过多种途径提升社区矫正的社会化管理水平，使社区矫正在新一轮社会发展建设中始终与依法治国的需求相适应，促进矫正工作再上新台阶。

新街口街道自2004年开展社区矫正工作以来，至今[①]已历时9年，累计接收各类矫正人员278人，到期解除矫正245人，矫正期间，社区服刑人员重新犯罪率为零。结合基层执行实践情况，社区矫正发挥了减轻监所看押负担、降低行刑成本、促进服刑人员融入社会的制度功能。但基层的社会资源用于矫正服刑人员的范围和幅度还有很大的提升空间，社区矫正工作的开展普遍存在偏重刑罚执行、社会化管理优势发挥不足的问题。

推动社区矫正的社会化，要将顶层设计到基层执行的各个环节与社会管理创新紧密结合起来，可以从社区矫正组织管理体系创新、管理方法创新和信息化技术应用创新等多个角度切入，全面提升社区矫正的管理水平和工作绩效。

（一）构建具有社会化特点的社区矫正组织管理体系

要推进社区矫正的社会化，必须要回答由什么样的社会主体来参与矫正工作。当前，北京市西城区已全面建成了市、区、街、社区四级矫正工作组织网络，并积极推广以“阳光中途之家”为代表的社会机构参与矫正工作的新模式，为社区矫正组织的社会化从组织管理体系上做出大胆的创新和有益的实践。

在巩固现有的以各级司法行政机关为主要执行机构的社区矫正刑罚执行组织体系的基础上，应当进一步加强社会力量参与矫正工作的力度，建设以“党委领导、政府引导、社会广泛参与”为特点的社区矫正社会化组织管理体系。在实践操作层面需要解决三个问题，即什么样的社会力量可以参与矫正工作、社会力量在矫正工作中承担何种职能、社会力量与国家机关如何协调配合。

---

① 此处截止时间为2013年。

1. 建立社会组织参与矫正工作的准入制度

我国的社会组织有多种形式，包括专业的事业单位、各类基金会、协会、民办非企业、社区社会组织等。而各级各类社会组织所掌握的资源和擅长的社会工作领域又各有不同。社区矫正作为一种相对专业的工作，并不是任意一种社会力量都可以介入的。在政治上、法律上、专业技术上和社会认可度上均达到一定标准或水平的社会组织才能参与。司法行政机关应当联合民政部门及其他社会组织管理部门，从政策上尽快出台社会组织参与矫正工作的准入制度，这样既可从入门标准上严格规范管理，又能给社会传递一个清晰的条件信息，让社会组织明晰如何发展才能符合社区矫正任务的需要。

2. 建立社会化分工明确的矫正责任体系

社会化的发展必然带来分工的明细化，随着社会组织参与矫正工作的深入，也必然出现矫正社会化管理体系内部的职能分工。现行矫正机制中，社会组织能够承担的职能主要包括社会调查、心理咨询、社会适应指导、劳动就业帮扶和特困群体救助。不排除存在一个可以统筹所有矫正工作职能的超级社会组织存在，但这样的组织很可能出现职能全而不专的问题。更为合理的矫正社会化组织体系应当是分工高度专业化的体系。例如，红十字会有扶危济困的资源优势，可以将其吸纳入特困矫正人员的社会救助工作中；再如，统计部门主管的社区流动调查队具有社会调查的专业和人才优势，可以通过司法行政机关的委托调查，来分担调查任务。

3. 通过项目化运作方式加强政府与社会组织在矫正工作中的协同配合

在社会管理创新的大背景下，政府主管部门通过增加人员编制和人员经费的办法来应对新任务和新要求的做法将遭遇一定的政策瓶颈和社会舆论压力。在社区矫正工作中，司法行政机关应当转变思路，通过项目化运作平台，以政府购买社会组织公共服务的形式来提高矫正工作能力。政府部门需要牢牢把握的是法定的刑罚执行权，至于社区服刑人员的社会适应教育与指导的具体任务完全可以编制成项目指导目录，定期向社会公开募集服务项目和资源。有资质的社会组织完全可以通过项目竞标或定向洽商的方式承接矫正服务项目。司法行政机关在矫正社会化的进程中将转变为标准制定者、资源分配者和考核监督者。

（二）注重运用与非监禁刑罚执行特点相匹配的社会工作方法丰富矫正管理手段

在当前社区矫正工作的实践中，司法行政机关开展矫正的手段和方法几乎与监狱劳教部门的分级处遇制度如出一辙。这种方法能够在矫正制度建立初期迅速规范和完善基层矫正组织的刑罚执行工作，但建立在粗线条、类型化的评估标准上的分类管理方式也存在形式化的倾向，导致对社区服刑人员的激励效果减弱、关注度降低。在确保刑罚执行效果的基础上，社区矫正的社会化在方法手段上还要适当引入社会工作方法等专业手段，比如处方式的个案矫正和个案管理等。

在司法行政机关的指导监督下，承担矫正任务的社会组织可以创新矫正项目设计。针对社区服刑人员的认知和行为矫正、社会技能训练、心理危机干预、再犯罪预防等一系列矫正工作重点和要点，设计以人为本、形式多样的矫正服务项目。将矫正项目分类编撰成项目目录或菜单，由社区矫正人员根据自己的评估结果和专业机构的建议选择矫正项目。社区矫正人员就像一个病人到医院看病，医生对其进行检查告知病因病情后开出处方，矫正人员可以照方抓药、按要求服药。

（三）在矫正管理中积极引入信息化技术，促进矫正质量和安全绩效平稳提升

信息化技术对矫正工作的开展具有重要的辅助意义，全国各地均有探索矫正工作信息化的实践。北京市就有建立在各级司法行政系统

上的信息化矫正工作平台，其目前主要承担着社区矫正人员个人信息和矫正工作数据收集的任务。

信息数据的不断膨胀与集聚是矫正信息化平台建设可以预见的一项重要挑战。在社区矫正社会化的趋势下，为矫正信息平台提供数据源的主体将从单一的司法行政系统扩展到各级各类社会组织、相关媒体与个人。随着个案化矫正工作的实施，社区矫正人员的信息也将从姓名、性别等单一的结构化信息，扩展到具有个人特点的非结构化信息，比如个人在网络社交媒体上留下的信息、视频音频信息等。大量、复杂、变化的信息将不断被矫正信息化平台收集。

收集存储了大量信息的矫正信息化平台的功能如果仅止步于一座“数据档案馆”，将丧失信息化技术的根本优势。只有将大量的历史数据进行分析，找出规律，为领导决策和矫正管理提供重要参考和依据，才能在矫正管理创新中走得更远。比如，通过大数据处理可以预测评估社区服刑人员的人身危险性，也可以通过历史数据找出矫正资源分配的合理化方案。因此，在矫正信息化管理平台的建设中，应当从顶层设计上就着眼于合理应对和运用大数据处理技术，提高以创新的方式运用矫正数据的能力，为矫正质量的提升提供助力保障。

参考文献

储槐植：《刑事一体化和关系刑法论》，北京大学出版社，1997。

张昱、费苹梅：《社区矫正实务过程分析》，华东理工大学出版社，2008。

B.18

关于新街口开展“白塔新辉”系列文体品牌活动与提升社会治理软实力的研究

摘　要：党的十八大报告明确提出：“广泛开展全民健身运动，促进群众体育和竞技体育全面发展。”《北京市全民健身实施计划（2011～2015）》明确提出了大力开展群众喜闻乐见、简便易行的健身活动，打造具有一定影响力的国际化、城市化、区域化全民健身品牌活动。在这一背景下，新街口街道从2012年起每年举办“白塔新辉”系列文体品牌活动。本报告总结“白塔新辉”系列文体品牌活动的做法、成效及特点，以供其他地区在增强群众凝聚力、营造和谐社会氛围和提升社会治理软实力等方面参考借鉴。

关键词：新街口街道　“白塔新辉”　文体品牌活动　软实力

一　新街口街道开展“白塔新辉”系列品牌活动的背景

（一）贯彻落实党中央关于开展全民健身运动的精神

党的十八大以来，习近平总书记以及其他国家领导人都对体育工作高度重视，并屡次发表重要讲话，宣传体育精神，继而为我国群众体育事业的良好开展树立了明确的目标。习近平总书记在会见全国群众体育先进单位和先进个人时着重提出，“发展体育运动，增强人民体质，是我国体育工作的根本方针和任务。全民健身是全体人民增强体魄、健康生活的基础和保障，人民身体健康是全面建成小康社会的重要内涵，是每一个人成长和实现幸福生活的重要基础。我们要广泛开展全民健身运动，促进群众体育和竞技体育全面发展。各级党委和政府要高度重视体育工作，把体育工作放在重要位置，切实抓紧抓好”。党的十八大报告明确提出“广泛开展全民健身运动，促进群众体育和竞技体育全面发展”，这表明我国正在逐渐地向体育强国转变。2014 年 10 月，国务院发布的《关于加快发展体育产业促进体育消费的若干意见》，明确提出务必把全民健身上升为国家战略，充分体现了中共中央对全民健身工作的高度重视，为群众体育工作的开展创造了良好的时机，指明了未来群众体育发展的潜力和空间，对今后一个时期我国群众体育的全面发展提出了全新要求。群众体育的全面发展更能显示一个国家的综合实力，继而带动中国的政治经济变得更加强大。2008 年中国举办了奥运会，中国人民的健身意识不断增强，健身需求也随之不断增长。2009 年，经商议后，一致决议将每年的 8 月 8 日定为“全民健身日”。国务院分别于 2009 年和 2011 年先后颁布了《全民健身条例》和《全民健身计划（2011 ~2015 年）》，继而北京市政府也在 2011 年颁布了《北京市全民健身实施计划（2011 ~2015）》，构建覆盖全市的全民健身公共服务体系，推动履行政府体育公共服务职能，全面开展全民健身运动。

（二）落实北京市“一区一品”“一街一品”全民健身品牌活动要求

北京市在《北京市全民健身实施计划（2011 ~2015）》中明确提

出了大力开展群众喜闻乐见、简便易行的健身活动，打造具有一定影响力的国际化、城市化、区域化全民健身品牌活动，100%的区县创建体现区域特色和风采的“一区一品”群众体育品牌活动，使健身活动项目更加丰富。

为了使北京市各个区县的健身运动能够在各个区县大范围地开展起来，在全国第三个全民健身日到来之际，经区县申报、市体育局研究评议，决定命名9个区县的11项活动为北京市首批“一区一品”群众体育品牌活动，并于2011年8月8日在龙潭公园举行了北京市“一区一品”群众体育品牌活动授牌仪式。“一区一品”，是指多年来充分利用本地区的资源优势，在广泛开展群众体育活动的基础上所形成的传统活动，是市民参与率较高，在全市发挥引领和示范作用，具有一定的规模和影响力，能够代表本区县形象、特色，提升本区县知名度的品牌活动。截至2014年11月，北京市的18个区县已经都形成了属于本区县的“一区一品”群众体育品牌活动。18个区县形成的品牌活动是分批命名确立的，第一批申报的区县中有9个区县的全民健身品牌活动申报成功，剩余9个区县分别是第二、第三批申报成功的。在18个区县中，申报的全民健身品牌活动项目有所不同，其包含几个类别：陶冶情操的太极，优美漂亮的健身操，休闲时尚的体育节及体会盛会，充满激情的越野跑，悠然的健步走，隶属于中华文化的民族传统体育文化节（见表1）。

表1　北京市“一区一品”群众体育品牌活动名单

序号	区县	活动名称	批次
1	东城区	体育生活化·社区体育大会	第一批
2		北京市民“快乐周末”全民健身系列比赛活动	第一批
3	西城区	西城区国际金融体育康乐节	第一批
4		西城区民族民俗体育文化节	第一批

续表

序号	区县	活动名称	批次
5	丰 台 区	卢沟桥醒狮杯越野跑	第一批
6	石景山区	石景山金秋体育盛会	第一批
7	门头沟区	北京国际山地徒步大会	第一批
8	顺 义 区	北京绿色国际港端午体育文化节	第一批
9	昌 平 区	昌平区户外体育休闲运动欢乐季	第一批
10	大 兴 区	大兴时尚休闲体育节	第一批
11	平 谷 区	北京平谷国际户外休闲健身大会	第一批
12	通 州 区	北京通州运河绿道骑游节	第二批
13	房 山 区	北京 · 房山国际体育文化节	第二批
14	朝 阳 区	北京朝阳 · 国际体育文化节	第二批
15	海 淀 区	中关村国家自主创新示范区核心区体育健康系列活动	第二批
16	怀 柔 区	北京体育狂欢季	第二批
17	延 庆 县	北京国际自行车骑游大会	第二批
18	密 云 县	“美丽密云 · 休闲养生太极形”活动	第三批
19	开 发 区	北京市外企职工运动会	第三批
20	燕　　山	燕山全民健身操舞季	第三批

资料来源：“十二五”考核评估。

随着 2011 年全民健身品牌的提出与开展，北京市在已经形成 9 个区县的全民健身品牌活动的基础上再次着手打造“一区一品”“一街一品”。截至 2013 年 12 月，北京市的 18 个区县中共有 144 个街道办事处（未包含开发区的），其中开发区有 2 个街道正在筹办中，在这未计算在内。其各区县的人口数与街道个数以及“一街一品”是否开展情况如表 2 所示。西城区于 2012 年起正式在 15 个街道推出“一街一品”群众体育品牌活动，实施群众体育活动品牌发展战略。

表 2　各区域人口数量及街道数量

序号	区县	常住人口数量（万人）	街道(个,按2013 年区划)	是否有街道开展“一街一品”
1	东 城 区	90.9	17	是
2	西 城 区	128.7	15	是
3	朝 阳 区	374.5	24	是
4	海 淀 区	360.0	22	是
5	丰 台 区	111.4	16	是
6	石景山区	63.9	9	是
7	门头沟区	30.3	4	是
8	房 山 区	102.0	3	是
9	通 州 区	132.6	4	是
10	顺 义 区	98.3	6	是
11	昌 平 区	194.0	5	是
12	大 兴 区	147.0	5	是
13	平 谷 区	42.2	2	是
14	怀 柔 区	38.2	2	是
15	密 云 县	47.4	3	是
16	延 庆 县	31.9	3	是
17	开 发 区	—	2(筹建中)	是
18	燕 山	8.9	4	是
合 计			144 +2	

资料来源：北京市“十二五”规划考核评估。

（三）提升市民文明素质和社会文明程度的重要举措

近年来，随着市场经济的快速发展和社会的转型，人们的思想也开始呈现多元化、自由化。文体活动作为群众身边喜闻乐见的活动，对于影响群众的行为和习惯具有重要的意义。因此，新街口街道通过开展“白塔新辉”系列活动，既有利于满足群众日趋多元化和多样化的文化体育需求，也有利于在鼓励群众参与文体活动的过程中不断提高自身的思想认识水平和道德水平，从而不断提高市民文明素质和社会文明程度。

二　新街口街道开展“白塔新辉”系列品牌活动的做法和成效

近年来，新街口街道在西城区委、区政府的领导下，在区文委、区体育局等部门的指导下，在辖区广大教育机构、企事业单位、文化体育爱好者的支持下，按照区相关部门“一街一品”活动要求，结合地区文化特色，以健全地区群众文化体育事业为核心，强化以政府为主导、部门协同、社会参与的群众文化体育工作格局，从2012年开始，经过多年努力，已举办了四届活动，逐步确立了以“白塔新辉”为品牌的系列文体活动，广泛吸引社区居民、社会组织、地区单位和外来人口参与。

（一）突出特色，打造地区文化品牌

从2012年起，新街口街道深入挖掘地区资源，结合地区特色，创设了以“白塔新辉”为主题的系列文体活动，截至2015年已创办了四届。新街口街道每年通过精心筹划主题活动（见表3），以开展主题系列活动为载体，不断创新活动方式，扩大活动覆盖面，打造地区文化品牌，促进地区经济社会和谐发展。

表3　历届“白塔新辉”系列品牌活动（部分）

时间	届数	活动内容
2012年	第一届“白塔新辉”系列品牌活动	“健康全天候、活力新街口”——2012年“白塔新辉”社区太极拳邀请赛活动
		“白塔诗韵”清明诗会暨“爱在西城”公益文化活动

续表

时间	届数	活动内容
2013 年	第二届“白塔新辉”系列品牌活动	“棋逢盛世 白塔聚友”第二届“白塔新辉”系列活动——2013 北京市首届“白塔杯”象棋团体赛
		第二届“白塔新辉”社区太极拳、剑个人邀请赛
		2013 年“白塔新辉”系列文化活动——第二届清明诗会
2014 年	第三届“白塔新辉”系列品牌活动	“同心共筑中国梦想,携手同建文化家园”新春开笔迎春送春联活动
		“感悟·追思·传承”——清明诗会活动
		夏日文化广场活动
		“棋逢盛世 白塔聚友”第二届“白塔新辉”系列活动——北京市第二届“白塔杯”象棋团体赛
		北京市第九届民族传统体育运动会太极拳表演赛
		“月月大舞台”活动:1 月的迎新春文化演出,2 月的春天赞歌,3 月的妇女节演出等
2015 年	第四届“白塔新辉”系列品牌活动	“同聚颂盛世,翰墨迎新春”——第四届“新春笔会”活动
		“不能忘却的记忆”——清明诗会
		2015 年“白塔新辉”太极拳邀请赛
		2015 年“白塔新辉”系列活动暨北京市第三届“白塔杯”象棋团体赛

（二）提升功能，增强群众参与度和凝聚力

新街口街道通过多种途径宣传“白塔新辉”系列活动，从而不断扩大活动的影响力，提高活动的知名度，吸引辖区内更多的单位和群众参与活动。

一是借助宣传平台提升活动关注度。在辖区单位和居民中征集并确定了“白塔新辉”系列文体活动的 logo（标识），进一步提升了“白塔新辉”品牌内涵。借助辖区单位及社区宣传栏等宣传平台，印制活动海报，扩大宣传路径，提升居民对活动的关注度。借助新媒体

力量开展宣传活动，在新浪网开通“白塔新辉”活动微博，借助网络平台宣传活动，扩大活动宣传途径，吸引更多的体育爱好者。通过各种媒介进行宣传报道，包括新浪网、千龙网、《北京晚报》、《中国日报》、《西城报》等多家新闻媒体纷纷对“白塔新辉”系列活动进行了宣传报道。

二是扩大受众范围提升活动认可度。积极动员辖区单位参与活动，清明诗会在西城区第一图书馆、西城区青少年图书馆、西城少年宫等十余个单位开展原创稿件征集活动，收到稿件近百篇；邀请西城区少年宫、新街口社区教育学校等单位参与诗会文艺会演。组织办事处机关、区文委、新街口社区教育学校、北京教院附中组队参与“白塔杯”象棋团体赛。

新街口街道努力拓展活动参与人群，覆盖辖区各个群体，将清明诗会活动地点设在能容纳500人的文化中心剧场，扩大居民受众面。夏日文化广场将文艺演出送进施工工地，满足地区新市民对文体服务的需求。

三是创新形式内容提升活动参与度。不断创新活动的形式内容，创设符合地区特点、居民易于接受的活动形式。2014年在“白塔杯”象棋团体赛中，特意邀请三位国家级象棋大师，现场为居民进行车轮战表演和象棋文化讲解，通过零距离接触，在地区普及象棋文化，吸引了来自全市10个区县的200名象棋爱好者前来参与。在太极拳活动推广过程中，采用“走出去请进来”的工作模式，为辖区优秀文体团队搭设平台，创造条件，走出去参加各类竞技比赛，交流经验，其中西里四区“武韵”太极拳表演队多次获得国际、市区比赛好成绩。在走出去的同时，引入各类资源直接服务辖区，邀请太极拳讲师走进机关、社区为职工和居民讲解太极拳文化，传授操练知识。“月月大舞台”活动，每年会吸引地区近3000人观摩，既有专业团队的精品节目，又有地区居民的互动演出；既丰富了节目的多样性，又满足了居民对不同文化的需求。

（三）整合资源，推动区域共建共享

新街口街道地处中心城区，存在活动场地少、人员密集等客观情况，为了满足居民文体服务需求，街道通过整合街道资源，开辟活动空间，努力扩展文体活动阵地，提供活动场所，缓解供求矛盾。新街口街道为寻找“白塔新辉”小型活动项目的举办场所，特加强与辖区内单位学校沟通，推动学校寒暑假期间场地空间资源共享；通过资金支持等形式鼓励单位向居民开放活动场所，有效拓展居民活动空间。目前，新街口街道与儿童活动中心、外事学校、北京教育学院附属中学等单位都形成良好共建合作模式，有效满足周边居民对活动场地的需求和对小型文体活动举办的场地需求。

三　新街口街道开展“白塔新辉”系列品牌活动的启示

（一）注重打造持续性、示范性的地区活动品牌，满足群众需求

新街口街道的“白塔新辉”系列品牌活动于2012年开始，至今已举办了四届，是一个具有持续性的全民健身品牌活动，除了时间的连续性外，每年的活动主题也具有连续性，这种持续性的活动影响有利于树立群众全民健身理念，有效发挥全民健身品牌活动的作用。2014年新街口街道制定了《新街口街道文体赛事奖励办法》，奖励3支优秀社区团队共计21000元，用以激励和保障活动的可持续发展，满足群众全民健身需求。另外，新街口十分注重活动品牌建设，不仅为活动设计品牌形象标志以增加活动内涵，还建立了完整的品牌活动创建方案。

（二）注重将品牌活动与街道特色紧密结合，赢得群众认可

新街口街道“白塔新辉”系列全民健身品牌活动是结合妙应寺白塔、广济寺、历代帝王庙等街区传统文化特征打造的，地域性特点突出。新街口街道位于西城区中部偏北，历史文化悠久，人杰地灵，西四北头条至八条四合院文物保护区、妙应寺白塔、广济寺、历代帝王庙等文物古迹均位于街道辖区内，同时还有梅兰芳大剧院、国家京剧院、中国儿童中心等多个大型文化机构。新街口街道注重结合其丰厚的文化底蕴，以品牌活动为载体传承地区传统文化，打造了“白塔新辉”系列文体活动。例如，结合鲁迅及梅兰芳先生曾经居住生活在新街口地区这一历史，开展清明诗会活动。2012～2015 年，新街口街道结合传统文化特色，举办了新春笔会、清明诗会、太极拳个人邀请赛等多项文化、体育活动，活动充分体现了政府主导、社会力量协助、群众广泛参与的特点，由街道在充分调研的基础上为群众文化活动提供平台和主题，驻地单位、社会组织和社区志愿者围绕活动主题开展创作，多部门协调配合，街道群众在享受传统文体活动带来乐趣的同时，受到了教育，提升了品位。

（三）注重将品牌活动的打造与文化队伍的扶持培育相结合，实现文体活动的长效化和可持续发展

新街口开展以“白塔新辉”为主题的系列文体活动，并将打造品牌活动与扶持培育文化队伍相结合，实现文体活动的长效化和可持续发展。通过举办新春笔会、清明诗会、象棋团体赛、夏日科普文化广场进工地及市级太极拳、剑个人邀请赛等活动，有效地改善了辖区群众文化环境，极大丰富了群众文化活动内容，提升了辖区的文化层次。与此同时，一系列与街道特色相结合的文体活动，吸引了各社区文艺队伍和群众积极参与其中，自发筹备活动，使群众文化队伍不断

壮大。街道办事处也充分利用各种平台，锻炼和培养辖区文艺队伍，组织参加市、区开展的各类文化活动。以街道社区服务中心为载体，充分发挥公益便民服务中心、文化科教中心和体育健身服务中心职能，截至10月，社区服务中心共接待群众活动1090场26680人次。由此可见，将打造文体品牌活动与扶持培育文化队伍相结合，是实现文体活动可持续发展的重要途径。

参考文献

王丛丛：《北京市东城区“一街一品”全民健身品牌活动建设研究——以体育馆路街道为例》，首都体育学院硕士学位论文，2015。

曹蕾：《西城区新街口街道白塔新辉清明诗会举行》，http://bj.people.com.cn/n2/2016/0331/c82838-28058278.html。

邴美俏、刘骜：《新街口街道：“白塔新辉”耀太极》，http://www.bjxch.gov.cn/XICxwdt/XICwhzk/XICwhzkxxxq.ycs?GUID=582240。

方非：《社区文化展示“白塔新辉”》，《北京日报》2014年4月8日。

法律声明